용인대학교 아시아문화연구소 연구총서 2

문화융합시대의 아시아 1

새로운 공동체를 꿈꾸며

이 저서는 유라시아 재단의 기금을 받아 편찬되었습니다.
(This work was supported by EURASIA FOUNDATION from Asia)

용인대학교 아시아문화연구소 연구총서 2

문화융합시대의 아시아 1

새로운 공동체를 꿈꾸며

구현아, 권혁래, 김광식, 김향숙, 박영진,
사토 요지(佐藤 洋治), 심소희, 정준곤, 최말순, 최원오

역락

서문

세계에서 아시아의 비중은 날로 커지고 있다. 아시아 주요국의 GDP는 전 세계의 1/3을 넘을 만큼 글로벌 경제에서 매우 중요한 위치를 차지하고 있다. 마우로 기옌(Mauro F. Guillen)은 『2030축의 전환』에서 2040년대 중반에 아시아 중산층의 구매력이 전 세계 중산층 구매력의 60%를 넘을 것이라 하였으며, 세계적 컨설팅회사인 프라이스워터하우스쿠퍼스(PwC)는 2050년이 되면 아시아의 경제 규모가 미국과 유럽을 합친 것의 두 배를 훨씬 넘을 것이라고 예측하기도 했다.

그러나 아시아는 수많은 종교와 언어를 갖고, 이질적 문화와 역사를 갖고 있다. 지난 세기 식민지와 침략, 전쟁의 역사로 말미암아 여전히 국가 간의 민족적 갈등과 반목이 심하며, 발전의 격차가 매우 크다. 특히, 2022년 시작된 러시아-우크라이나 전쟁과 2023년 발발하여 아직도 진행 중인 이스라엘과 하마스 전쟁은 아시아의 정치적, 경제적 지형에 큰 영향을 미치고 있다. 정치·군사적 분쟁은 도미노처럼 세계 모든 국가의 정치, 경제, 사회, 문화의 모든 방면에 연쇄적으로 영향을 미치고 있다. 마치 지난 몇 년간 코로나바이러스의 창궐로 인해 각 국가가 정치, 경제, 사회·문화 전반에 걸쳐 광범위한 영향을 주고받으며, 그 여파가 아직도 지속되는 것과 같다. 코로나를 겪으면서 우리는 서로 연결된 존재이며 세계는 하나의 공동체라는 사실을 절감한 바 있다. 이렇게 세계 모든 국가와 사람들이 긴밀한 영향을 주고받는 때에, 개인 혹은 국가의 행동과 이념, 정책들이 서로에게 밀접한 영향을 주고받을 수 있음을 인지하고, 평화로운 공동체를 만들기 위한 여러 가지 노력이 필요하다. 그중에서도 중요한 것은, 아시아 국가들과 사회지도층, 지식엘리트의 교류를 넓혀 연대감을 높여나가고, 이들을 주축으로 세계 공동체 의식과 타문화에 대한 높은 이해력을 갖춘 인재를 양성하는 일이다.

유라시아 재단(EURASIA FOUNDATION from Asia)은 분쟁이 없는 조화로운 사회를 만드는 것을 목표로, 세계 여러 대학에 '아시아 공동체'와 관련한 강좌를 개설하는데 기금을 지원해왔다. 용인대학교는 2023년에 최초로 유라시아 재단의 기금을 지원받아 당해 2학기 '문화융합시대의 아시아'라는 과목으로 강좌를 개설하였다. 본 강연집은 첫 학기 강좌에서 강의한 내용을 토대로 편찬한 것이다. 강연집의 내용은 크게 아시아 어학, 문학, 철학, 정치, 문화로 나뉘는데, 일반적인 강의에서는 한 학기에 들을 수 없는 아시아에 관한 다양한 주제의 내용을 다루었다는 점에서 매우 흥미롭다. 이 책을 읽는 독자들이 아시아에 대한 지식을 제고하고, 세계를 바라볼 수 있는 시각이 길러지기를 기대한다.

이 책은 유라시아 재단의 기금으로 편찬한 것이다. 평화를 지향하는 후속 세대를 양성하는데 앞장서는 유라시아 재단에 존경을 표하며, 이 책을 낼 수 있도록 지원해주신 데 감사를 드린다. 또한 이 책은 한 학기 강의를 준비하고 강의물을 제작하고 강연록까지 집필하는데 뜻을 모아주신 심소희, 권혁래, 최원오, 김광식, 최말순, 박영진, 김향숙, 정준곤 선생님과 사토 요지(佐藤洋治) 이사장님 덕분에 나올 수 있었다. 또한, 통역과 번역을 도와주신 이현진 선생님, 안영희 선생님, 그리고 한 학기 원활한 수업을 위해 일해 준 유준식 학생에게도 감사를 표한다.

2024년 1월 29일 저자를 대표하여 구현아 씀

차례

고대 동아시아의 문화융합, '중화(中華)'

심소희(이화여대)

1. 서론

유엔(Untied Nations)[1]에 가입된 회원국의 수로 볼 때, 현재 지구촌에는 193 개 국가가 있다. 그 중 똑같은 형태의 국가는 하나도 없다. 자연환경뿐만 아니라 역사, 정치, 문화적 배경이 모두 다르기 때문이다. 대한민국은 단일 '민족' 국가로서 동족상잔의 6.25 전쟁을 거치면서 남북으로 분단되어 '대한 민국(Republic of Korea, ROK)'과 '조선민주주의인민공화국(Democratic People's Republic of Korea, DPRK)'으로 나뉘어 오늘에 이르고 있다. 우리처럼 하나의 민족이 두 국가로 나뉜 경우는 1924년에 독립 국가를 선언한 '몽골(Mongolia)' 과 중국의 소수민족인 '내몽고족(蒙古族, Mongolian)'을 예로 들 수 있다. 그 외, 지중해 동부 키프로스 섬의 '북기프로스(Turkish Republic of Northern

---

1   Untied Nations: https://www.un.org

Cyprus/TRNC)'와 '키프로스 공화국(Republic of Cyprus)', 그리고 동유럽의 '루마니아(Republica România)'와 '몰도바 공화국(Republica Moldova)'도 하나의 민족이 두 국가로 나뉘었다.

이와 반대로 분단되었던 민족이 통일된 경우도 있다. '독일연방공화국 (Bundesrepublik Deutschland, 서독)'과 '독일민주공화국(Deutsche Demokratische Republik, 동독)'이 1990년에 '독일연방공화국'에 의해 통일되었고, '베트남 민주공화국(Việt Nam Dân chủ Cộng hòa, 북베트남)'과 '베트남 공화국(Việt Nam Cộng Hòa, 남베트남)'이 1976년에 '베트남사회주의공화국(Cộng hòa xã hội chủ nghĩa Việt Nam)'에 의해 통일국가를 이루었으며, 사우디아 반도의 '북예맨'과 '남예맨'이 1990년 '예맨공화국(Yemen)'으로 통일되었다.

우리는 1953년 7월 27일 정전협정이 체결된 이래 현재까지 71년간 전쟁 휴전국의 국민으로 살면서 투철한 민족의식을 보전해왔다. '우리의 소원은 통일~ 통일이여 오라 ♪♪'를 비장하게 부르며, 한 국가는 하나의 민족으로 존립되어야 한다는 확고한 믿음을 가지고 있다. 하지만 유엔 회원국의 현황을 살펴보면, 단일 민족으로 구성된 국가는 매우 드물다. 이웃 중국만 해도 56개 민족으로 구성되었고, 카자흐스탄은 131여 개의 민족으로 구성되었으며, 인도네시아는 490여 개의 민족이 공존하고 있다. 특히 19세기 전후로 여러 민족이 강제적으로 하나의 국가로 통합되었다가 제국주의가 끝난 20세기 중반 이후, 아시아 아프리카, 카리브해 여러 국가들이 연속하여 민족 독립 운동을 전개하고 있는 실정이다.

또한 민족의 개념이 아닌 국가가 건립된 예도 있다. 미국은 50개의 주(state)가 모여서 '미합중국(United States of America, USA)'을 이루었고, 1922년에는 '사회주의'를 표방하였던 '러시아', '우크라이나', '벨로루시', '우즈베크', '카자흐', '그루지야', '아제르바이잔', '리투아니아', '몰도바', '라트비아', '키르기스', '타지크', '아르메니아', '투르크멘', '에스토니아' 등 15개의 공화국이 "소비에트 사회주의 연방 공화국(Союз Советских Социалистическ их Республик, 약칭 소련)"을 결성하였다가 1991년 12월 26일에 붕괴되었다. 그 후, '에스토니아', '라트비아', '리투아니아'의 발트 3국을 제외한 12개 독립공화국이 '독립국가연합(Commonwealth of Independent States: CIS)'을 형성하였지만, 현재 러시아와 우크라이나가 사생결단의 전쟁(2022.2.4.-)을 치루고 있는 중이다.

위와 같이 UN에 가입한 국가는 대부분 19세기 이후에 건국되었다.[2] 왕조(王朝)의 통치하에 국왕 1인이 국가권력을 장악하였던 '군주제(君主制)'가 해체되고, 19세기에 진입하면서 경제적 자본을 기반으로 신흥시민계급이 정치적 주체세력으로 등장하여, 국가 권력이 국민 모두에게 부여되는, 다수가 지배하는 통치형태의 근대국가의 정치체계가 설립된 것이다. 이러한 근대국가가 구성되기 위해선 '국민'은 필수요건이었고, '국민'의 정체성을 담보하기 위해 '민족'이라는 개념이 동원되었다. 어쩌면 '민족'이란 앤더슨(Benedict Anderson)[3]의 주장처럼 근대 이후 역사적 과정에 의해 만들어진 '상상된 공동체'일 수 있다. 하지만 민족의식은 대단한 결속력과 애국심을 고취시켜 '국가'의 통치체제를 유지시킬 수 있었다. 이와 같이 근대국가가 설립되면서 지구촌의 신생 국가들은 민족별로 자국의 이익과 번영을 위해 무한경쟁의 체제에 돌입하게 된 것이다.

21세기에서 요구되는 미래의 가치는, 근대의 국가 통치체계를 넘어서 각 국가가 통합과 융합을 이루어 지구촌의 발전과 번영을 도모해야 할 것이다. 갈수록 초국가적 협력이 필요한 문제가 증가하고, 국가의 경계를 넘어 적용

---

2   대한민국의 건국일은 1948년 8월 15일이고, 중화인민공화국은 1949년 10월 1일, 베트남은 1945년 9월 2일, 인도는 1947년 8월 15일 등 대부분 세계2차대전 이후 건국되었다.

3   베네딕트 앤더슨 저, 서지원 역, 『상상된 공동체－민족주의의 기원과 보급에 대한 고찰』, 서울: 길 출판사, 2018.

될 법적·제도적 규제의 확립이 시급해진 작금에 국가와 세계가 어떻게 연계되어야 하는지에 대한 고민과 성찰을 도외시할 수 없기 때문이다. 이러한 관점에서 이 글에서는 고대 동아시아에서 '공유되었던 중화'가 근대 이후 중국에 의해 '전용되어진 중화'의 역사적 추이를 거칠게나마 살펴보고, 중화를 가능하게 한 '글말 전통'을 통해 고대 동아시아의 문화 융합의 면모에 대해 탐색하고자 한다. 유사 이래 고대 동아시아에서 진행되어왔던 문화의 융합 및 통합의 과정은 미래 사회에 직면한 제반 문제에 대하여 지혜로운 예단과 계발을 제시할 수 있을 것이다.

2. 공유되었던 '중화', 전용되어진 '중화[+민족]'

2022년 KOSIS[4]의 통계에 따르면, 중국(中華人民共和國)의 인구는 14억 2,517만 8,782명으로서 세계 2위의 인구를 보유하고 있다. 중국은 56개 민족[5]으로 구성되었는데 그 중 '한족'이 중국의 주류를 이루는 민족으로서 인구수가 12억 8,444만 6,389명으로서 총인구의 약 90%를 차지하고 있다.[6] 한족을 제외한

소수민족

한족

■ 한족
■ 소수민족

4　KOSIS 국가통계포털 https://kosis.kr/index/index.do 대한민국의 인구는 5,150만 29명이고 북한의 인구는 2,624만 4,582명으로서 남북한 모두 합쳐도 1억이 못되는 약 77,744,611명이다.

5　중국은 漢族을 비롯하여 다음의 55개의 소수민족으로 구성되어 있다. 壮族, 满族, 回族, 苗族, 维吾尔族, 土家族, 彝族, 蒙古族, 藏族, 布依族, 侗族, 瑶族, 朝鲜族, 白族, 哈尼族, 哈萨克族, 黎族, 傣族, 畲族, 傈僳族, 仡佬族, 东乡族, 高山族, 拉祜族, 水族, 佤族, 纳西族, 羌族, 土族, 仫佬族, 锡伯族, 柯尔克孜族, 达斡尔族, 景颇族, 毛南族, 撒拉族, 布朗族, 塔吉克族, 阿昌族, 普米族, 温克族, 怒族, 京族, 基诺族, 德昂族, 保安族, 俄罗斯族, 裕固族, 乌兹别克族, 门巴族, 鄂伦春族, 独龙族, 塔塔尔族, 赫哲族, 珞巴族 등.

55개의 소수 민족은 총인구의 10%에 분포되어 있는데 이러한 극히 불균형적인 인구 구조는 '한족'의 속성을 여실히 설명해주고 있다.[6] 먼저 한족의 어떻게 형성되어왔는 지에 대해 알아보자.

기원전 황하 중심의 중원 지역에서는 화하(華夏)·동이(東夷)·서융(西戎)·남만(南蠻)·북적(北狄)이라고 불렸던 종족들이 각축을 벌이다가 결국 화하(華夏)가 주체가 되어 통일을 이루었다. '화하(華夏)'란 『설문해자』에 따르면, "䓤(華), 榮也.", "䕞(夏), 中國之人也."[8]로서 '문화가 가장 번성한 곳에 거주하는 사람'이라는 의미이다.

일찍이 공자(孔子)는 "사람이 사람다운 까닭은 예(禮)와 의(義)를 갖추고 있기 때문"[9]이라고 규정하였다. 즉, 예의(禮義)를 갖추어 사람답게 사는 사람들은 '화하(華夏)'이고, 그렇지 못한 이들은 벌레(虫)나 짐승(犬)의 편방을 붙여서 이적(夷狄)이라고 명명하였다. 그러므로 '이적(夷狄)'이란 혈통이나 종족, 거주지를 기준으로 삼는 것이 아니라 '예의(禮義)'를 갖추었는지의 여부를 기준으로 삼은 것이다.

예를 들어 '초(楚)'는 스스로 '만이(蠻夷)'라고 칭했지만 '초(楚)'가 보여준 '예의'로 인해 '중화(中華)'에 포함되었고,[10] 반대로 '정(鄭)'은 지리적으로 '제하(諸夏)'에 속했더라도 그 행위가 '예의'에 부합하지 않아서 '이적'으로 내몰

6   『中国统计年鉴-2022』 https://www.stats.gov.cn/sj/ndsj/2022/indexch.htm.
7   '한족'의 형성에 대해 다양한 의견과 연구가 있으나 본고에서 참조한 연구자료는 다음과 같다. 공봉진, 「漢族의 민족정체성에 관한 연구」, 부산대학교 중국연구소: 『Journal of China Studies』 Vol.1, 2006; 백광준, 「청말, 한족 표상의 구축」, 한양대학교 동아시아문화연구소: 『동아시아문화연구』 제58호, 2014; 이권홍, 「대륙의 주류, 한족의 복잡한 유래」, 『더스쿠프』 제411호, 2020; 이권홍, 「한족은 중국인, 오만한 왜곡」, 『더스쿠프』 412호, 2020.
8   이시찬, 「중화사상의 기원에 관한 고찰」, 청주대학교 한국문화연구소: 『人文科學論集』 제65호, 2022.
9   『論語 冠儀篇』: "凡人之所以爲人者, 禮義也."
10   『史記 楚世家』: "我蠻夷也, 不與中國之號謚."

렸다.[11]

> "대저 진(晉)과 정(鄭)이 어찌 실로 중국이 아니었겠습니까. 그런데도 성인(聖
> 人)께서 『춘추(春秋)』에 '진(晉)'이라고 쓰고 '정(鄭)'이라고 씀으로써 이적으로
> 여긴 것은 무엇 때문입니까. 예(禮)가 없고 의(義)가 없으면 비록 중국이라 할지라
> 도 오랑캐인 것입니다. 이것이 이른바 중국도 오랑캐가 될 수 있다는 것입니다.[12]

즉 '이적' 중에서 '예의'를 갖추고 있는 지의 여부가 '중화'를 누릴 수
있는 조건이었던 것이다. 또한 '중화'로의 편입의 여부는 단순한 정치권력에
대한 참여의 문제가 아니라 '문명과 야만'의 갈림길로 인식되었다. 그리하여
문명에 눈을 뜬 이른바 '이적'들은 "성현의 가르침에 담긴 인의(仁義)와 시서
예악(詩書禮樂)에 제시된 도덕적 규범을 실천하고, 재화가 창조되어 풍요로운
물질생활이 보장되는 화하(華夏)"[13]을 꿈꾸며 중화(中華)의 질서에 복속되고자
하였다.[14]

맹자(孟子)가 "나는 중화로 오랑캐의 풍속을 변화시켰다는 말은 들었지만,
오랑캐에게 변화되었다는 말은 듣지 못하였다."[15]라고 한 바와 같이, 중화란
'예의'가 핵심 가치이며 이는 대외적으로 확장하는 근거가 되었고,[16] 당(唐)

---

11 최승현, 「유토피아-"중국"의 역사적 변용」, 『중국인문과학』 제52집, 412쪽 재인용.

12 황경원(黃景源, 1709-1787) 『江漢集』 卷五 「與金元博茂澤書」: "狄之也夫晉也鄭也。豈不誠中
    國哉。然而聖人於春秋。書晉書鄭。以狄之。何也。無禮無義。雖中國。亦戎狄也。此所謂中
    國可以爲戎狄者也。"

13 『史記』 권 43 「趙世家」: "中國者, 聰明叡知之所居也, 萬物財用之所聚也, 賢聖之所敎也, 仁義之
    所施也, 詩書禮樂之所用也, 異敏技藝之所試也, 遠方之所觀赴也, 蠻夷之所義行也。"

14 이시찬, 「중화사상의 기원에 관한 고찰」, 청주대학교 한국문화연구소, 『人文科學論集』 제65
    호, 2022.

15 『맹자』 「등문공 상(滕文公上)」: "吾聞用夏變夷者 未聞變於夷者也。"

16 이춘복, 「중국 전통시대 '用夏變夷'사상의 論理와 그 전개 양상 연구-중국 전통시대 漢化의

한유(韓愈)의 「원도(原道)」에 "공자가 『춘추』를 지을 때, 제후가 이적(夷狄)의 예법을 쓰면 이적으로 폄하(貶下)했고, 이적이 중국의 예법으로 나아오면 중국으로 대우하였다."[17]의 구절과 같이 예법을 갖추었는지의 여부가 중화에 편입될 수 있는 요건이었던 것이다.

이렇게 황하에서 발원한 중화 문명은 중원을 차지하였던 역대 왕조에 의해 계승되었다. 한(漢), 진(晉) 무렵에 서북방에서 중원으로 이주한 흉노(匈奴), 갈(羯), 선비(鮮卑), 저(氏), 강(羌)의 다섯 이민족(五胡)에 의해 지배되었던 후당(後唐, 923-936),[18] 후진(後晉, 936-947), 후한(後漢, 947-950) 등 약 250년, 수(隋, 581-618), 요(遼, 916-1125), 금(金, 1115-1234), 원(元, 1271-1368)에 이르는 약 240년, 그리고 청(淸, 1616-1912)에 지배를 받은 약 270년을 모두 합하면 약 760년으로서 진의 통일(B.C. 221) 이후 신해혁명(A.D. 1911)에 이르는 약 2,100년 중에서 이적(夷狄) 왕조에 통치된 기간은 약 1/3에 해당된다. 이는 고대 동아시아 문명의 형성과 발전이 선사시대 이래 화하(華夏)·동이(東夷)·서융(西戎)·남만(南蠻)·북적(北狄)·흉노(匈奴)·선비(鮮卑)·갈(羯)·저(氏)·강(羌)·거란

하 夏	은 殷	주 周	진 秦	한 漢	위진남북조 魏晉南北朝	수 隋	당 唐	송 宋	요 遼	금 金	원 元	명 明	청 淸
동이(東夷) 서융(西戎) 남만(南蠻) 북적(北狄)					흉노(匈奴) 선비(鮮卑) 갈(羯) 저(氏) 강(羌)				거란 (契丹)	여진 (女眞)	몽고 (蒙古)		만주 (滿洲)
한족(漢族)													

논리와 적용범주 문제를 중심으로」, 중앙대학교 중앙사학연구소, 『중앙사론』 43집, 2016.

17   『古文眞寶後集 卷2 原道』: "孔子之作春秋也, 諸侯用夷禮則夷之, 進於中國則中國之."

18   沙陀族(shatuo)라고 칭해지는 서돌궐(西突厥) 부족이 건국하였다고 함.

(契丹)·여진(女真)·몽고(蒙古)·만주(滿洲) 등 '중화'를 지향하며 융합하였던 다민족이 공동으로 참여하여 이루어낸 것임을 말해준다.[19]

또한 맹자(孟子)는 일찍이 "순(舜)은 동이(東夷)의 사람이고, 문왕(文王)은 서이(西夷)의 사람"이라고 하였는데,[20] 청 옹정제(雍正帝, 1678-1735)는 이 글귀를 인용하여 "본조가 만주 출신인 것은 중국인들에게 원적이 있는 것과도 같은 것이다. 순(舜)은 동이(東夷)의 사람이었고, 주(周) 문왕(文王)은 서이(西夷)의 사람이었어도 그 성덕은 아무런 손상을 입지 않았다"[21]고 하면서 "덕이 있는 자만이 천하의 주인이 될 수 있다"고 강조하며 만주족이 제위(帝位)에 오르는 것에 대한 정통성을 논증하였다.

예로부터 나라가 통일되었던 시대에 강역이 넓지 않아, 그 가운데 중화를 받아들이지 않는 곳은 이적으로 배척되었다. 삼대 이전의 묘, 형초, 험윤은 현재

---

19 심소희, 「고대 동아시아 북방민족의 漢化에 대한 고찰」, 중국어문학연구회: 『중국어문학논집』제68호, 29-30쪽.

20 『맹자(孟子)』 「이루하(離婁下)」 1장: "순(舜)은 저풍(諸馮)에서 태어나 부하(負夏)로 옮겨 명조(鳴條)에서 죽었으니 동이(東夷)의 사람이다. 문왕은 기주(岐周)에서 태어나 필령(畢郢)에서 죽었으니 서이(西夷)의 사람이다. (두 사람이 활동한) 지역의 거리 차가 천여 리나 되었고, (두 사람이 활동한) 세대의 시간 차가 천여 년이 되었지만, 뜻을 얻어 중원에서 실천함이 마치 부절(符節)이 합치되듯, 앞의 성인(순임금)과 뒤의 성인(주문왕)의 법도가 하나같이 똑같았다.(舜生於諸馮, 遷於負夏, 卒於鳴條, 東夷之人也. 文王生於岐周, 卒於畢郢, 西夷之人也. 地之相去也, 千有餘里; 世之相後也, 千有餘歲. 得志行乎中國, 若合符節. 先聖後聖, 其揆一也.)"

21 『대의각미록(大義覺迷錄)』: "夷狄의 이름은 본조는 익히는 바가 아니다. 맹자는 舜은 東夷 사람이고, 文王은 西夷 사람이라고 말하고 있는데 원래 태어난 곳이 오늘날 사람의 본적과 같은 것이다. 만주인들은 모두 한인의 반열에 오르는 것을 부끄러워하고 있다. 준가르부는 만주인을 오랑캐라고 불렀고 만주인은 이를 듣고 분노하고 원망하지 않는 것이 없었다. 그런데도 역적인 증정이 이적이라는 것을 죄로 삼는 것은 참으로 취생몽사의 금수와도 같다.(且夷狄之名, 本朝所不諱. 孟子云, 舜東夷之人也, 文王西夷之人也. 本其所生而言, 猶今人之籍貫耳. 況滿洲人皆恥附於漢人之列, 準噶爾呼滿洲為蠻子, 滿洲聞之, 莫不忿恨之, 而逆賊以夷狄為詬, 誠醉生夢死之禽獸矣.)"

의 호남, 호북, 산서 지역인데 오늘날 어찌 이적이라고 부를 수 있겠는가? 본조
는 만주이며 또한 중국의 일원이다. 순(舜)이 동이(東夷)이고, 문왕(文王)은 서이
(西夷)이지만, 어찌 그 성스러운 덕을 폄하할 수 있겠는가?[22]

　그는 중국이 '화(華)'와 (지리적, 종족적인 의미에서의) '이(夷)'를 모두 포괄하
는 것이라고 주장하며, 덕(德)이 겸비하고 예절을 숙지한 인물이라면 '이(夷)'
출신이더라도 중화 문명을 담당하는 황제에 적합하다고 하였다. 이는 '중화'
가 결코 민족적으로 제한되지 않고 고대 동아시아 세계에서 보편적으로 공유
하는 가치였음을 말해준다.
　이러한 중화의식은 주변으로 확산되어 조선,[23] 일본[24]은 때로 스스로 중화
의 주체가 되어 '중화'라고 자칭하기도 하였다. 조선은 중화에 버금가는 위치
로 설정하여 '소중화(小中華)'임을 자부하는 기사를 어렵지 않게 찾을 수 있다.

　　"조선은 본래 예의의 나라인데 지금 예악 문물(禮樂文物)을 보건대 중화(中
華)와 다름이 없으니, 오로지 기자(箕子)의 유풍(遺風)입니다."하고, 감탄하기를
마지않았다.[25]

22　邱永君, 「從看清世宗之文化本位觀」, 『滿族研究』 2005년 제2기. 「大義覺迷錄」: "自古中國一統
　　之世, 幅員不能廣遠, 其中有不向化者, 則斥之爲夷狄. 如三代以上之有苗、荊楚、獫狁, 卽今湖南
　　湖北山西之地, 在今日而目爲夷狄可乎?. 本朝之爲滿洲, 猶中國之有籍貫. 舜爲東夷之人, 文王爲
　　西夷之人, 曾何損乎聖德乎!"
23　조선중화주의는 조선의 문화적 자존의식을 기반으로 화·이의 분별을 통해 화(華)인 주체의
　　입장에서 이(夷)를 상대화시켜 중국의 전통적 중화주의에서 이탈하는 특징이 있다.
24　이미림, 「18~19세기 조선 중화론과 일본 국체론 비교연구」, 동양사회사상학회, 『사회사상
　　과 문화』 제19호, 2016년. 근대 시기의 서구문물을 받아들이는 과정에서 일본은 초창기에
　　중국의 중화주의를 그대로 받아들였지만, 천황 정통론과 '무국(武國)' 개념을 결부하여 민
　　족주의적 요소를 포함하는 일본적 중화주의인 국체론의 개념을 발전시켰다.
25　『세종실록』 세종 17년(1435) 4월 3일: "朝鮮本是禮義之邦, 今觀禮樂文物, 無異中華, 專是箕子
　　之遺風。"

우리 동방(東方)이 기자(箕子) 이래로 교화(敎化)가 크게 행하여져, 남자는 열사(烈士)의 풍(風)이 있었고 여자는 정정(貞正)의 풍이 있었으므로 역사(歷史)에도 「소중화(小中華)」라 칭하였습니다.[26]

우리나라가 멀리 동쪽에 있어 중국에서 보기에 안남(安南)이나 교지(交趾)와 다름이 없는데도, 중국 사람들이 비천하게 여기지 않고 소중화(小中華)라고 말하는 것은, 어찌 대대로 예의를 닦아 임금은 임금, 신하는 신하, 아비는 아비, 아들은 아들 노릇함으로써, 생민의 윤리와 사물의 법칙이 그래도 볼 만하기 때문이 아니겠습니까?[27]

우리나라는 예의를 지닌 나라로 중화(中華)라 일컬어진 지 이미 오래입니다.[28]

우리나라는 본디 예의의 나라로 소문이 나서 천하가 소중화(小中華)라 일컫고 있으며 열성(列聖)들이 서로 계승하면서 한마음으로 사대하기를 정성스럽고 부지런히 하였습니다.[29]

흥미로운 것은, 『조선왕조실록』에서 "중화(中華)"를 검색하면 123회 출연

---

26 『성종실록』 성종 3년(1472) 7월 10일: "吾東方, 自箕子以來, 敎化大行, 男有烈士之風, 女有貞正之俗, 史稱小中華。"

27 『중종실록』 중종 7년(1512) 12월 26일: "我國家邈處日域, 自中國視之, 與安南、交趾無異, 而中國之人, 不鄙夷之, 至稱小中華。豈非以世修禮義, 君君臣臣父父子子, 民彝物則, 猶足可觀故耶?"

28 『명종실록』 명종 22년(1567) 6월 24일: "我國以秉禮義, 見稱中華久矣。"

29 『인조실록』 인조 14년(1636) 2월 21일: "我國素以禮義聞天下, 稱之以小中華, 而列聖相承, 事大一心, 恪且勤矣。"

하는데, 조선 초에는 '소중화(小中華)'임을 자부하는 기사가 대부분이었지만, 명이 멸망한 후에는 명을 이어서 중화의 계승자로서 스스로 '중화(中華)'라고 선언하여 '조선중화주의(朝鮮中華主義)'를 주창하는 기사도 적잖게 발견된다는 것이다.[30]

> 뒤돌아보건대, 우리 청구(青丘)의 문교(文教)는 본조(本祖)로부터 성대하게 일어나, 열성(列聖)들께서 인재를 배양한 공로는 먼 옛적과 짝이 되도록 아름다웠고, 진유(真儒)가 성대하게 배출(輩出)되었음은 중화(中華)와 똑같이 아름다웠다.[31]

> 우리 성조(聖朝)에 이르러서는 예악(禮樂)과 전장(典章)이 찬란하게 구비되었습니다. 정자(程子)와 주자(朱子)의 상례와 제례를 사용하고 《춘추(春秋)》의 존왕 양이(尊王攘夷)의 의리를 숭상하는 등 강상(綱常)을 펼치고 예의를 돈독히 하여 도리어 중화(中華)를 앞질렀습니다.[32]

다시 말해, 고대 동아시아에서 '중화(中華)'란 이상적인 문명이 구현되는 공용의 공간이자 가치관으로서, 역대 중원의 왕조에서는 이 '중화'를 계승하여 발전시키고자 하였고, 중원 주변의 각 왕조에서도 조공(朝貢)이나 책봉(冊封) 등의 방법으로 중화 질서에 참여하고 내재화하여 해당 왕조의 권위를 대내외적으로 인정받고자 하였다.

그러나 근대 이후부터 이 '중화'에 민족이라는 근대적 개념이 덧씌워지기

---

30 정옥자, 『조선후기 조선중화사상 연구』, 서울: 一志社, 1998; 황희순, 「조선초기 元朝 인식과 화이론」, 수선사학회, 『사림』 제66호, 2018.

31 『숙종실록』 숙종 20년(1694) 6월 23일: "眷兹青丘之文教, 奥自本朝而蔚興。 列聖培養之功, 儷美於隆古。 真儒輩出之盛, 匹休於中華。"

32 『순조실록』 순조 23년(1823) 7월 25일: "及我聖朝禮樂典章, 燦然可述。 用程, 朱喪祭之禮, 秉《春秋》尊攘之義, 凡陳常敦禮, 反軼於中華。"

시작하였다. 이른바 '중화민족'이다. 양계초(梁啓超, 1873-1929)는 "중화민족은 하나의 거레가 아니고 다민족이 혼합된 것"으로서 "한족이나 만주족, 몽고족, 회족은 모두 한 가족"이라고 하면서[33] "한족을 구심점으로 여타 민족이 융합된 '대민족' 공동체를 조직해야 한다고 주장하였다."[34] 이로부터 중국은 중화사상을 전용(轉用)하고 독점하여 그들의 민족주의로 둔갑시킨 것이다.[35] 중국의 지식인들은 '중화'를 '중화민국(中華民國)'이나 '중화인민공화국(中華人民共和國)'의 근대 민족국가의 명칭에 전용하면서 고대의 관념적 공간을 지정학적 통치 공간으로 왜곡하였다. 이는 중국이 근대 시기 연속된 패배와 실패로 심각한 피해 의식에 휩싸여 있던 당시, 중국의 구성원을 하나로 묶어내고 그 에너지를 끌어 모을 매력적인 구호로서 '중화'에 '민족'이 덧붙여진 합성어 "중화민족"은 절호의 전략적 선택이었던 것이다.

그리하여 '중화'는 중국이라는 지정학적인 공간에만 머물게 되었고, 편협한 민족주의로 변신하게 되었다. 다시 말해, "중화민족"이라는 합성어는 지금으로부터 100여 년 전에 만들어진 현대사의 산물로서,[36] 근대 국가의 행위 주체로 설정된 것이다. 다시 말해, 근대 이전, '중화(中華)'를 열망하는 다민족이 공용하여 일궈온 중화사상은 근대 이후, 중국에서 전용된 민족 개념으로 변모하였고, 중화 문화 역시 근대 이후 '중국'에 독점되어 버린 것이다.

---

33 秦美珊, 「解读梁启超『论中国学术思想变迁之大势』」, 南京师范大学文学院: 『南京师范大学文学院学报』, 2014年 3月 第1期.

34 李帆, 「以"中华"为族称: 辛亥革命前后的民族认同」, 北京师范大学: 『北京师范大学学报(社会科学版)』, 2011(05), 63-66쪽.

35 이희진, 『중화사상과 동아시아: 자기 최면의 역사』, 서울: 책세상, 2007.

36 馬俊, 「梁启超"中华民族"概念的提出与演变」, 『开封文化艺术职业学院学报』 제41권 제6기, 2021.6.

3. '중화'를 가능하게 하였던 '글말'의 전통

고대 동아시아에서 '중화'를 염원하였던 민족들은 주로 문자의 형상을 통해 의미를 직접 전달하는 '표의문자(ideograph)'를 공동으로 사용하였기 때문에 언어 유형이 다른 민족 간에도 필담(筆談)으로 의사소통을 할 수 있었다. 오늘날 이 문자를 '한자(漢字)'라고 명명하고 있지만 근대 이전에 '한자(漢字)'의 명칭은 보편적으로 사용되지 않았고, 주로 '문(文)'이나 '자(字)' 또는 합성어 '문자(文字)'로 불리워졌다.[37] 『원사(元史)』에 최초로 몽고 문자나 위구르 문자처럼 객체화한 '한자(漢字)' 표기의 용례를 찾아볼 수 있다.[38] 즉, '자(字)' 앞에 '한족(漢族)'의 '한(漢)'과 동일한 개념의 '한(漢)'이 더해져 '한자(漢字, Chinese Character)'의 의미로 전이된 것은, 서양에서 발흥한 '민족 개념'이 동아시아에 이식되어 근대 국가가 건립되었던 19세기 근대 이후인 듯하다.

조선 시기에도 '한자(漢字)'의 지칭은 보편적으로 사용되지 않았다. '고전번역원 DB'에서 검색해보면, 주로 '범어(梵語)'와 '한자(漢字)',[39] '언자(諺字)'와 '한자(漢字)',[40] '여진자(女眞字)'와 '한자(漢字)',[41] '몽고자(蒙古字)'와 '한자

---

37 최영애, 『중국어란 무엇인가』, 서울: 통나무, 2008, 121-122쪽.

38 『元史·兵志第四十八·兵三·馬政』: "태어난 망아지의 수를 정리하여 몽고, 위구르, 한자로 적어서 문헌에 기록하였다.(收除見在数目, 造蒙古, 回回, 汉字文册以闻)"

39 『세종실록』 6년 1월 28일 기사: "… 또 요구하였던 한자(漢字)로 된 대장경판(大藏經板)은 허락하심을 받지 못하여 마음이 실로 민망하오나, 이제 내려 받은 범자(梵字)로 된 화엄경판(華嚴經板)은 실로 드문 것으로서, 우리 나라 국왕이 보시게 되면 반드시 감사하고, 기뻐할 것입니다.(且所求《漢字大藏經板》, 未蒙允許, 心實悶焉, 今得都受賜《梵字華嚴經板》, 實是罕有, 我國王得見之則必感喜矣。)…"

40 『세조실록』 12년 11월 17일 기사: "…언자(諺字)로 써서 베껴 내외(內外)의 사고(史庫)에 각기 3건(件)씩 수장하고, 홍문관(弘文館)의 3건(件)은 신(臣)이 굳게 봉(封)한다고 일컫게 하고, 그 한자(漢字)로 써서 베낀 것은 모두 불살라 없애게 하여서 만세(萬世)를 위한 계책으로 삼도록 하소서(以諺字書寫, 內外史庫, 各藏三件。弘文館三件, 稱臣堅封, 其漢字書寫者, 竝皆燒毁, 以爲萬世之慮)"

(漢字)'[42] 등 두 문자를 대비하는 상황에서 "한자(漢字)"가 사용된 듯하다. 조선에서 '한자'는 명실공히 공식 문자였으므로 '문(文)', '자(字)', '문자(文字)'로 일컬어졌고 한자로 씌여진 글은 "진서(眞書)"로 중대시하였다. 반면에 "언문(諺文)"은 소리글자인 '비공식 문자'였기 때문에 '암클', '아햇글' 등의 비칭(卑稱)으로 불렸다. 일본의 경우도 다르지 않아서 뜻글자인 한자로 기록한 공문서를 "마나(眞名)"라고 하였고, 소리글자인 히라가나(平假名)와 카다카나(片假名)는 "가나(假名)"라고 지칭하여 "진짜(眞) 글"과 "가짜(假) 글"을 대비시켜 공식 문자인 한자의 지위를 강조하였다.

이와 같이 고대 동아시아의 공동문자였던 '한자(漢字)'는 '중화(中華)'의 공적(功績)이자 정화(精華)라고 할 수 있는 '경사자집(經史子集)'의 모든 문헌을 기록하였다. 특히 한대(漢代)에 유가(儒家)가 통치 이념으로 채택되면서, 모든 전장(典章) 제도가 유가 철학으로 정비되고, 춘추전국(春秋戰國, B.C. 770-221)과 진한(秦漢, B.C. 221-A.D.220) 시기에 저술되었던 경전과 제자백가서에 대한 해석 작업이 활발히 진행되었다. 이러한 과정에서 일상 언어인 '입말(spoken language)'과 점차 유리되어 선진(先秦) 시기의 문장에서 추출된 언어 규범을 준수하고 모방하는 '글말(written language)'이 발전하게 되었다.[43] 그리하여 고대 문인들은 『시경(詩經)』과 『서경(書經)』을 비롯하여 『맹자(孟子)』 『논어(論語)』·『좌전(左傳)』 등의 유교 경전, 『장자(莊子)』 『순자(荀子)』 『한비자(韓非子)』 등의 제자서, 『국어(國語)』 『전국책(戰國策)』·『사기(史記)』의 역사서 등 고전문헌에 기재된 '글말'을 '중화'를 수행하는 규범으로 인식되어 지속적

41　『연산군일기』 8년 3월 11일 기사: "…조종(祖宗) 때부터 야인(野人)들을 통유(通諭)할 적에는 **여진(女眞) 글자**로 쓰고 **한자(漢字)**로 번역했는데, 주성가가 말하기를 '**한자**나 **여진 글자**를 모두 모른다.(自祖宗朝通諭野人, 書以**女眞字翻譯漢字**。主成哥云: '**漢字、女眞字**, 皆不知)"

42　『인조실록』 22년 12월 4일 기사: "조참(朝參) 때에는 또 **몽고자(蒙古字)**와 **한자(漢字)**로 된 새 책력을 반포하였습니다.(參時, 又頒**蒙、漢字**新曆。)"

43　최영애, 『중국어란 무엇인가』, 서울: 통나무, 개정증보판, 2008, 28쪽.

으로 학습되고 재생산하였다.[44]

고대 문인들은 이러한 '글말'에 대해 특수한 교육을 받아야 했다. 글말의 독해 능력을 갖추지 못하면 문헌 자료를 파악하기 어려워서 '글말'의 독해 능력은 기본적으로 갖추어야 할 소양이었고, 무엇보다 사서삼경(四書三經) 등의 유가 경전은 과거시험의 필수과목이어서 입신양명을 꿈꾸는 관료 지망생들이 임용 시험에 선발되기 위해선 '글말' 능력을 우선 확보해야 했다.

이러한 '글말'은 '문언(文言)', '고문(古文)', '한문(漢文)', '서면어(書面語)' 등으로 불리웠고, 주로 유가 경전에 실려져서 후세에 전해졌는데 당시 고대 동아시아지역에서 중화를 염원하였던 조선, 일본, 베트남 등지에서는 경사자집(經史子集)의 고전문헌을 적극적으로 수입하고 학습하여 중화를 습득하고자 하였다.

그러면 '글말'로 쓰인 한자는 어떻게 읽혔을까? 설령 한자가 표의문자라도 소리를 통해 습득되고 소통되는 것이므로 어떤 음으로 읽었는지는 한자의 속성을 파악하는 또 하나의 중요한 열쇠가 될 수 있다.

'입말'을 기록한 한자는 당시의 구어(口語)로 읽었으리라 추측할 수 있지만, '글말'의 한자를 '입말'과 같은 음으로 읽지 않았을 것이다. 공자(孔子, B.C. 551-479)가 『시』·『서』를 읽거나 의례를 집전할 때에는 항상 "아언(雅言)"으로 읽었다는 기록이 있는데,[45] 공자가 말했던 '아언(雅言)'은 주(周)의 왕도였던 낙양음을 기반으로 한 공통어로 추측되지만, 어쩌면 공자는 현재 통용되는 음으로 읽어내는 것은 성현의 뜻을 왜곡시킬 수 있다고 해서 '와음(訛音)'이라고 여기고 경계했을 수 있다. 아마도 아언(雅言)은 왕도의 음이 근간이 되었더라도 고어(古語)가 보존되어 고풍스럽고, 각지의 방언 어휘를 도입하여 절충

---

44   심소희, 『한자 정음관의 통시적 연구』, 서울: 이화여자대학교출판부, 2013, 37-44쪽.
45   『論語 述而』: "子所雅言, 詩書執禮, 皆雅言也."

적이고 인공적이기도 하여 실제 구어와는 일치하지 않을수록 더욱 신뢰가
가는 음이었을 것이다.

이러한 '아언'의 면모는 각 왕조에서 편찬하였던 "운서(韻書)"에서 구체화
되었다. 정치적 통일을 이룬 역대 왕조에서 가장 시급하게 추진했던 시책은
운서의 편찬이었다. 운서는 본래 문인들이 글을 짓고 운을 취할 때 사용된
공구서였지만, 운서에서 표준화하고자 한 음은 일상 언어의 음이 아니라
인위적인 지상(紙上) 음계였다. 다시 말하여, 운서의 한자음은 옛 성현들의
본의를 이해하기 위해 고음(古音)과 소통되어야 했고, 통일 왕조의 '독음통일
(讀音統一)'이라는 정치적 수요를 이루기 위해 왕도(王都) 중심의 아음(雅音)이
어야 했다. 그러므로 운서에서 반영하는 '글말' 어음은 실제 당시의 '입말'
어음과 합치될 수 없었다. 어쩌면 '글말' 어음은 '입말' 어음보다 상위 체계로
서 '입말' 어음과 다를수록 더욱 권위를 갖는 것으로 간주되었다.

한대에서 위진남북조를 거쳐 당대(唐代)에 이르면 '글말'은 '입말'에서 상
당히 멀어져서 일반 대중들은 배워서 익히기가 어렵게 되어, 당대에는 '입말'
을 반영한 "백화(白話)"라는 글쓰기 방식이 탄생하였다. 즉 '문언'과 '백화'는
'글말'과 '입말'로서 서로 다른 영역에서 공존하였지만 위계질서가 공고하여,
'문언'으로 된 텍스트만이 진정한 '문(文)'으로 인정받았고 '백화'로 쓰인 텍
스트들은 언제나 낮은 평가를 받았다. 그리하여 문인들은 '문언'을 쓰는 것을
너무나 당연하게 받아들였고 '백화'는 민중들의 몫이었다.

고대 동아시아에서 중화를 꿈꾸는 여러 왕조에서도 유사한 상황이 있었다.
공통으로 '한자와 한문'이라는 공식적인 '글말'을 사용하고 있었지만, 또 개
별적으로 실제 일상의 언어를 위한 '입말'의 생활을 독자적으로 영위하고
있었다. 예를 들어, 서하(西夏, 1032-1227), 요(遼, 907-1125), 금(金, 1115-1234),
청(淸, 1636-1912) 등 문화적 역량을 갖춘 왕조에서는 '입말'인 구어를 기록하
는 서하문자(西夏文字, Tangut script), 거란문자(契丹文字, Khitan scripts), 여진문

자(女眞文字), 만주문자(滿洲文字) 등을 창제하였다. 그러나 이러한 민족글자들은 이들 정복왕조들이 한화(漢化)되는 과정에서 소멸의 길을 걷게 되었다. 또한 일본, 베트남에서도 '한자와 한문'을 공통의 '글말'로 삼았지만, '가나(假名)', '쯔놈(字喃)' 등 고유 표기법을 고안하여 '입말'을 기록하기도 하였다.

특히 조선에서 창제한 '언문(諺文)'은 여느 민족 문자처럼 민족어를 표기하기 위해 설정된 것이 아니라[46] 세상 만물의 생성 원리에 입각하여 세상의 모든 말소리를 구현해낼 수 있는 자모체계였다. 『훈민정음 해례본』「정인지 서」에 발음부위와 발음방법을 상형한 기본자 "28개"를 "전환무궁(轉換無窮)"[47] 시켜서 세상의 모든 말소리 체계를 구현하라고 선포하였듯이, 『훈민정음 해례본』「초성해」에는 '글말'의 정확한 음을 위해 '기본자 17자'에 전탁(全濁)음 글자 "ㄲ, ㄸ, ㅃ, ㅉ, ㅆ, ㆅ"를 더하여 23자를 설정하였고, 「중성해」에는 '기본자 11자'에 더하여 "ㅘ ㆇ ㅝ ㆊ, ㅣ, ㅢ, ㅚ, ㅐ, ㅟ, ㅔ, ㅢ, ㅒ, ㆌ, ㅖ, ㅙ, ㆈ, ㆋ, ㆉ"자를 제시하였다. 또한 「용자례」에는 조선의 말소리를 섬세하게 표현하기 위해 합용병서 "ㅺ, ㅳ, ㅄ, ㅴ", 각자병서 "ㆁㆁ, ㆅ, ㅆ" 외에 "ㅣ"와 "ㅡ"자의 중성자와 "ㄺ, ㄳ, ㄺ, ㅭ"의 종성자를 명시하였다. 뿐만 아니라 중국어 특유의 말소리를 위해 'ㅈ, ㅊ, ㅅ'와 'ㅈ, ㅊ, ㅅ'의 새로운 글꼴도 만들고, 일본어의 독특한 말소리를 위해 'ㅇㄱ, ㅇㄷ, ㅇㅁ, ㅇㅐ, ㅇㅅ, ㅇㅈ, ㅇㅿ, ㅳㅁ, ㄴㄱ, ㄴㄴ, ㄴㄷ, ㄴㅐ, ㄴㅈ', 몽고어 표기를 위해 'ㅗ, ㅜ, ㅛ, ㅜ, ㅜ, ㅊ, ㅠ, ㅘ, ㆈ, ㅓ, ㅔ, ㅠ, ㆋ, ㆌ, ㆊ, ㅠ, ㅓ' 등 다양한 글자꼴을 고안하였다. 다시 말해, '훈민정음'은 기본자 28자에 발음부위와 발음방법의 음리를 적용시키면 세상의 어떤 말소리도 합당한 글꼴을 만들어 내는 문자체계로서 이는 중화의 '글말'에 대한 인식과 사유를 오랫동안 천착한 위대한 문화 역량이

---

46 심소희(2019), 「상수역학(象數易學)으로 풀어낸 훈민정음의 말글체계」, 한국고전번역원: 『民族文化』 53호, 237쪽.

47 『훈민정음 해례본』「정인지 서」: "以二十八字而轉換無窮, 簡而要, 精而通."

아닐 수 없다.

고대 동아시아의 '글말'과 '입말'의 양층적인 언어 상황(diglossia)은 유럽 지역의 라틴어와 각 민족 국가들의 구어와의 관계에 비견될 수 있다. 전근대 유럽의 경우, 라틴어와 민족 언어로서의 구어가 동시에 존재하는 언어 환경을 오래도록 유지하였기 때문이다. 유럽 문학사에서 보이는 양층 언어의 환경과 특히 공통어－'링구아 프랑카(lingua franca)'로서의 라틴어의 역할이 '한자·한문'의 상황과 비슷했던 것으로 보인다.

총결하면, 고대 동아시아에서 '중화(中華)'가 계승될 수 있었던 것은, 공식적인 소통방식이었던 '한자(漢字)'와 '한문(漢文)'의 '글말' 전통에 기인한다. '글말'의 어음도 일상생활에서 사용되는 어음이 아닌 인위적인 어음 체계를 부여하여 언어변화에 그다지 영향을 받지 않고 면면히 전수되었던 것이다.[48]

4. 결론

최근 학계에서는 종래의 '동아시아 문명의 중국기원론'이나 '중국 문명의 중원기원설(中原起源論)'보다는, 고대 동아시아의 문명은 선사시대 이래 이 지역에서 활동한 '여러 집단의 공동 참여의 산물'이었다는 주장에 힘이 실리고 있다.[49] 황하 유역의 중심 지역에 거주하였던 고대 화하족(華夏族)이 여러 왕조를 거치면서 점차 관할 지역이 확장되고 '한족(漢族)'으로 융성하여 '중화

48　사실 '글말'을 능숙하게 쓰는 것이 능숙하게 '입말'을 구사하는 것보다 훨씬 쉬울 수 있다. 대부분 언어는 논리적이지 않아서 많은 사람들이 다양하게 쓰면서 무수한 예외가 있는 복잡한 시스템을 만들어내지만 '글말'은 몇 개의 정해진 문법에 따라 만들어져 있기 때문이다. 전국시대에 씌여진 문장과 청나라 때 씌여진 문장이 거의 차이가 없는 것은 '말글'이 아니라 '글말'이기 때문이다.

49　이성규·송영배, 「中華思想과 民族主義」, 한국철학회, 『철학』 제37호, 1992.

(中華)' 문명을 계승 발전시켰다는 것이다.[50] 즉, '한족(漢族)'은 혈연의 공동체가 아니라 '중화'를 열망하던 고대 민족들의 문화공동체라고 할 수 있다.

그리고 고대 동아시아에서 '중화'의 문화전통이 가능할 수 있었던 것은, 문자의 형상으로 의미를 나타내는 표의문자와 옛 문장을 숭상하였던 '글말 전통'이 있었기 때문이다. '글말'에는 실제 말소리가 아닌 이상적이고 인위적인 음운체계를 매김하여, '글말'을 적극 수입하여 체득한 조선, 베트남, 일본 등에서는 비슷한 글말음을 보유하고 각자 중화문화의 전통을 수립하였다. 이와같이 세월의 축적만큼 퇴적된 중화 문화의 두께는 고대 동아시아의 문명을 여느 고대문명에 유례없이 지속적으로 계승되도록 하였다.

그러나 19세기 서세동점(西勢東漸)의 시대를 거치면서 우리는 서구 문명의 관점으로 판단하여 고대 동아시아의 전통에 대해 오해와 편견을 갖게 된 것같다. 근대화 과정에서 수천 년간 고대 동아시아 민족들이 열망하고 구현하고자 했었던 '중화'가 중국 단독으로 전용(專用)하게 되었고, '중화'에 '민족'을 덧붙인 '중화민족'의 신조어를 만들어 중국 국가의 체제 선전에 이용되고 있다. 그리고 고대 동아시아에서 중화 질서에 충실하여 '중화'를 달성하였던 우리 선조들의 위대한 과업을 부정하고 사대주의로 폄하하면서 우리의 가치를 스스로 떨어뜨리고 있다. 예를 들어 세종은 세상 만물 생성 원리에 입각하여 세상의 모든 말소리를 구현하고, 고대 동아시아의 보편어인 '글말'을 '정음(正音)'으로 읽어내고자 '훈민정음'을 창제하였다. 하지만 일부에서는 '글말'을 '중국어'라고 오역하여, 세종이 중국어를 표기하기 위해 훈민정음을 창제한 것이라고 주장하기도 한다.[51]

---

50 『千篇国学 漢語詞典』: "古代华夏族多建都于黄河南北, 以其在四方之中, 因称之为中华, 是汉族最初兴起的地方, 后各朝疆土渐广, 凡所统辖, 皆称中华, 后也借指中国。"

51 이영훈 교수는 『세종은 과연 성군인가』(서울: 백년동안, 2018)에서 "세종은 동시대 북경어 중심의 한자 발음을 정확히 표기할 목적에서 발음기호를 창제하였다."(174쪽)고 하였고,

근세 시기의 '중화(中華)'는 동아시아 모든 문화의 통합과 융합의 산물이었다. 고대 동아시아에서 어떻게 '중화'를 공유하며 계승하고 발전시켜 왔는지, 그 궤적을 추적해보면, 앞으로 우리가 나가야할 올바른 길을 찾아낼 수 있을 것이다.

JTBC News [팩트체크](2021.10.22)에서는 "한 출판사의 대학 학위 검정고시(독학사) 국어 교재 중에 "훈민정음은 한자의 발음기호이며, 한국어를 표기하는 것과는 아무 상관이 없다."는 내용을 소개.(https://news.jtbc.co.kr/article/article.aspx?news_id=NB12027944)

참고문헌

李成珪(1992), 「中華思想과 民族主義」, 한국철학회, 『철학』 제37호.

심소희(2011), 「고대 동아시아 북방민족의 漢化에 대한 고찰」, 중국어문학연구회, 『중국어문학논집』 제68호.

심소희(2024), 「조선시기 중국어에 대한 인식」, 중국어문학회, 『중국어문학지』 제86집.

이미림(2016), 「18~19세기 조선 중화론과 일본 국체론 비교연구」, 동양사회사상학회, 『사회사상과 문화』 제19호.

이시찬(2022), 「중화사상의 기원에 관한 고찰」, 청주대학교 한국문화연구소, 『人文科學論集』 제65호.

이재석(1998), 「朝鮮朝의 中華思想研究-朝鮮王朝實錄에 나타난 中華와 尊周개념을 중심으로」, 한국정치외교사학회, 『한국정치외교사논총』 제20호.

이춘복(2016), 「중국 전통시대 '用夏變夷'사상의 論理와 그 전개 양상 연구-중국 전통시대 漢化의 논리와 적용범주 문제를 중심으로」, 중앙대학교 중앙사학연구소, 『중앙사론』 43집.

최승현(2012), 「유토피아-"중국"의 역사적 변용」, 『중국인문과학』 제52집.

황희순(2018), 「조선초기 元朝 인식과 화이론」, 수선사학회, 『사림』 제66호.

김한규(2005), 『천하국가-전통 시대 동아시아 세계 질서』, 서울: 소나무.

백영서 외(2005), 『동아시아의 지역질서』, 서울: 창비.

이성규 외(2004), 『동북아시아 선사 및 고대사 연구의 방향』, 서울: 학연문화사.

이춘식(1998), 『중화사상』, 서울: 교보문고.

이희재(2012), 『동아시아 문화론』, 서울: 신아사.

이희진(2007), 『중화사상과 동아시아-자기 최면의 역사』, 서울: 책세상.

심소희(2013), 『한자 정음관의 통시적 연구』, 서울: 이화여대출판부.

정옥자(1993), 『조선후기 역사의 이해』, 서울: 일지사.

정옥자(1998), 『조선후기 조선중화사상 연구』, 서울: 일지사.

문화융합의 관점에서 본
우리나라 외국어 교재 편찬의 역사

구현아(용인대)

1. 들어가며

현대인에게 있어 외국어 학습은 아이에게나 성인에게나 할 것 없이 학업, 취업과 같은 인생의 중요한 일들을 결정짓는 중요한 과업 중의 하나이다. 우리나라에서도 영어를 조기 교육하는 것은 일반적인 일이 되었으며, 최근에는 아동을 대상으로 하는 학습지를 만드는 회사에서 성인을 대상으로 하는 외국어 학습지를 개발하여 전면적인 마케팅을 할 정도로 성인에게도 외국어 교육은 중요하다. 2000년대 초에는 중국의 부상으로 중국어 열풍이 불기도 했고, 최근 몇 년간은 스페인어에 대한 학습 열기가 높아지기도 했다. 이와 같이, 해당 언어에 대한 외국어 학습의 수요는 곧 해당 국가의 국력의 상승, 문화에 대한 관심의 정도를 보여준다. 반대로, 최근 일본에서의 한류(韓流) 인기로 일본의 외국어 학습 앱에서 한국어가 영어에 이어 가장 학습자가 많은 것으로 나타났다. 2023년 11월 현대언어협회(MLA)가 조사한 미국 대학의 외국어 수업 수강 실태에 따르며, 아랍어, 스페인어, 프랑스어, 일본어, 중국어 등의 수강 인원은 전반적으로 감소한 데 비해, 한국어 수강 인원은 2016년 대비 38.3% 증가하였으며, 미국의 29개 대학이 한국어 수업을 추가로 열었다고 한다. 한류의 인기가 한국어 학습으로까지 이어진 것이다. 외국어 교육 시장의 흐름은 전 세계의 정세를 보여주고, 각 지역의 정치, 경제, 사회문화적 긴밀함의 정도, 관심도를 증명해주는 중요한 척도 중의 하나이다.

역사상 우리 선조는 외국어를 학습하여 중요한 외교상의 문제에 대응하기도 하고, 이웃나라에 건너가 경제 교류를 하기도 하였으며, 독립운동과 같은 구국 활동을 위한 기반으로 삼기도 하였다. 특히 우리나라는 근세 시기부터 일제강점기까지 조선시대 중국에 대한 사대(事大), 북방 민족의 침략, 서양 열강의 위협, 일제의 식민 지배와 같은 외교적으로 중요한 사건들을 겪었다. 문화융합의 관점에서 보면, 이러한 사건은 우리나라에 새로운 문화가 침투하고 융합되는 계기가 되었다. 또한 이 시기에 편찬된 교재는 각 시기의 주요 변화에 대응한 우리 선조들의 산물이며, 교재의 종류, 체제, 내용 및 교수자, 학습 계층 등은 타국과의 정세, 조선의 상황과 밀접하게 연관되어 있다. 이에, 본고에서는 우리나라 근세 시기부터 일제강점기까지의 외국어교재 편찬의 역사를 문화융합의 관점에서 통시적으로 살펴보도록 하겠다.

2. 고려시대에서 조선시대 후기까지의 사역원 외국어 교재 편찬[1]

2.1. 초기의 외국어 교재 편찬

그렇다면, 우리 선조들은 언제부터 외국어를 학습했는가? 그 시기를 정확

---

1   정광(1998)에서는 조선시대 외국어 학습에 사용한 교재를 '역학서'라 칭하고, 이를 초기,

하게 고증하기는 어려우나, 사료(史料) 안의 기록이나 현존하는 외국어 교재를 바탕으로 개략적인 면모를 살펴볼 수 있다. 우리나라에서 초기 외국어 학습과 외국어 교재의 사용은 관리나 양반 일부 계급에 국한되어 있었다. 근세 시기부터 우리나라와 가장 잦은 교류를 하였던 나라는 중국이었다. 이에 따라 우리나라에서는 중국어 교육이 가장 중시되었다. 또한, 고려시대에는 몽골족이 원(元)나라를 건국하였기에, 몽골어(蒙古語)의 교육도 이루어졌다. 고려시대에 중국어인 한어(漢語)와 몽골어의 교육을 담당했던 기관이 바로 통문관(通文館)이다. 초기에는 중국과 몽골의 동몽(童蒙) 학습서가 그대로 들여와 사용되었을 것으로 추측되고, 후일에 『노걸대(老乞大)』와 같은 중국어 학습서가 자체적으로 편찬되어 사용되었다.

조선시대에는 사역원(司譯院)이 이 역할을 담당하게 되었다. 사역원은 태조(太祖) 2년인 1393년 고려시대의 통문관을 이어받아 세워진 후 갑오경장(甲午更張)으로 폐지될 때까지 700년 가까이 유지되었다. 사역원은 중국어(漢學), 일본어(倭學), 만주어(清學), 몽골어(蒙學) 등의 외국어를 교육하는 역할 뿐만 아니라, 외국어의 통역과 번역을 맡아보는 일을 수행하였다. 이에 따라, 외국어 교육에 쓸 외국어 교재를 편찬하는 것은 중요한 일이 되었다. 이때, 중국어 교육은 외국어 교육 중 가장 핵심이 되었다. 사역원에서는 중국 유학의 기본 경전도 역시 중국어 학습에 유용하다고 판단하여, 『논어(論語)』, 『맹자(孟子)』, 『중용(中庸)』, 『대학(大學)』과 같은 『사서(四書)』을 사용하였다. 이외에도, 『소학(小學)』을 중국어로 번역한 『직해소학(直解小學)』[2]이 사용되었다. 『사서』는

중기, 후기로 나누었다. 초기는 건국 초기부터 『경국대전(經國大典)』까지의 역학서이고, 중기는 『경국대전』 이후부터 『속대전(續大典)』까지의 역학서, 후기는 『속대전』 이후부터 구한말까지의 역학서이다. 본고에서도 이와 같은 시기 분류를 따르되, 초기에 고려시대를 포함하여 같이 논하기로 한다.

2   『태조실록(太祖實錄)』(권6) 태조3년 11월조에 통사과(通事科)를 설치하고 그 식식을 정리하였다는 기록이 있는데, 여기에서 한어 전공의 과목으로 등장하는 '소학(小學)'은 설장수

당시의 중국어 회화체와는 거리가 멀지만, 중국인의 사상과 문화를 이해하기 위한 필수적인 지식을 제공하였다. 『소학』 역시 고문(古文)으로 되어 실제 회화에는 쓰이지 않았으나, 이를 당시 중국어 구어체로 풀이한 『직해소학』을 편찬하여 중국어 회화 학습에 활용할 수 있었다.

세종(世宗) 이후에는 더 다양한 외국어 교재가 사용되고, 기존의 중국어, 몽골어 교육에 일본어 교육이 추가된다. 먼저, 중국어 학습서로 앞선 시기에 사용했던 『사서』 이외에도 『시경(詩經)』, 『효경(孝經)』, 『직해대학(直解大學)』을 활용하고 『소미통감(少微通鑑)』, 『전후한서(前後漢書)』, 『고금통략(古今通略)』과 같은 사서(史書), 『동자습(童子習)』, 『충의직언(忠義直言)』과 같은 초학서(初學書)를 쓰기도 했다. 무엇보다 중요한 것은 우리나라에서 편찬한 중국어 회화서인 『노걸대』, 『박통사(朴通事)』와 같은 교재가 널리 사용되었다는 사실이다.[3] 『노걸대』의 '걸대(乞大)'는 본래 契丹族을 이르는, 북방민족이 중국을 지칭할 때 쓰는 Kita(d), Kida(d)에서 유래한 것이며 '老'는 敬稱으로 '중국인 형님', '중국인 선생님'을 뜻한다. 노걸대는 고려시대 말기에 최초로 편찬되어 조선시대에 개정을 거듭하면서 널리 쓰였다. '박통사'는 고려인 박씨 통사(通事)에 대한 중국인의 경칭이다. 『노걸대』와 『박통사』는 조선시대에 지속적으로 개정되면서, 우리나라 근세 시기에 쓰인 중국어 학습서의 대명사로 자리매김한다. 특히 중종(中宗)조에 역관 최세진(崔世珍)이 이 두 책에 대한 번역본(飜譯本)을 내고, 훈민정음으로 주음(注音)하였으며,[4] 여기 등장한 어휘를 엮어 어휘집인 『노박집람(老朴集覽)』을 편찬하는 등 중요한 성과를 냈다.

(偰長壽)가 중국어로 번역한 『직해소학(直解小學)』을 의미하는 것으로 보인다.

3 역관이 사행(使行)이나 사신 영접 이외에 공무역(公貿易)과 개인 무역을 알선하는 일도 맡게 되면서 상인이 사용하는 중국어가 필요했고, 『노걸대』, 『박통사』와 같은 책의 가치는 높아졌다. 그러나, 초기에는 이 책들이 지나치게 상인에 치우친 말투임을 경계하기도 했다. 정광(2014), 『조선시대의 외국어 교육』, 서울: 김영사, 166-167쪽.

4 이를 학계에서 흔히 『번역노걸대(飜譯老乞大)』, 『번역박통사(飜譯朴通事)』라 칭하기도 한다.

원본 『노걸대』   『노걸대』 번역본   『노박집람』

태종(太宗)14년(1415) 10월 이후에는 왜학, 즉 일본어 교육이 시작되는 것이 주목할 만하다. 훈몽 교과서인 『소식(消息)』, 『이로파(伊路波)』, 『동자교(童子教)』, 『정훈왕래(庭訓往來)』 이외에도 『본초(本草)』와 같은 약학서가 쓰였다. 또한, 노걸대를 일본어로 번역한 왜어노걸대(倭語老乞大)가 편찬되었다.

『경국대전(經國大典)』에서는 사역원에서 이루어지는 외국어 교육에 대한 제도가 완비되는데, 여기에서 중국어(漢學), 몽골어(蒙學), 일본어(倭學), 여진어(女眞學)의 네 개 외국어의 四學을 설치하고 교육하게 하였다. 종합적으로 볼 때, 우리나라에서 공식적으로 가장 먼저 이루어진 것은 중국어 교육이며, 다음으로 몽골어 교육, 그 다음으로 일본어 교육, 그리고 『경국대전』 시기 추가된 여진학이다. 이로써 중국어, 몽골어, 일본어, 여진어 네 가지 언어를 기반으로 한 외국어 교육의 틀이 형성되었다. 조선시대 초기 외국어 교육은 당시 사대교린(事大交隣) 정책의 모습을 그대로 반영하고 있다. 당시 명(明)나라는 정치 군사 대국이자 조선의 가장 중요한 교역 상대국이었고, 조선의 지배 이념이었던 유교의 종주국이었기 때문에 조선은 정기적으로 조공을 바쳤고, 안전을 보장받았다. 몽골과는 고려시대 형제 관계를 맺었으나, 조선

시대에도 지속적인 침략과 약탈로 이들에 대한 경계심을 늦추지 않았다. 여진족 역시 한반도 경계 지역에서 끊임없이 충돌하였으며, 특히 세종 이후 본격적인 토벌전을 펼치기도 했다. 또한, 일본과는 국가 대 국가의 교린 관계를 유지했으나, 지속적인 왜구 문제를 해결할 필요가 있었다. 이러한 정치, 외교, 경제적 필요에 의해서 우리나라에서는 중국어, 몽골어, 일본어, 여진어가 교육되었다. 그중에서도 중국어 교육은 사서(四書)와 역사서, 초학서 및 자체적으로 편찬한 『노걸대』와 같은 다양한 교재를 쓸 정도로 가장 핵심적인 부분을 차지했다.

2.2. 중기의 외국어 교재 편찬

조선 초기 왜란(倭亂)과 호란(胡亂)을 겪으면서 해당 언어권 국가에서 들여온 교재로는 의사소통에 한계가 있음을 깨닫게 되었다. 이에 『노걸대』 및 『박통사』와 같은 회화서를 몽골어, 만주어로 번역하여 구어(口語) 능력의 제고를 꾀하게 되었다. 이 시기에 주의할만한 것은 조선 초기의 여진학이 폐지되고, 새롭게 만주어(淸學) 교육을 실시하였다는 것이다. 병자호란의 발발 이후 만주어 학습에 대한 필요를 절감했기 때문이다.

조선 중기의 외국어 교재는 '실용성 있는 회화'라는 목적에 맞추어 내용이 개정되었고, 교재의 종류도 늘어났다. 먼저, 중국어 교재는 기존의 『노걸대』를 수정한 『노걸대언해(老乞大諺解)』(1670)와 『박통사』를 수정한 『박통사언해(朴通事諺解)』(1677)가 편찬되었다. 『노걸대언해』는 1745년 평양에서 다시 수정하여 목판본으로 간행되기도 했다. 『노걸대언해』는 다시 한번 수정되어 『노걸대신석(老乞大新釋)』(1761)이란 이름으로 편찬되었고, 이에 대한 언해본인 『노걸대신석언해(老乞大新釋諺解)』(1763)가 편찬되었다. 『박통사언해』역시 수정되어 『박통사신석(朴通事新釋)』(1765)과 이에 대한 언해본인 『박통사신석언해(朴通事新釋諺解)』(1765)가 편찬되었다. 이외에도 명(明)나라 구준(丘濬)이 지은 충신, 효도에 관한 전기(傳奇)인『오륜전비(伍倫全備)』를 언해한『오륜전비언해(伍倫全備諺解)』가 있다. 상술한 회화서 이외에도 '유해류(類解類)'라고 불리는 어휘집도 편찬되었다. 중국어 어휘를 천문(天文), 시령(時令), 관부(官府) 등 주제에 따라 나누어 훈민정음으로 주음하고 언해한『역어유해(譯語類解)』(1690)가 이에 해당된다.

몽골어 교재로는『노걸대』를 몽골어로 번역한『몽어노걸대(蒙語老乞大)』(1741)가 편찬되었으며, 몽골어 상용 표현을 언해한『첩해몽어(捷解蒙語)』(1737)나 어휘집인『몽어유해(蒙語類解)』(1768)도 간행되었다.

일본어 교재 역시 기존에 일본에서 들여온 훈몽서에서 완전히 탈피하여 회화 중심으로 편찬된 학습서『첩해신어(捷解新語)』(1676)와 이의 개수본인『개수첩해신어(改修捷解新語)』, 그리고 어휘집인『왜어유해(倭語類解)』(1783전후)가 사용되었다.

만주어 교재로는『노걸대』를 만주어로 번역한『청어노걸대(淸語老乞大)』,『삼국지(三國志)』를 우리말, 만주어, 중국어 세 언어로 번역한『삼역총해(三譯總解)』, 어휘집인『동문유해(同文類解)』(1748)가 편찬되었다.

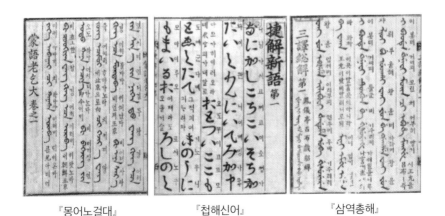

『몽어노걸대』   『첩해신어』   『삼역총해』

조선 중기는 전란을 겪으면서 외국어 교재가 나아가야 할 방향에 대해 깨달아 전면적인 교재 개편이 이루어진 시기이다. 이 시기 외국어 교재의 특징은 다음과 같이 요약될 수 있다. 첫째, 회화서 중심으로 교재가 간행되었다는 것이다. 중국어 학습을 위해 썼던 사서나 일본어 학습을 위해 썼던 초학서는 회화 구사 능력의 제고에 실질적 효용이 없음을 깨닫고, 이를 대체할 다양한 회화서를 만들어냈다. 이때『노걸대』의 역할이 두드러졌다. 본래 중국어 학습에 썼던 이 교재는 일본어, 몽골어, 만주어로 모두 번역되었다. 이외에도『첩해몽어』,『첩해신어』,『삼역총해』와 같은 책이 회화 능력 제고를 위해 추가적으로 사용되었다. 둘째, '유해류'라고 불리는 어휘집도 각 언어별로 모두 간행되었다. 이는 회화서에서 다루지 못한 어휘를 보충적으로 학습하기 위한 역할을 하였으며, 우리나라에서 외국어 교재에 대한 개념이 좀 더 세분화되었음을 보여준다. 마지막으로, 만주어 교육의 급부상을 들 수 있다. 양 호란 이후, 청나라의 만주어와 여진어는 상당한 차이가 있음을 깨닫고, 여진학 대신 청학(淸學)으로 신설되면서 본격적인 만주어 교육이 이루어졌다. 만주족은 만주어와 중국어를 공식 언어로 지정하고, '만한합벽(滿漢合璧)'이라 하여 만주어가 원본이 되고 중국어를 병기(倂記)한 형식의 문서를 썼다. 이에 따라 우리나라 역시 원활한 외교 수행과 대청(對淸) 무역 전개를 위해 만주어를 교육하게 되었다.

2.3. 후기의 외국어 교재 편찬

이 시기에 사역원에서는 기존 교재에 대한 개수나 증보가 이루어졌다. 그러나 19세기 후반 이후 민간 교류가 활성화되면서 민간 저자에 의한 외국어 교재 편찬이 시작되었다.

먼저 사역원에서 간행된 교재에 대해 살펴보겠다. 첫째, 중국어 교재로는 이전의 『노걸대신석』을 수정하여 『신석노걸대(新釋老乞大)』(1761)와 이에 대한 언해본인 『신석노걸대언해(新釋老乞大諺解)』(1763)가 편찬되었고, 이를 다시 수정한 『중간노걸대(重刊老乞大)』(1795)와 이에 대한 언해본인 『중간노걸대언해(重刊老乞大諺解)』(1795)가 간행되었다. 이외에, 『역어유해』에 대한 보충 저작인 『역어유해보(譯語類解補)』가 편찬되었다. 둘째, 몽골어 교재는 『몽어노걸대』의 重刊本이 1790년 간행되었으며, 『몽어유해』가 1768년 수정되어 편찬되었다. 또한 1790년 『첩해몽어』가 새로 번역되었다. 셋째, 『개수첩해신어』가 다시 수정되어 『중간첩해신어(重刊捷解新語)』(1781)가 편찬되었으며, 『첩해신어』 계통의 교재 『첩해신어문석(捷解新語文釋)』가 간행되었다. 마지막으로, 만주어 교재로 『청어노걸대』가 신석되어 『신석청어노걸대(新釋淸語老乞大)』(1765)로, 『삼역총해』의 중간본인 『중간삼역총해(重刊三譯總解)』(1774), 『신석팔세아(新釋八歲兒)』(1777), 『신석소아론(新釋小兒論)』(1777)이 쓰였으며, 『동문유해』(乾隆年間)가 수정되어 간행되었다. 또한 만주어 어휘집인 『한청문감(漢淸文鑑)』(1766 즈음)이 새롭게 쓰이기도 했다.

3. 개화기의 외국어 교재 편찬

3.1. 개화기의 외국어 교육

19세기 말 외국에 문호를 개방하면서 조선은 정치, 경제, 사회 등 분야에 있어 근대화를 추진하게 되었다. 과거제를 폐지하고 신분제를 없앴으며, 학교 제도를 신설하여 대중에게 균등한 교육의 기회를 제공하게 되었다. 이에 따라 학교에 관한 사무를 맡아보는 학무국, 교과서 편집을 담당하는 편집국이 설치되는 등 교육 체제상의 일신을 꾀하게 되었다. 이와 같은 변화로 인해 외국어 교육과 교재도 역시 새로운 전환점을 맞게 되었다.

이 시기 외국어 교육은 크게 소학교, 보통학교, 중학교, 고등학교 및 사립학교 같은 일반 학교와 관립외국어학교(官立外國語學校)와 같은 특수 목적의 학교에서 이루어지고 있었다. 먼저, 소학교, 보통학교, 중학교, 고등학교 소학교와 보통학교에서 일어가 교과목으로 포함되어 있었고, 중고등학교에서 외국어 교과목으로 일어와 영어가 있었다. 이외에도 19세기 말 기독교 단체 및 민간 단체에서 영어가 집중적으로 교육하기도 했다.

주목할 만한 것은 이 시기 외국어 교육을 중점적으로 수행하기 위한 관립 외국어학교가 설립되었다는 것이다. 이전에 외국어에 능통한 관리를 양성하는 기관이었던 사역원은 갑오경장(1894)에 폐지되었고, 일반 대중을 대상으로 외교 및 상업 교류를 수행할 인재를 양성하기 위한 목적으로 다양한 근대식 학교가 설립된 것이다. 예를 들어, 중국, 일본, 러시아, 미국, 영국, 독일, 프랑스어 통번역가를 양성하기 위해 설립된 동문학교(1883)나 조선 정부가 설립한 영어 교육 기관인 육영공원(1886)을 들 수 있다. 이외에도, 1895년 5월 <외국어학교관제>가 공포되어 새 학제의 외국어 학교가 정식으로 발족되었다. 이 관제에서는 외국어학교가 여러 외국의 어학을 교수하는 것을 목적으로 하며, 외국어의 종류는 상황에 따라 학부대신이 정하고, 필요에 따라 외국어학교의 지교(支校)를 지방에 세울 수 있도록 규정하였다. 이 외국어학교는 초기에 영어 학교, 일어 학교, 한어(漢語, 중국어)학교, 법어(法語, 프랑스어) 학교, 아어(俄語, 러시아어) 학교, 덕어(德語, 독일어) 학교로 나뉘어 운영되다가, 1908년에는 모두 관립한성외국어학교(官立漢城外國語學校)로 통합되었다. 그러나 1911년에 일제가 식민지교육을 위한 <조선교육령>을 반포함에 따라 폐교되었다.

동문학교나 육영공원, 관립외국어학교의 개교는 우리나라 외국어 교육 역사에 있어 큰 전환점이 된다. 첫째, 과거 사역원에서는 관리를 대상으로 외국어를 가르쳤지만, 이 학교들에서는 신분과 성별에 관계없이 외국어 교육을 실시하였다. 실질적으로 역관의 자제나 양반 자제들이 다수이기는 했으나, 원칙적으로 신분과 성별에 관계없이 외국어를 교육받을 수 있도록 했다는 것은 민간에서의 외국어 학습의 필요성을 인정했다는 면에서 의미가 있다. 둘째, 외국어 교육의 종류가 아시아 언어에서 유럽어로까지 확대되었다. 사역원에서 역대로 교육된 언어는 중국어, 일본어, 몽골어, 여진어, 만주어와 같은 아시아어에 국한되어 있었으나, 관립외국어학교에서 교육된 언어는 영어, 러시아어, 프랑스어, 독일어와 같은 유럽어로까지 확대되었다. 19세기 중엽 이후 서구 자본주의 열강의 동아시아 침략에 따라 조선도 역시 열강의 개방 압박을 받았고, 제너럴셔먼호 사건(1866), 병인양요(1866), 남연군묘 도굴사건(1868), 신미양요(1871) 등 일련의 사건이 일어나게 된다. 이에 따라 조선은 외교 문제를 원활히 해결해 줄 관리가 없음에 큰 충격을 받고, 이를 대처할 수 있는 인재 양성의 필요성을 절감하였다. 또한, 문호개방에 따라 외국 문화에 대한 시야가 확대되고 외국어를 학습하려는 수요 자체가 높아졌을 뿐만 아니라, 외국어를 잘 구사하면 취직도 유리했던 당시 사회 분위기에 따라 민간에서 외국어 학습에 대한 열기가 높아졌다. 셋째, 사역원이 역관을 관리하고 외국어를 교육하는 이원적 업무를 수행한 곳인 반면, 관립외국어학교는 교육만을 담당하는 기관으로서의 역할만을 충실히 수행하였다. 관립외국어학교는 외국어 교육을 담당하는 교수자에 있어서도 혁신을 꾀하여, 중국인, 일본인, 영국인, 러시아인, 독일인, 프랑스인 교수를 고용하여 외국어 학습의 효율을 높이고자 했다.

3.2. 개화기의 외국어 교재

개화기에 세워진 학교에서는 교수자가 저술한 교재나 해당 언어 국가에서 들여온 교재를 외국어 학습에 사용했다. 또한, 정부가 동문학교의 부속기관으로 최초의 신식 인쇄소인 박문국을 설치하였으며, 광문사, 삼문출판사 등과 같은 민영 인쇄소가 등장하여 공립 및 사립학교 교과서를 편찬하기도 했다.

먼저, 영어 교재에 대해 살펴보겠다. 관립외국어학교의 영어 학습에 쓰인 서적으로는 『개정소학독본』, New National Readers, Standard Choice Readers, English Language Primer 등이 있다. 육영공원에서는 Longman's New Readers, 관립한성영어학교에서는 New National Readers 외에 Penmanship과 The Korea Daily News를 부교재로 활용하였다. 이외에도 영어 교사를 역임했던 프램턴(Geo Russel Frampton)이 쓴 First steps in English and Reading (1909)과 이기룡 저작의 문법서 『중등영문전』(1911)과 같은 교재를 사용하였다.

Longman's New Readers   New National Readers   『중등영문전』

사립학교에서는 서양인이 직접 편찬한 교재가 사용되었다는 점이 두드러진다. 예를 들어 미국인 선교사 호레이스 언더우드(Horace Underwood)가 지은

An Introduction to the Korean Spoken Language(1889), *A Concise Dictionary of the Korean Language in Two Parts, Korean-English&English-Korean* (1890), 미국인 선교사 조지 존스(George Jones)가 지은 *An English-Korean Dictionary*(1914), 영국 외교관 제임스 스콧(James Scott)이 쓴 *English-Korean Dictionary*(1891), 제임스 게일(James Gale)의 *Korean Grammatical Terms* (1893), *A Korean-English Dictionary*(1897) 등을 들 수 있다.

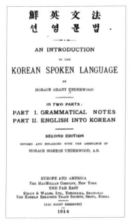
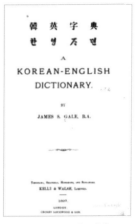

An Introduction to the Korean Spoken Language   *A Concise dictionary of the Korean language*   *A Korean-English dictionary*

둘째, 19세기 말 일본의 세력이 강해지고, 정치, 경제적인 압박이 심해지면서 더욱 높아진 일본어 학습에 대한 수요도 개화기의 중요한 특징 중 하나이다. 이 시기 관립일어학교에서는 일본어 독서, 번역, 서취(書取, 받아쓰기), 회화 등 영역을 세분화하여 교육하였으며, 한국 학부에서 편찬한 『초등소학독본(初等小學讀本)』, 『고등소학독본(高等小學讀本)』과 『일어독본(日語讀本)』이 사용되었다.

셋째, 중국은 19세기 말 아편전쟁 패전과 지속된 서양 열강의 침략으로 반식민지에 놓이게 된다. 하지만, 이 시기에도 중국어는 여전히 중국과의 경제 교류나 조선인의 이주 등의 목적으로 높은 학습 수요를 보이고 있었다. 이에, 관립학교 이외에도 야학(夜學)과 같은 사설 단체나 개인에 의해 운영되는 학교에서도 중국어가 활발히 교육되고 있었다. 당시 야학에서 사용되던 교재는 기록의 부족으로 자세히 알기 어려우나, 관립학교에서 사용된 교재로는 『아세아언어집(亞細亞言語集)』(1892), 『관화지남(官話指南)』(1882),[5] 『청어안내(清語案內)』, 『증정아세아언어집(增訂亞細亞言語集)』(1906), 『관화급취편(官話急就篇)』(1904) 등이 있다.

넷째, 프랑스어 교재는 한국에 들어온 선교사에 의해 집중적으로 편찬된 바 있다. 예를 들어 다블뤼(Marie Nicolas Antoine Daveluy) 신부가 편찬한 『중한불사전(中韓佛辭典)』(1856), 푸르티에(J.A.Pourthié) 신부가 편찬한 『한중나사전(韓中羅辭典)』, 프티니콜라 신부가 쓴 『나한사전(羅韓辭典)』(1864), 선교사 리델(Felix Clair Ridel)이 편찬한 『한불자전(韓佛字典, Dictionnaire Coréen-Francais)』, 『한어문전(韓語文典, Grammaire Coréenne)』(1881)이 있다. 또한, 관립법어학교에서는 『불어독본 초급』, 『불어선문 초급』, 『불어선문 중급』과 같은 교과서가 배정되어 사용되었다.

다섯째, 1860년 중국과 러시아 간에 북경조약이 체결되어 러시아가 연해주 지방을 차지하게 되고, 1884년 조로수호통상조약, 1888년 조로육로통상장정이 체결되었다. 이 시기 러시아령으로 이주하는 한인들도 많았으며, 러시아에서도 역시 조선의 정치, 경제, 역사, 언어에 대한 관심이 높아졌으며

---

5 최초의 『관화지남』은 吳啓太·鄭永邦가 1882년 출판한 것이다. 이 교재는 당시 표준어로 인식된 북경관화를 기반으로 쓰여졌기 때문에, 이후 『敎科適用訂正官話指南』, 『訂正官話指南』, 『改良民国官話指南』와 같이 다양한 유사 저작이 출판되었다. 관립학교에서 사용된 『관화지남』은 원본 『관화지남』을 사용한 것으로 보인다.

연구가 많이 이루어졌다. 관립아어학교는 비록 존속기간이 짧았지만(1896-1904), 러시아어 및 역사, 지리에 능통한 인재를 양성하는 것을 목표로 하였고, 러시아어 과목으로 읽기, 쓰기, 받아쓰기, 문법을 교육하였다.

마지막으로, 조선은 독일과 1882년 조독수호조약을 체결하게 되었다. 관립한성덕어학교는 외국어학교 중 가장 늦게 건립되었으며, 독일어 과목으로 읽기, 쓰기, 받아쓰기, 회화, 독일 시 등을 가르쳤다.

『일어독본』

『아세아언어집』

『한불자전』

개화기에 편찬된 외국어 교재는 출판의 주체, 교재의 종류와 내용 면에서 사역원 시기와는 명확한 차이를 보인다. 첫째, 이전에는 사역원 소속된 관리들이 외국어 교재를 편찬했다면, 이 시기에는 한국에 거주했던 외교관, 선교사, 교사 등에 의해 교재가 편찬되었으며, 정부 단위의 교과서 출판 기관에서도 교재가 출간되었다. 둘째, 교재의 종류도 독해, 회화, 문법서로 세분화되었으며, 이에 더하여 이중어 사전도 본격적으로 출간되었다. 셋째, 교재의 내용으로 실생활과 관련된 내용이 추가되었다. 과거 사역원에서 발간된 『노걸대』,

『박통사』은 무역에 대한 내용이 주를 이루었으나, *New national readers*나 『관화지남』에는 일상적 내용을 다루었다. 넷째, 문법이나 음운 체계에 대한 언어학적으로 심화된 서술이 추가되었다. 『중등영문전』에서 명사, 대명사, 형용사, 관사, 동사, 부사, 전치사, 접속사, 감탄사의 아홉 가지 품사, 문장 성분, 문장의 종류에 대한 자세히 등장하고, 『증정아세아언어집』에서는 중국어의 성모, 운모, 성조 체계에 대해 상세히 다루었다. 이와 같이 전문적인 언어학 기술이 추가된 것은 19세기 서양의 역사비교언어학의 발달과 밀접한 관계가 있으며, 이후 우리나라의 외국어 연구에도 큰 영향을 미쳤다. 마지막으로, 편집국이 국문철자를 사용하여 교과서를 간행했으며, 한국에 거주했던 서양인들이 편찬한 교재 역시 한글로 교재를 편찬하여, 외국어 교재가 외국어 학습과 동시에 한글이 널리 보급되는데도 기여하였다.

4. 일제강점기 외국어 교재의 편찬

일제가 대한제국을 식민지로 합방한 이후, 1911년 8월 조선교육령이 제정되면서 우리나라의 외국어 교육은 또 하나의 전환점을 맞게 되었다. 관립외국어학교는 모두 폐지되었고, 고등보통학교, 전문학교, 대학에서 외국어를 배우게 되었다. 일제강점기 가장 중요한 언어는 일본어였다. 특히 제3차 조선교육령을 통해 한국어를 완전히 폐지하고, 강압적 일본어 교육을 통해 일본식 언어습관이나 사고방식을 만들려고 했다. 일본어 이외의 외국어 교육은 중등학교와 전문학교에서 부분적으로 실시되었다. 제1차 조선교육령 시기에는 고등보통학교에서 영어를 선택 과목으로 하였다가 1920년부터는 영어, 프랑스어, 독일어 중 하나를 필수로 하였다. 제2차 조선교육령 시기에는 영어, 독일어, 프랑스어 중 한 과목을 필수로 선택하도록 하였다. 제3차 조선교육령 시기에는 중학교와 사범학교 보통과에서 영어, 독일어, 프랑스어, 중국어 중 한 과목을 가르쳤다.

이 시기 학습된 외국어 중 일본어 이외의 주요 외국어는 영어와 중국어를 들 수 있다. 제1차 조선교육령 시기 영어는 고등보통학교에서 시수가 줄어들기는 했지만, 공교육 이외에도 사립 영어 강습소나 야학과 같은 여러 경로를 통해 교육되었다. 제2차 조선교육령 시기 외국어 시수는 더욱 늘어났으며 이 중 영어 교육이 가장 큰 비율을 차지하였다. 제3차 조선교육령 시기 영어 교육 시간은 소폭 줄기도 했다. 일제의 정책으로 점차 중시를 받은 것은 중국어였다. 1931년 만주사변을 통해 중국어의 학습의 필요성을 절감한 일제는 1938년 제정한 조선교육령에서 중국어를 선택과목 중 하나로 포함시키게 된다. 뿐만 아니라, 일제강점기에는 만주로의 이주, 경제 교역, 독립운동의 전개 등의 목적으로 중국어를 배우고자 하는 사람들이 많았고, 중국어 강습소, 야학 등지에서 중국어가 교육되었다.

일제강점기 사용된 영어 교재로는 *The New King's Crown Readers*, *Aoki's Grammar and Composition*이 있고, 개화기 관립외국어학교에서도 쓰였던 *The New National Reader* 시리즈가 있다.[6] 중국어 교재는 관립외국어학교에서 쓰였던 『아세아언어집』, 『증정아세아언어집』 이외에도 『화어규보(華語跬步)』와 같은 교재가 일본에서 그대로 수입되어 쓰였고, 이외에도 『한어독학(漢語獨學)』(1911), 『자습완벽지나어집성(自習完璧支那語集成)』(1921), 『중어대전(中語大全)』(1933) 등이 있다.[7]

6 　강내희(2005), 「식민지시대 영어교육과 영어의 사회적 위상」, 『안과밖: 영미문학연구』 18호, 278-281쪽.

7 　김아영·박재연(2018)에 의하면 일제강점기에 한국인 저자가 출판한 중국어 교재는 총 44권이 있다.

The New King's Crown
Readers

Aoki's Grammar and
Composition

『중어대전』

개화기에는 서양 열강에 의해 외국어 교육이 촉발되고 정부 역시 외국어학교를 설립하여 이를 장려했다면, 일제강점기에는 외국어 교육이 일제 식민 지배의 수단으로 간주되면서 일제 통제하에 제한적으로 실시되었다. 일제의 공식적 학제 내에서 외국어 중 가장 중시된 것은 일본어였다. 일본어는 국어(國語)로 지칭되며 문화 말살의 도구로 사용되었다. 기타 외국어 중에서는 영어가 선택 과목으로 어느 정도의 수요를 유지하였고, 일제의 중국 대륙 진출 목적의 일환으로 중국어가 중시되어 선택 과목으로 편입되었다. 또한 이 시기에는 민간에서 교역, 취업, 이주, 독립운동 등의 목적으로 영어와 중국어에 대한 수요가 높았다. 이에, 일반 학교뿐만 아니라 강습소나 야학과 같은 사설 기관에서 영어와 중국어가 활발히 교육되었다. 따라서 이 시기에는 많은 민간 저자에 의해 외국어 교재가 편찬되었을 것으로 추측되지만, 자료의 부족으로 그 면모를 완전히 알기는 어렵다. 이외에도 일본에서 사용되던 교재가 그대로 수입되어 쓰였을 것으로 추측되며, 이는 국내 교육 기관 및 지역 도서관에 소장된 자료에 대한 발굴을 통해 더 정확한 모습을 파악할

수 있을 것이다.[8]

5. 나오며

우리나라에서는 경제 교류, 근방의 나라와 군사, 외교적 충돌 시 이를 원만하게 해결하기 위한 목적으로 외국어 교육을 실시하였다. 먼저, 사역원에서 이루어진 외국어 교육은 중국어, 일본어, 몽골어, 여진어, 만주어와 같이 우리나라를 둘러싼 인근 나라의 언어에 국한되어 있었다. 교육받는 계층도 관리에 제한되어 있었으며, 교재도 사역원 안에서 편찬되는 것을 사용했다. 해당국가의 서적을 들여와 교재로 사용되기는 했으나, 의사소통을 위한 회화를 학습하기에는 한계가 있었고, 사역원 자체에서 편찬된 교재는 『노걸대』, 『박통사』로 대표되는 회화서와 유해류라 불리는 어휘집 두 종류로만 구성되었다. 19세기 중엽 이후 서양 열강의 침략과 함께 미국, 프랑스, 독일, 러시아 등과 접촉하면서 학습의 범위는 유럽어로 확대되었다. 관립외국어학교를 세울 정도로 외국어 교육에 대한 큰 자각이 일어났다. 뿐만 아니라, 강습소나 야학과 같은 사설 기관의 경로로 외국어가 학습되었고, 민간 저자에 의해서도 외국어 교재가 편찬되었다. 외국어 교재는 문법서, 회화서, 독해서, 어휘집 등으로 세분화되었다. 그러나 이러한 외국어 교육 부흥기는 일제 식민 지배 정책으로 오래가지 못했다. 1911년 일제의 조선교육령으로 인해 외국어학교

---

8 예를 들어, 소은희·신윤희(2010)에 의하면 현재 국가 도서관이나 대학 도서관에 소장된 일본인 편찬의 중국어 교재가 모두 98종에 이른다. 이들은 일제강점기 때 중국어 학습을 위해 일본에서 들여와서 사용된 교재로 추측된다. 또한, 김상규(2016), 김아영·김현철(2015)를 통해 새로운 중국어 학습서가 발굴, 소개되기도 하였다. 이처럼 일제강점기에 편찬된 중국어 교재는 지속적으로 발굴되고 있는 중이다.

는 폐지되었고, 일본어만이 전면에 부각되며 식민 지배의 수단으로 교육되었다. 그러나 이 시기에도 사설 기관에서는 영어나 중국어가 활발히 교육되었으며, 다양한 민간 저자에 의해 교재가 편찬되었고, 이로 인해 오늘날 외국어 연구에 쓰이는 언어학적 개념들이 태동하게 되었다.

근세에서 일제강점기까지의 우리나라의 외국어 교육의 역사는 새로운 국가의 문화에 대한 충격과 이에 대한 우리나라의 반응을 여실히 보여준다. 21세기에는 끊임없는 세계 질서의 변동, 기술, 문화에 대한 도전을 받고 있으며, 이에 따라 다양한 외국어에 대한 학습의 필요성은 더욱 증가하였다. 특히, 새로운 문화의 접촉과 소통이 빈번한 문화융합시대에 언어는 융합의 힘을 일으키는 핵심적인 요소가 된다. 외국어에 대한 지식의 제고는 타문화를 이해하는 가장 직접적인 기반이 될 것이며, 개방적이고 포용력 있게 문화융합시대를 살아가는 힘이 될 것이다.

참고문헌

강내희(2005), 「식민지시대 영어교육과 영어의 사회적 위상」, 『안과밖: 영미문학연구』 18호.

구현아(2022), 「일본의 중국어 학습서의 일제강점기 중국어 학습서에 대한 영향 고찰 -<평측편(平仄編)>을 중심으로」, 『동아인문학회』 59호.

김상규(2016), 「새로 발견된 일제강점기 중국어회화교재《高等漢語自解》小考」, 『중국언어연구』 62호.

김아영·김현철(2015), 「열운 장지영의 중국어교육 및 열운문고 소장 중국어학습서 연구」, 『중국어문학논집』 93호.

김아영·박재연(2018), 「일제강점기 한국 출판 중국어학습서와 국내의 관련 연구 동향 분석」, 『중국어문학논집』 110호.

소은희·신윤희(2010), 「日本殖民地时期第三次朝鮮教育令与汉语教育政策-以东亚日报、朝鮮日报相关报道为研究材料」, 『중국문화연구』 17호.

이광숙(2014), 『개화기의 외국어교육』, 서울: 서울대학교출판문화원.

정광(1998), 『사역원 역학서 책판연구』, 서울: 고려대학교출판부.

정광(2014), 『조선시대의 외국어 교육』, 서울: 김영사.

함종규(1976), 『한국교육과정변천사연구』, 서울: 숙명여자대학교 출판부.

근대 시기 아시아 각국의 설화 조사·연구 현황과 전망

권혁래(용인대)

1. 머리말

설화는 한 나라의 기층문화, 정서, 가치관, 생활사, 민속 등을 보여주는 문화자료이다. 19세기 말엽부터 20세기 후반에 이르기까지 아시아 각국에서 실시된 설화[1]의 채록·출판 작업은 아시아 공통의 문화적 현상이다.

근대 아시아 각국의 민속학·설화 자료의 채록 및 연구의 주체는 외국인 그룹과 자국인 그룹으로 양분된다. 1800년대 후반부터 1940년대 사이에 일군의 서양인 및 일본인들은 해당 국가의 문화적 특질을 파악하기 위한 목적에서 아시아 각국의 민속과 설화를 집중적으로 조사·채록하였다. 이 시기 서양의 관료(외교관 등) 및 민간 지식인(선교사·학자·작가 등) 그룹, 일본 관료

---

[1] 여기에서 사용하는 '설화' 용어는 근대 초기 설화, 민담, 동화 개념이 혼효된 개념임을 밝힌다.

및 민간 지식인 그룹은 식민 지배를 받는 아시아 국가들을 방문하여 민속학적 관심에서 아시아태평양 지역 국가들의 구비문학 및 민속을 채록하고 연구하였다. 상대적으로, 아시아 국가의 자국인 지식인 그룹(학자, 작가 등)의 민속학과 설화 연구는 일본을 제외하면, 외국인 그룹의 작업에 비해 훨씬 뒤에 이뤄졌다. 이들의 연구는 20세기 전반기, 또는 1945년 이후, 늦으면 1960·70년대 이후에 시작되었다. 이러한 면에서 19세기 말엽부터 20세기 후반에 이르기까지 아시아 각국에서 실시된 이러한 설화의 채록·출판은 아시아 공통의 근대문화적 현상이라 규정할 수 있다.

18세기 말~20세기 전반기에 이뤄졌던 아시아 국가의 민속학·설화 조사 및 연구 성과는 공통적으로 21세기에 접어들어 아시아 각국에서 재조명하고 있는 것으로 파악된다. 이 글에서는 동남아 및 동북아 몇몇 국가에서의 근대시기 설화 조사·연구 사례를 살피고, 아시아 설화 조사·연구에 대한 과제와 전망에 대해 논의할 필요가 있다.

이 글에서는 크게 다음의 세 가지 쟁점에 대해 논의할 것이다.

첫째, 근대 초기 아시아에서 외국인 그룹에 의해 이뤄진 설화 조사·번역·연구에는 특유의 정치적, 문화적 의도나 목적이 가미되었을 가능성이 높다. 하지만, 이와는 별도로 이들의 조사와 번역, 연구는 선진 학문의 연구방법론이 적용된 산출물을 낳기도 하였다. 각 지역의 주요 국가 별로 산출된 설화집에 대해 평가할 필요가 있다.

둘째, 외국인 그룹의 설화 조사·번역·연구의 성과물과 자국인 그룹의 성과물 간에 어떠한 관계가 있는지 논의할 필요가 있다.

셋째, 근대 시기 아시아 각국의 설화 조사·연구의 동향을 통합적으로 고찰하면 무엇이 보일까 하는 점이다. 이에 동남아, 동북아 몇몇 국가에서 이뤄진 사례를 살피고, 한국에서의 아시아 각국 설화 연구현황 및 연구전망에 대해 고찰할 것이다.

2. 동남아시아 설화 조사·연구 현황: 베트남, 필리핀, 인도네시아

2.1. 베트남[2]

2.1.1. 베트남 설화에 관한 조사·연구

베트남에서의 설화 및 민간문학에 대한 연구는 그 역사가 그리 길지 않다.[3] 1862년부터 1945년까지 프랑스 식민지배 기간에 프랑스의 외교관, 학자 등 민간인들에 의해 어떤 연구가 이뤄졌는지에 대해서는 자세히 알 수 없지만, *Studies on Vietnamese Language and Literature*을 통해 해당 기간 베트남 구비문학 및 국어국문학 분야 연구 서지목록을 참고할 수 있다.[4] 1930~40년 대에는 Nguyen Van Huynh이라는 베트남 민속연구자가 연구했다는 기록이 있다. 하노이 출신 베트남인 학자 겸 외교관인 Pham Duy Khiem(1908~1974) 은 1942년 *Légendes des terres sereines*라는 제목의 베트남 전설집을 프랑스 어로 출판하였다.[5]

1960년대부터는 하노이국립대와 하노이사범대를 중심으로 민간문학교육 과 관련한 교재가 출판되면서 체계적 교육이 시작되었다. 1966년에 설립된 베트남민간문예회는 설화연구에 지속적으로 기여하였으며, 뒤에 '민간문화 연구원'으로 개칭되었다. 베트남의 대표적 설화수집가 응웬 동치(Nguyen

---

2   이에 관한 내용은 권혁래(2020)의 「베트남 고전산문 및 베트남 제재의 한국 고전산문 연구 현황 검토」(『열상고전연구』 70, 열상고전연구회, 11~48쪽)을 참조해 기술하였다.

3   이에 대한 내용은 박연관(2004), 「베트남의 설화연구 일고찰」(『동남아연구』 13, 1~12쪽)을 참조해 기술하였다.

4   Dinh Tham, Nguyen(2018), *Studies on Vietnamese Language and Literature: A Preliminary Bibliography*, NY: Cornell University Press.

5   Harry Aveling(2017), "The Absent Father: A Vietnamese Folktale and Its French Shadows", *Journal of Language Studies*, vol.17, no.2, pp.1-17.

Dong Chi)는 『Kho Tang truyen co tich Viet Nam(베트남민담의 보고)』을 1958년 1, 2권 출판한 이후, 1982년까지 비엣족의 설화 중 대표적 작품 약 200편을 선정해 총 5권을 출판하였다. 이외에, 소수 민족의 설화집이 출판되고 있으며, 2000년대 이후에는 100여 편이 넘는 베트남 설화를 정전화하여 교과서와 다수의 청소년용 출판물을 통해 소개하고 있다.

2.1.2. 한국에서의 베트남 설화 연구현황

한국에서 베트남 설화에 대한 연구는 소수의 베트남 어문학 전공자들이 담당해 왔다. 김기태는 최초의 베트남 설화 번역서인 『쩌우 까우 이야기』를 1984년에 출판하였다. 한국외국어대학 베트남어학과의 전혜경, 박연관 교수는 베트남 구비설화 연구를 도맡아 왔다. 전혜경의 연구주제는 설화에 나타난 기층의식·민족성·여성의식의 고찰이다. 그의 연구대상은 '동물·식물·조류 기원담(전생담)'이며, 연구방법은 설화 비교연구이다. 전혜경은 일련의 논문에서 한국-베트남 양국 설화의 양상을 비교하여 설화의 내용·구성·표현형식을 분석하고, 이를 통해 설화 향유층의 기층의식과 세계관 등을 비교분석하였다. 이 연구를 통해 베트남과 한국의 문화적 친연성 및 베트남 문화의 특이성이 발견되었다. 박연관의 연구주제는 '한국-베트남 설화의 비교연구' 및 '베트남 민담의 문화적 정체성' 등이다. 그는 트릭스터 '짱꾄 설화'를 연구하였으며, 베트남 민담의 '재미있는 작품', '재미'의 요소가 무엇인가 탐색하는 데 주력하였다.

2000년 이후에는 박희병, 윤주필, 최귀묵, 최빛나라 등을 비롯한 한국고전문학 연구자들이 비교문학 및 다문화 관점에서의 베트남 설화 및 옛이야기 연구를 진행하였다. 박희병은 『전기만록』, 『영남척괴열전』과 같은 한문으로 된 고전설화집을 번역하였으며, 윤주필은 베트남의 <서정전(鼠精傳)>과 한국의 <옹고집전>을 대상으로 '진가쟁주(眞假爭主) 설화'가 수용된 양상을 비교

연구하였으며, 베트남 <아기장수> 설화의 특징과 소설적 활용을 연구하였다. 최귀묵은 므엉 족의 창세서사시 <땅과 물의 기원> 및 불교설화 등에 관한 논문을 발표하였으며, 한국 최초로 베트남 국문학 개론서인 『베트남문학의 이해』(2010)를 집필하였다. 최빛나라는 실존인물의 일대기 서사, 관음신앙 서사, 베트남 무가, 베트남 신앙문화 등 다양한 주제의 작품들에 대해 본격적인 연구논문을 발표하고 있다.

강은해, 이현정, 하은하, 부이티하안, 이가원, 응오 티 프엉 아잉 등은 한국-베트남, 또는 동아시아 비교문학 차원에서 아기장수설화, 효행설화, 선녀설화, 흥부놀부형, 호랑이설화 등 연구하였다. 하은하, 전혜경·김근태, 양민정, 황혜진, 권혁래 등은 다문화사회의 이해, 결혼이주여성 및 다문화가정의 소통과 연관하여 베트남 설화 및 다문화동화집의 출판과 활용, 이주 경험담 등에 대해 연구하였다.

근래 다문화동화로 출판된 베트남 설화에 대한 연구는 한국의 아동들과 성인들이 베트남 문화에 대한 교양을 넓히고 베트남 이주민의 삶을 이해하는 텍스트로 활용될 것으로 기대된다. 또한, 베트남 설화를 단순히 특수한 외국문학이나 비교문학 대상으로서가 아닌, 상호문화주의의 관점에서 세계문학의 일부이자 다문화동화로 보는 관점이 요구된다. 아울러, 특이하거나 유사한 작품을 발굴·연구하는 것을 넘어, 보편성 있고 서사적 완성도가 높은 설화를 발굴해 문학성을 드러내는 것이 중요하다고 파악된다.

2.2. 필리핀[6]

2.2.1. 필리핀 설화에 관한 조사·연구

다민족 국가인 필리핀은 1571년부터 1898년까지 327년간 스페인의 식민 통치를 받았으며, 연이어 19898년부터 1942년까지는 미국의 식민통치를 받았고, 1942년부터 1945년까지의 태평양전쟁 기간에는 일본에 점령당하였다. 스페인 통치 기간에 스페인 관료나 학자들이 필리핀 설화를 조사·연구하였다는 기록은 알려지지 않았다. 미국 통치 기간인 1906년부터 1920년대에는 미국인 선교사와 교사, 연구자들이 필리핀 각지에서 활발히 민담·전설을 채록하여 학술잡지에 게재하고 설화집을 출판한 기록이 발견된다. 이 중에서 Mabel Cook Cole의 *Philippine Folk Tales*(1916), Dean S. Fansler의 *Filipino Popular Tales*(1921)는 이 시기 출판된 가장 중요한 민담집으로 평가된다. 일본 식민통치 기간인 1942~1945년에는 일본 군부와 일본소국민문화협회의 주도 아래 일본인 아동문학작가 마쓰모토 구스로가 '대동아권동화총서'의 하나로 『필리핀동화집』을 일본어로 펴냈다.

1950년대부터 1980년에 이르는 시기에 설화를 비롯한 필리핀 구비문학은 가장 활발하게 연구되었다. 1980년 이후 필리핀국립대학 다미아나 유헤니오 교수는 필리핀구비문학의 유산을 집대성하여 전8권의 시리즈를 출판하였다. 그동안 출간된 필리핀 민담 및 옛이야기 주요 자료집 목록은 다음과 같다.

① Cole Mabel Cook, *Philippine Folk Tales*, 1916.

② Dean S. Fansler, *Filipino Popular Tales*, 1921; 1956.

6　이에 관해서는 권혁래(2021)의 「필리핀설화·옛이야기 연구사와 문화소통」(『열상고전연구』 74, 열상고전연구회, 99~135쪽)을 참조해 기술하였다.

③ Sevrino Reyes, "Mga Kuwento no Lola Basyang(바샹 할머니 이야기)", 1925~1941.

④ 槇本楠郎, 『椰子の実と子供』(フィリピン童話集, 大東亞圏童話叢書 4), 1943.

⑤ Maria Delia Coronel, *Stories and Legends from Filipino Folklore*, 1967.

⑥ Jocano, F. Landa, *Myths and legends of the early Filipinos*, 1971.

⑦ Damiana L. Eugenio, *Philippine folk literature: The folktales*, 1989 등.[7]

2.2.2. 한국에서의 필리핀 설화 연구현황

1980년대부터 2010년대까지 한국에서는 '저항문학·탈식민주의 문학'에 대한 관심으로 필리핀의 현대 영문학 작품과 작가에 대한 연구가 시작되었다. 2010년을 전후로 해서는 다문화가정의 문화이해를 위한 필리핀문학[8]이 어린이문학, 유아문학교육, 다문화이해의 연구주제로 부각되었다. 이러한 연구는 이주민들의 모국 이야기를 활용해 한국인과 이주민, 이주결혼여성과 자녀 간의 문화소통에 도움이 될 방안을 찾으려는 방편으로 시도되었다.

필리핀 민담번역서로는 『쥬앙과 대나무 사다리』(창비, 1990) 외 두 권의 그림책이 있으며, 학술서적으로는 세브리노 레예스가 창작한 필리핀 옛이야기집 '바샹할머니 이야기' 시리즈에 관한 연구서가 한 권 출판되었다.[9] 그

---

7 이상의 작품들에 대한 연구성과에 대해서는 Damiana L. Eugenio(1985), "Philippine Folktales: An Introduction"(*Asian Folklore Studies*, vol 44)을 참조할 것.

8 강정구(2010), 「2000년대 한국문학에 나타난 문화적 소수자의 재현 양상 연구」, 『외국문학연구』 38; 기현주(2017), 「다문화적 사회를 위한 토대로써 필리핀 문학의 가능성」, 『현대영미드라마』 30-2; 이송은(2013), 「다문화가정의 문화이해를 위한 문학 활동 실행연구: 필리핀 모자를 대상으로」, 『어린이문학교육연구』 8-2, 2007; 최한선, 「다문화시대 유아문학교육의 방향」, 『동아인문학』 26.

9 권혁래(2018), 『필리핀 국민동화 바샹 할머니 이야기』, 세창출판사.

외에, 세브리노 레예스의 '바샹 할머니 이야기'에 관한 연구논문들을 통해 필리핀의 흥미로운 설화 작품이 소개되고 필리핀의 고유한 문화·정서에 대한 성과가 발표되었다. 다만, 그 편수가 절대적으로 적어 좀 더 다양한 필리핀 설화를 번역·연구할 필요가 있다.

2.3. 인도네시아[10]

2.3.1. 인도네시아 설화에 관한 조사·연구

인도네시아에는 17세기 초까지 많은 고대 왕국이 존재하였다. 1619년 네덜란드의 동인도회사가 바타비아(현 자카르타)에 식민도시를 건설한 이후 1945년까지 인도네시아는 네덜란드의 식민통치를 당하였다. 1908년 9월 14일 네덜란드 동인도 정부는 '현지인 교육 및 도서위원회'를 만들고, 현지인 학교에서 사용할 텍스트를 골라 교육 자료를 만들었다. 위원회의 작업은 1910년부터 시작되었는데, 1916년에는 설화, 와양(wayang)[11] 이야기, 옛이야기의 요약, 교훈 이야기, 일반 지식 이야기 등의 책이 출판되었다. 이 위원회는 1917년에 명칭이 '발라이 푸스타카(Balai Pustaka; 도서관 홀)'로 변경되었으며, 독립 이후 1948년 발라이 푸스타카는 교육부 산하 출판사로 부활해, 교육용 도서 및 인도네시아 설화선집을 출판하며 교육적 영향력을 미치고 있다.[12]

인도네시아 출신의 최초의 인류학자 쿤차라닝랏(Koentjaraningrat)은 1950~

---

10 이에 관한 내용은 테레시아 마가렛(경희대), 「인도네시아 설화연구사 검토와 한국설화와의 접점 모색」(『열상고전연구회 102차 학술대회 발표자료집』, 열상고전연구회, 2021.3.20. 19~26쪽)의 내용과 인터뷰, 연구노트를 참고하여 작성하였다.

11 인도네시아 인형극.

12 https://jakarta.go.id/artikel/konten/2587/balai-pustaka (검색일: 2021년 5월 13일)

1980년대에 인도네시아 설화를 연구하기 시작하였고, 대학에서 인도네시아 민속학, 자바 문화에 대해 강의하였다. 그의 제자 제임스 다난자야(James Danandjaja)는 미국 버클리대학에서 민속학 공부(석사 졸)를 하고 귀국, 인도네시아 정부의 지원을 받아 인도네시아의 설화 수집 프로젝트를 시작하였다. 그는 1972년 인도네시아 국립대학교에 국어국문학과 설립을 주도하며 인도네시아 설화 수집 및 연구에 큰 역할을 하였다. 그는 1973년 발리와 서부 자바 지역에서 주로 조사한 수백 편의 현지 설화를 인도네시아 국어로 번역하여 출판하기도 하였다.[13] 그의 저서 『인도네시아 민속학개론: 야담, 민담 (Folklore Indonesia: Ilmu Gosip, Dongeng, dan lain-lain)』은 대학 교재로 사용되어 설화 및 민속 연구에 기반이 되었다. 무르티 부난타(Murti Bunanta)는 어린이를 독자층으로 한 설화의 다시쓰기 작업을 하였으며, 인도네시아 설화를 영문으로 번역해 해외에 소개하는 역할을 하였다.

1976년 이후 인도네시아 교육문화부에서 지원해 전국적으로 조사한 작업이 1978년 이후 1990년대 초까지 이뤄졌다. 인도네시아의 유명 출판사인 Grasindo 출판사는 지방정부의 구비문학 조사 성과를 '구비문학대계'의 일환으로 지역별 설화집 약 50권을 순차적으로 출판하였다. 이 시리즈는 인도네시아 설화를 전국적으로 조사해 선집한 것으로, 설화 연구의 귀중한 학문적 성과로 평가된다. 2010년대 이후에는 민간 출판사를 통해 학생층 대상의 다양한 설화 출판물이 간행되고 있다. 주요 출판물 목록은 다음과 같다.

① Murti Bunanta의 *Indonesian Folktales*(영문, 2003)
② 『인도네시아 설화집(*Kumpulan Cerita Klasik Indonesia*)』(2015)

---

13 James Danandjaja(1972), *Laporan Team Pengumpul Cerita Prosa Rakyat Indonesia Bagi Pengarsipan Fakultas Sastra UI Th. 1972-1973 kepada Panitia Nasional Tahun Buku Internasional 1972, Indonesia,* Panitia Nasional Tahun Buku Internasional, p.1.

③『34개 지방의 인도네시아 설화(*Cerita Rakyat Nusantara 34 Provinsi*)』 (2015)

④『우리나라의 민담』(Dongeng Negeri Kita)』(2015)

⑤『366편 인도네시아 설화집(366 Cerita Rakyat Nusantara)』(2015) 등

인도네시아에는 수많은 민족과 그 수만큼의 민족어가 존재하는데, 대학에 민속학·설화 연구자가 생각보다 적으며, 연구 성과도 적은 편이다. 이는 다민족, 다언어의 상황에서 민속·설화 연구의 여건이 어렵다는 현실을 보여준다.

2.3.2. 한국에서의 인도네시아 설화 연구현황

현재, 한국에 소개된 인도네시아 설화집은 1991년에 출판된 정영림의 『(인도네시아 민화집) 꾀보 살람』(창작과 비평사)이 있으며, 이외에 그림책이 몇종 있다. 좀 더 많이, 다양한 성격의 작품을 번역해 한국에 소개할 필요가 있다. 한국에서 인도네시아, 말레이시아 설화·민속학 연구 결과는 정영림(2004, 2007), 고영훈(2014) 등이 발표한 10여 편이 있다. 2019년 이후에는 비교문학적 관점과 아시아 문화자산으로서의 설화 발굴 관점에서 권혁래, 테레시아 마가렛 등 한국문학 연구자들이 인도네시아 설화 연구에 참여하고 있다. 인도네시아의 생태설화, 『자카르타 설화집』에 수록된 <피퉁>, <뚱뚱한 은퉁>, <사라 스펙> 등 민중 영웅 설화, 혼종문화에 관한 작품을 아시아 문화소통의 관점에서 좀 더 재미있고 문학성 있는 인도네시아의 옛이야기를 조사해 번역·소개할 필요가 있다.

3. 동북아시아 설화 조사·연구 현황: 중국, 대만, 일본, 한국

3.1. 중국

3.1.1. 서양인들의 중국 설화에 관한 조사·연구[14]

19세기 말~20세기 초 서양인에 의해 편찬된 중국 설화·동화집은 재중(在中) 서양인의 주류였던 선교사, 외교관뿐 아니라 전문적 작가에 의해서도 이뤄졌다. 이들은 중국에서 체류하면서 들은 이야기를 직접 기록하기도 하였고 여러 문헌을 통해 이야기를 재구성하기도 하였다. '중국 동화(Chinese fairy tales)', '중국 설화·민담(Chinese folktales)', '중국 이야기(Chinese tales, Chinese stories)' 등의 표제로 간행된 작품집은 간결하면서도 재미와 호기심을 불러일으킬 수 있는 이야기로 구성되어 서양인이 쉽고 부담 없이 중국 문화를 이해하기 위한 제재로 활용되기도 하였다. 이들은 이러한 작업을 통해, 서양인이 중국에 대해 갖고 있는 왜곡된 이미지를 수정하고 그들과 다름없는 삶을 살고 동일한 감정을 갖고 있는 중국인을 보여줌으로서 인간의 보편성을 보여주고자 하였다. 20세기 초 서양인에 의해 편찬된 설화, 신화, 동화집의 편수가 수십 종에 이른다.[15] 19세기 후반~1940년 서양인들이 간행한 중국 설화·동화집 목록은 [표 1]과 같다.[16]

---

14 이하 중국 설화·동화 수집에 대한 내용은 구현아·권혁래(2023)의 「허버트 앨런 자일스의 『중국동화집(Chinese fairy tales)』(1911)을 통해 본 근대 초기 서양인들의 중국문화 이해의 양상」(『연민학지』 39, 연민학회, 209~247쪽) 내용을 참조해 기술하였다.

15 Internet Archive(https://www.archive.org/)의 검색 결과, [표 1]에 제시한 중국 동화집 이외에도, 'Chinese mythology'를 표제로 한 20세기 초 저서만 해도 *Myths and legends of China*(1922), *The mythology of All races: Chinese, Japanese*(1916), *Chinese Mythology* (1938) 등 20여 권에 달한다.

16 구현아·권혁래, 앞의 논문, 215쪽.

[표 1] 19세기 후반~1940년 서양인들이 간행한 중국 설화·동화집 목록

저자 직업	국적	성명	서명	편찬 년도
선교사	독일	Richard Wilhelm(卫礼贤)	*The Chinese fairy book*	1914
		Wolfram Eberhard(艾伯华)	*Chinese fairy tales and Folk tales*[17]	1937
	미국	Fielde Adele(菲尔德)	*Chinese Nights' Entertainment*	1893
			Chinese fairy tales	1908
	영국	John Macgowan(麦嘉温)	*Chinese Folk-lore tales*	1910
		William Arthur Cornaby (高葆真)	*A String of Chinese peach-stones*	1895
		Mary Isabella Bryson	*Cross and crown: Stories of the Chinese martyrs*	1904
외교관	영국	Herbert allen giles(翟理斯)	*Chinese fairy tales*	1911
		Robert Kennaway Douglas (道格拉斯)	*Chinese Stories*	1893
작가	미국	Pitman Norman Hinsdale (皮特曼)	*China Fairy stories*	1910
			The Chinese Wonder book	1919
		Davis Mary Hayes	*Chinese fables and folk stories*	1908
		Sophia Lyon Fahs	*Red, yellow and black: tales of Indians, Chinese and Africans*	1918
		Frances carpenter	*Tales of a Chinese Grandmother*	1937

선교사와 외교관은 물론이며, 소피아 리온 파즈 등의 작가는 중국에 체류했던 인물들이다. 이들은 자신이 체류한 지역의 현지인들이나 개인적으로 관계가 가까운 중국인의 이야기를 직접 듣고 기록하거나, 영어를 구사할 줄 아는 중국인으로부터 이야기를 듣고 기록하기도 하고, 중국인 저작의 문헌을 바탕으로 영어로 번역하기도 하였다.

---

17   艾伯华(Eberhard. 1937), 『中国民间故事类型』, 商务印书馆; 王燕生·周祖生译 譯(1999).

허버트 앨런 자일스(Herbert Allen Giles, 1845-1935)는『요재지이』에 수록된 고사,『서유기』,『침중기』등에 수록된 설화를 재화해『중국동화집(Chinese fairy tales)』을 편찬하였다. 화자는 인간의 어리석음을 풍자하는 한편, 인생의 지혜에 대한 깨달음과 교훈, 트릭스터 이야기를 통한 해학의 미학을 보여주었다. 또한, 신이한 제재를 통해 이야기의 즐거움을 전하고, 동·식물과 인간의 교류를 이야기하였다. 자일스의 동화집을 비롯해, 19세기말에서 20세기 초 서양인에 의해 지어진 다수의 설화·동화집들은 중국 설화·동화집의 초기 형성과정을 파악할 수 있는 자료로서 학술적 가치가 높다.

3.1.2. 중국인들의 자국 설화 연구현황

중국인이 편찬한 최초의 설화집은 1919년 5·4 운동 이후 북경대학의 가요연구회, 중산대학의 민속학회에 의해 민담 수집·연구 작업을 통해 이뤄졌으나 중일전쟁으로 중단되었다. 민담 연구는 1949년 건국 이후 젊은 문학자들에 의해 재개, 1962년『중국민간고사선』2권이 출판되었다.[18] 이후 몇 차례 설화집성 작업이 이뤄졌고, 좀 더 종합적이고 체계적인 정전화 작업은 2015년『중국민간고사경전』(유수화 편) 출판 등으로 나타났다.[19] 주요 설화집 목록은 다음과 같다.

> 賈芝·孫劍冰 편,『中國民間故事選』, 北京: 人民文學出版社, 1962.
>
> 丁乃通,『建国以来新故事选』, 上海文艺出版社, 1980.
>
> _____, 郑建成译 譯,『中国民间故事类型索引』, 中国民间文艺出版社, 1986.

18　賈芝·孫劍冰 편(1983),『中國民間故事選』, 北京: 人民文學出版社, 1962; 민영,「민중 속에서 생겨난 민중의 서사시」,『중국의 민화집 1』, 창비, 197~198쪽.

19　劉守華 編(2019),『中國民間故事經典』, 武漢: 華中師範大學 出版部, 2015; 劉守華 註編, 池水湧·裵圭範·徐禎愛 공역,『중국민간고사경전』, 서울: 보고사.

　　　　　, 『中华民族故事大系』(전16권), 上海文艺出版社, 1995.

编委会, 『耿村民间故事集』(전7권), 河北省石家庄地区民间文学三套集成编委会, 1987~1990.

编委会, 『中国民间故事集成』(전30권), 中国ISBN中心出版, 1992~2010.

祁连休, 『中国古代民间故事类型研究(上·中·下)』, 河北教育出版社, 2007.

劉守華 編, 『中國民間故事經典』, 武漢: 華中師範大學 出版部, 2015.

劉守華 註編, 池水湧·裵圭範·徐禎愛 공역, 『중국민간고사경전』, 보고사, 2019.

祁连休·冯志华 編撰, 『中国民间故事通览』(전5권), 河北教育出版社, 2021.[20]

『중국민간고사경전』의 책임 편집자 유수화는 한족과 소수민족들의 민간고사를 폭넓게 조사하여 고대이야기[古代故事], 동물이야기[動物故事], 신기한 결혼이야기[神奇婚姻], 세상의 온갖 이야기[人間百態], 영웅의 신기한 이야기[英雄傳奇], 신기하고 환상적 이야기[神奇幻境], 생활의 지혜 이야기[生活智慧] 등 7부로 구성하여, 총 102편을 수록하였다. 『중국민간고사경전』은 대부분 신기하고 재미있는 이야기와 함께, 일상생활의 가난, 세금, 인간세계의 갈등과 고통 등 인간들의 생활을 다룬 작품들로 채워지기도 하였다.

3.2. 대만[21]

3.2.1. 일본인들의 대만 설화에 관한 연구

대만의 설화는 1920년대부터 대만총독부 경찰청 및 타이베이주 경무부

20　이 설화집 목록은 방건춘(팡지엔춘. 2023)의 「중국 설화의 트랜스컬처 주제별 연구의 가능성」(『아시아문화학지』 1, 용인대 아시아문화연구소, 17~25쪽)에 소개된 자료를 참조하였다.

21　이에 관한 내용은 권혁래의 「1945년 이전 일본어로 간행된 대만설화·동화 연구: 탈식민주의와 아시아문화자산의 관점에서 보기」(『구비문학연구』 63, 한국구비문학회, 195~226쪽)을 참고하여 기술하였다.

이번과(理蕃課) 관리 및 일본인 교육 관료들에 의해 채록, 기록되기 시작하였다. 『원주민전설집』(大西吉寿, 1923), 『원주민전설동화선집』(瀬野尾寧·鈴木質, 1930), 『대만동화50편』(渋沢青花, 1926), 『지나동화집·대만동화집』(及川恒忠·西岡英夫, 1927), 『조선·대만·아이누동화집』(松村武雄·西岡英夫, 1929) 등이 그러하다.

1923년 출판된 『원주민전설집』은 타이베이주 경무부 이번과에서 대만원주민의 문화와 전설을 조사한 최초의 출판 결과물이다. 『원주민전설동화선집』(1930)은 대만원주민 업무에 풍부한 경험을 가진 경찰 간부 및 교장 출신의 작가들이 대만원주민 소년들을 교화하기 위한 목적에서, 그들의 전설을 수집·분류하고 동화체 문장으로 개작한 양상을 보여준다.

『대만동화50편』(1926)은 일본에서 출판된 최초의 대만동화집으로, 시부사와는 대만원주민들의 동화가 대만동화의 본류이며, 한족 중심의 대만인의 동화에 대해서는 대만 고유의 색깔을 찾기 어려우며, 중국 본토의 동화와 비슷하다는 점을 지적하였다.

니시오카 히데오(西岡英夫)의 『대만동화집』(1927)에는 대만동화 26편, 원주민동화 7편 수록되어 있는데, 대만 원주민동화에서 대만의 향토문화를 느낄 수 있다고 한다. 이 책을 통해 최초로 대만동화가(일본에서 출판된) 세계동화집의 한 부분으로 등장했음을 알 수 있다.

현재 대만의 주요 설화집으로 출판·유통되는 설화집은 왕시랑의 『대만민간고사』(1969)로, 이 작품집은 일정한 수준에서 1950년대 이후 대만의 옛이야기 전승과 출판양상을 보여준다. 왕시랑이 현지조사를 통해 채록한 작품들에서 나타나는 특징은, 첫째, 대만의 향토문화적 특성을 표현하는 전설 작품이 많아진 점, 둘째, 제일 많은 편수의 작품은 허구적 민담으로, 민담의 본질적 속성인 '재미'가 부각된다는 점, 셋째, 대만원주민의 전설과 민담을 찾아볼 수 없으며, 한족들의 이야기만이 수록되어 있다는 점 등이다.

3.2.2. 근대 초기 채록된 대만 설화에 대한 연구현황

2015년 이후 일본과 대만에서는 소수민족인 대만 원주민들의 옛이야기를 발굴·소개하고, 1920~40년대에 일본인 연구자 니시오카 히데오의 대만동화 연구작업에 대한 평가작업이 이뤄지고 있다. 대만원주민들의 구비문학에 관한 초기 연구자료가 부재한 현재, 뒤늦게나마 니시오카 등 일본인들이 1920~30년대에 대만에 건너와서 조사한 대만 설화·동화 자료를 발견하고 평가하는 작업은 의미 있다.[22] 이러한 작품집을 재평가하고 일본인들이 남겨놓은 대만 설화 자료의 실상을 파악하고, 자국어로 번역하고 문학적 가치를 정교하게 평가하는 작업이 필요하다.

최말순은 『대만민간문학집』(1936)[23]의 간행을 중심으로, 1930년대 식민지 대만문단에서의 민간문학에 대한 수집과 정리, 연구 열기에 대해 논의하였다. 이 운동을 주도한 지식인들은 대부분 1920년대부터 서구 근대성을 받아들여 대만문화의 발전과 식민지 상황의 개선을 추구했던 신흥 지식인 계층이었다. 이들은 민중의 오락으로 민간에서 구전되고 있던 노래, 설화, 속담, 수수께끼 등을 수집하여 그 내용을 분류하고, 그 속에 담긴 민중의 일상생활, 대자연에 대한 정감과 역사의식을 추출하여 당시 식민지 처지의 민족상황에 대한 돌파구를 찾으려 했다. 그 대표적인 실천이 『대만민간문학집』(1936)의 간행이었다. 1930년대 당시 대만의 민간문학은 민중의 생활과 염원의 담지체

---

22 中島利郎(2015), 「台湾最初の児童文学者·西岡英夫研究序説-大正期·台湾における「お伽事業」の創始」, 『岐阜聖徳學園大學紀要』 54, 岐阜: 岐阜聖徳學園大學, pp.68~102; 中島利郎 著(2017), 『台湾の児童文学と日本人』, 東京: 研文出版; 邱各容(2015), 「臺灣口演童話の開創者—西岡英夫」, 『臺北文獻』 193, 台北: 台北市立文獻館, pp.59~67; 楊翠(2018), 『少數說話: 台灣原住民女性文學的多重視域』 上·下, 台北: 玉山社出版事業股份有限公司; 下岡友加(2019), 「植民者は被植民者の文化を語りうるか?『台湾愛国婦人』掲載西岡英夫(英塘翠)「生蕃お伽噺」をめぐる考察」, 『台灣日本語文學報』 45, 台北: 台灣日本語文學會, pp.1~24.

23 李獻璋 編(1936), 『台灣民間文學集』, 台灣文藝協會.

로서뿐만 아니라 내용과 방향, 언어 면에서 대만문학의 근대적 발전과 연관되어 전방위로 논의되었다.[24] 서원익은 1920년대 대만 백화자(台語白話字) 운동을 중심으로 고양된 신문화운동과 대만의식의 문제에 대해 논의하였다.[25] 이러한 논의를 바탕으로, 오늘날 대만 설화 연구에서 대만원주민 설화의 의미, 대만 백화자 운동의 의의, 대만 민간문학의 향토문화적 특징, 대만인들의 정서를 잘 보여주는 작품에 대한 논의가 필요하다.

3.3. 일본

3.3.1. 일본 설화에 관한 조사·연구

19세기 말부터 20세기 전반까지 일본의 관료·학계·군부는 일본아동의 윤리·문화교육을 위한 목적에서 서양아동문학을 번역·수용하고 자국의 설화를 동화로 개작하는 일련의 작업을 수행하였다. 이 시기 몇몇 인물들은 근대시기 일본의 설화·동화의 형성과 보급과정에서 주요한 역할을 하였다. 이와야 사자나미(巖谷小波: 1870-1933)는 근대 일본 독서계에서 잘 알려진 일본 민담을, "5대 민담", "10대 민담"이라 부를 만큼 '일본 설화의 동화화'에 성공적 역할을 하였다. 그는 <모모타로(桃太郎)>, <원숭이와 게의 싸움(猿蟹合戰)> 등과 같은 근세 에도시대에 유행한 설화 텍스트를 동화로 재편해 일본 옛이야기선집을 발간하였다. 일본 민속학의 창시자 야나기타 구니오(柳田國男)는 일본 동북지방에서 100편이 넘는 민담을 채록하여 1930년에 『일본의

---

24 최말순(2023), 「1930년대 대만문단의 민간문학 수집, 정리와 그 의미」, 『열상고전연구』 80, 열상고전연구회, 113~152쪽.

25 서원익(2023), 「19세기 중반 이후 대만어 백화자(Tâi-gí Pe̍h-ōe-jī, 台語白話字) 운동의 전개 양상－대만 인식의 변화와 '대만의식'의 형성」, 『열상고전연구』 80, 열상고전연구회, 153~194쪽.

민담(日本の昔話)』을 출판하였다.

일본의 국문학자 시마즈 히사모토(島津久基)는 저서 『일본국민동화12강』(1944) 서장에서, 민족전승, 설화, 신화, 동화에 대한 개념을 설명하고 일본 5대 무카시바나시(옛이야기)로 잘 알려진 <모모타로(桃太郎)>, <원숭이와 게의 싸움(猿蟹合戦)>, <혀 잘린 참새(舌切雀)>, <꽃피우는 할아버지(花咲爺)>, <딱딱이산(かちかち山)>과 신화 <이나바의 흰토끼(因幡の白兎)>, 전설적 영웅 <미나모토노요시쓰네(源義經)> 등 13편을 선정하여 '국민동화'로서의 특징과 의의, 그리고 교육방법론을 제시하였다.[26]

3.3.2. 일본에서의 아시아 설화 연구현황

1920년대에 들어 일본 사회에서는 아동교육에 대한 관심이 늘어나면서 일본의 동화뿐만 아니라 번역·번안된 세계동화전집류가 다수 간행되었다. 학자와 작가들은 출판계와 협력하여 오키나와·대만·한국의 옛이야기를 일본의 옛이야기 목록에 포함시켜 출판, 중국, 터키, 페르시아, 몽골, 인도 등의 아시아 국가의 동화를 발굴·교육하는 등 동화를 적극적으로 활용하였다. 또한, 서양에서 출판된 문헌들을 번역하거나 동화 풍의 일본어문장으로 개작하기도 하였다. 그리고 한국의 설화를 비롯해, 중국, 인도, 일본, 터키, 만주, 몽골 등의 설화를 세계동화총서 및 동양동화총서류의 이름으로 출판하였다. 주요 작품집 목록은 아래와 같다.

① 巖谷小波 편, 『세계옛이야기(世界お伽噺)』 합본 1-100, 東京: 博文館, 1899 -1908.

26　조은애(2018), 「일본 고전문학의 근대 대중화 양상과 국민동화-시마즈 히사모토(島津久基)의 『일본국민동화12강』을 중심으로」, 『일본연구』 78, 한국외대 일본연구소, 235~245쪽.

② 榎本秋村 편,『세계동화집 동양편(世界童話集東洋の卷)』, 實業之日本社, 1918.

③ 木村萩村 저,『취미의 동화 동양의 전설(趣味の童話 東洋の傳說)』(日本児童文庫 19), 日本出版社, 1924.

④『세계동화대계(世界童話大系)』(전23권), 東京: 世界童話大系刊行會, 1924-1928.

⑤『세계동화총서(世界童話叢書)』, 金蘭社, 1925-1940.

⑥ 澁澤靑花 저,『동양동화총서(東洋童話叢書)』(전3권), 第一出版協会, 1926.

⑦『대동아권동화총서(大東亞圈童話叢書)』(전6권), 大阪: 增進堂, 1942-1944.

①『세계옛이야기(世界お伽噺)』는 일본의 아동문학가 이와야 사자나미가 1899년부터 10년간 100권의 세계 옛이야기를 번역·출판하였다. ②『세계동화집 동양편(世界童話集東洋の卷)』(1918)에는 아이누, 조선, 중국, 몽고, 인도, 서아시아, 터어키 등 총 7개국 57편의 동화가 수록되어 있다. ④『세계동화대계(世界童話大系)』(전23권)는 1920년대의 체계적이고 학문적 가치가 높은 세계 아동문학전집이다. 세계동요집 2권, 세계동화극 4권, 세계동화집 17권, 총23권으로 구성되어 있다. 이 시리즈에는 서양국가의 작품이 많으며, 아시아국가의 동화집은『인도동화집』,『터키·페르시아동화집』,『아랍동화집』,『중국동화집』,『일본동화집』 모두 다섯 권이다. 1920년대 대학의 학자들과 민간출판사 차원에서 인도, 페르시아, 터키, 아랍, 중국, 한국 등 아시아 주요국의 고전 및 대표동화를 파악하고 소개한 점은 평가할 만하다.

⑤『세계동화총서(世界童話叢書)』는 전19권으로, 아시아 동화는 중국, 인도, 일본, 투르크, 만주의 동화집이 있다. ⑥『동양동화총서(東洋童話叢書)』는『중국동화30편』,『서장동화20편』,『대만동화 50편』 등 3권으로 구성되어 있다. ⑦ '대동아권동화총서(大東亞圈童話叢書)'는 문학과 정치[전쟁] 간의 특수한 관

계를 살필 수 있는 홍미로운 사례이다. 이 총서는 1941년 12월 8일 일본이 태평양전쟁을 일으키면서 이른바 '대동아공영권(大東亞共榮圈)'으로 편입한 인도네시아, 중국, 말레이시아, 필리핀, 인도, 베트남 등 6개국에 대해, 일본의 아동문학 작가들이 군부의 주문을 받고 각국의 옛이야기를 조사·선집하여 동화 풍으로 고쳐 쓴 것이다.

일본은 1910년대부터 아시아동화총서를 출판하기 시작했는데, 특히, 1920년대에 가장 활발하게 작업이 진행되었다. 아시아동화총서의 출판은 일본의 학계와 작가, 출판계의 공동작업을 통해 이뤄졌지만, 대만과 조선, 중국 등지에 제국주의적 목적을 가지고 진출한 일본 군부 및 국가권력도 이에 영향력을 끼친 것이 발견된다. 특히, 1930년대 이후에는 군부의 전시정책으로 인해 아시아설화집, 동화집의 성격이 바뀐 것을 알 수 있다. 1945년 이후의 연구현황은 조사하지 못하였다.

3.4. 한국

3.4.1. 한국 설화에 관한 조사·연구

한국의 설화는 1890년을 전후한 시기부터 20세기 초에 미국, 독일, 프랑스, 러시아 등의 외국인 연구자, 그리고 일본인들의 손에 의해 주로 채록 출판되었다.

<서양어>

Allen, Horace Newton, *Korean Tales*, New York, 1889.

Garin, N.G., *Koreanische Märchen*, 1898.

Griffis, William Eliot, *Unmannerly Tiger and other Korean Tales*, New York, 1911; *Fairy Tales of old Korea*, London, 1912; 1923; 1925.

Gale, James Scarth, *Korean Folk Tales*, London, 1914.

Garine A., *Contes Coréens*, Paris, 1925.

Homer B. Hulbert, *Omjee the Wizard*, 1925.

Eckardt, Andeas, *Koreanische Märchen und Erzärungen zwichen Halla und Pältusan*, Oberbayern, 1928.

<일본어>

高橋亨, 『朝鮮の物語集附俚諺』, 京城: 日韓書房, 1910.

高木敏雄, 『新日本教育昔噺』, 東京: 敬文館, 1917.

朝鮮總督府(田中梅吉), 『朝鮮童話集』, 京城: 朝鮮總督府, 1924.

松村武雄, 『日本童話集』(世界童話大系16 日本篇-朝鮮·台湾·アイヌ童話集), 東京: 世界童話大系刊行會, 1924.

中村亮平 編, 『朝鮮童話集』, 東京: 冨山房, 1926.

渋沢青花, 『朝鮮民話集』, 1927(미발매); 東京: 社會思想社, 1980.

田中梅吉 外 編, 『日本昔話集 下 朝鮮篇』, アルス, 1929年4月, 東京, <朝鮮篇について>.

孫晉泰, 『朝鮮民譚集』, 東京: 鄕土研究社, 1930.

<한국어>

심의린, 『조선동화대집』, 한성도서주식회사, 1926.

한충, 『조선동화 우리동무』, 예향서옥, 1927.

심의린, 『실연동화집』, 이문당, 1928.

박영만, 『조선전래동화집』, 학예사, 1940.

시양인들이 기록한 설화·동화집은 미국 선교사 알렌이 1889년 조선에 체류하면서 기록한 『한국 이야기』, 러시아인 N. G. 가린 미하일로프스키가 1898년 여순항을 통해 조선에 들어와 조선인 안내인을 통해 듣고 기록한 『조선 민담』 등 영어, 프랑스어, 독일어로 된 작품집 등 7~8종이 전한다. 서양인들은 조선의 풍습과 문화를 관찰하고 보고하기 위해 민담을 듣고 기록한 것으로 파악된다.

1910년대에는 조선조의 야담, 설화, 국문소설 작품들이 활판본으로 출간되면서 고전의 번역·소개·개작 작업이 활발하게 이뤄졌다. 이러한 작업을 통해 근대적 의미에서 고전문학이 집성·인식되기 시작하였다. 1910~20년대에는 조선총독부 관료와 일본 민간 지식인들이 식민지 조선의 풍속·민정을 파악하고 식민지 아동교육에 활용하기 위한 자료로써, 또는 제국일본의 확장된 민담을 과시하기 위해 조선의 민담·전설·속담 등을 조사하였다. 조선총독부는 조선의 민담을 선별·개작하여 일본어로 된 『조선동화집』을 출판하고, 몇몇 작품은 소학교 교과서에 수록해 식민지아동교육에 활용하였다. 일본어로 번역한 조선의 민담·전설은 일본의 성인·아동들에게 일본동화의 하나로 제공되어 내선일체론(內鮮一體論)을 고무하는 데 활용되기도 하였다.

한글연구자이자 사범학교 교사인 심의린은 한국인 작가로 처음으로 『조선동화대집』(1926) 동화집을 지었다. 일본 와세다대학에서 민속학을 공부한 손진태는 자신이 직접 한국의 민담을 조사·채록해 『조선민담집』(日本語, 1930)을 발간하였다. 작가이자, 와세다대학 영문과에서 수학한 박영만은 자신이 직접 조사한 조선 전역의 민담을 동화로 재화하여 『조선전래동화집』(1940)을 출판하였다. 이들 소수의 한국인 작가 및 연구자들은 한국의 아동들에게 민족문화와 한글을 교육하기 위해 민담을 채록하고 동화로 개작하여 출판하였다.

선행연구의 일부에서는 '일본인의 자료 = 지배를 위한 식민지주의', '조선인의 자료 = 저항을 위한 민족주의'라는 단선적인 이항대립은 지양되어야 한다고 지적되었다.[27] 근대 초기에 출판된 자료집을 살피며 한국 설화 및 동화 장르의 개념 및 글쓰기의 내용을 구체적으로 살필 필요가 있다.

3.4.2. 한국에서의 아시아 설화 연구현황

한국에서 아시아 설화집이란 개념은 20세기 내내 실체가 없다가, 20세기 후반 들어 '세계아동문고', '세계전래동화집' 속에 아시아동화집으로 포함되어 조금씩 소개되었다. 2010년을 전후한 시점부터는 아시아 설화가 '다문화동화집' 및 '동아시아대표동화집'의 이름으로 존재감을 드러내기 시작하였다. '다문화동화집'은 한국사회에서 아시아 설화·동화집의 현 주소를 보여준다, 주요 작품목록은 아래와 같다.

① 세계 소년소녀 문학전집(전50권), 계몽사, 1959~1962.

② '세계아동문고' 시리즈(전18권), 창작과비평사, 1980~1991.

③ 『세계민담전집』(전18권), 황금가지, 2003-2009.

④ '세계의 전래동화' 시리즈(전17권), 상상박물관, 2007-2012.

⑤ '색동다리 다문화' 시리즈(전31권), 정인, 2010-2017.

⑥ '지구촌 다문화 그림책이야기' 시리즈(전14권), 보림, 2010-2016.

⑦ 『다문화 이웃이 직접 들려주는 다문화 전래동화』, 예림, 2012.

⑧ 『베트남·한국의 옛이야기』(전2권), 학고재, 2013.

⑨ 김남일·방현석, 『백 개의 아시아』(전2권), 아시아, 2014.

⑩ '다문화 그림책' 시리즈(전3권), 단비, 2016.

⑪ '엄마나라 동화' 시리즈, 아시안허브 출판사, 2015~

⑫ 다문화구비문학대계(전20권), 건국대 서사와문학치료연구소, 북코리아, 2022.

---

27 김광식, 서문, 『근대 일본의 조신 구비문학 연구』, 보고사, 2018, 2쪽.

①의 세계 소년소년 문학전집은 일본의 전집을 참고한 것으로서 "제국주의적 기획"[28]의 일환이라고 비판된 대표적 사례이다. 총 50권 중에서 영국(총 8권), 프랑스(총 5권), 독일(총 5권) 등 유럽 작품이 37권을 차지한다. 동양편은 6권으로, 『아라비안나이트』, 『중국동화집』, 『인도동화집』, 『삼국지』, 『수호지』, 『일본동화집』 등이며, 한국 편은 3권이다.

②의 창비 '세계아동문고 시리즈'는 '민화＝옛이야기'의 충실한 번역 출판에 가깝다. 전체 18권 중 아시아 설화는 12권: 『페르시아 민화집1: 왕과 정원사』(1980) 등 2권, 『인도네시아 민화집: 꾀보 살람』(1982), 『인도민화집: 가수당나귀』(1982), 『중국민화집: 어머니를 그리는 모래섬』(1983) 등 3권, 『베트남 민화집: 쩌우 까우 이야기』(1984), 『일본민화집1: 함지박을 쓴 소녀』(1984) 외 2권, 『말레이시아 민화집: 반쪽이 삼파파스』(1991), 『필리핀 민화집: 쥬앙과 대나무 사다리』(1990)이다. 이 시리즈는 '아동문고'라고는 하였지만 작품의 내용이나 문체는 민담을 충실하면서도 쉬운 단어로 씌었으며, 가장 이른 시기에 다양하고 풍부한 아시아 설화의 세계를 보여준다.

③『세계민담전집』(황금가지)은 영미 유럽권 국가의 민담을 중심으로, 한국, 몽골, 태국·미얀마, 터키, 아랍, 이스라엘, 이란, 중국 한족, 중국 소수민족 등 아시아권의 민담을 번역한 학술적 성격의 민담번역서이다. 이 책은 한국 최초의 세계민담총서로서, 아시아 설화·동화집 출간의 중요한 저본이 되었으며. 학술적·교양적 가치가 큰 편이다. 다만, 동남 아시아권 작품이 부족함을 알 수 있다.

④, ⑤~⑩ '색동다리 다문화' 시리즈(정인) 등은 최초의 다문화그림책을 선보였다. 이 책들은 이중 언어로 편찬된 것도 있고, 작은 단위에서 아시아

---

28 최애순(20쪽), 「1960~1970년대 세계아동문학전집과 정전의 논리」, 『아동청소년문학연구』 11, 63쪽.

각국의 대표 설화 및 동화를 보급하려는 시도를 보여주었다. ⑨『백 개의 아시아』(아시아)는 '아시아 대표이야기 100선'이라는 부제가 붙어 있는 아시아 설화 해석·연구서이다. 저자는 전국적으로 2천 개의 아시아 원형스토리를 수집해 '100대 스토리'를 소개하겠다고 했는데, 그 결과를 보면 아시아 스토리의 수집과 분류, 활용 면에서 어려움이 있다는 점을 보여주었다.

⑪ 아시안허브 출판사의 '엄마나라 동화' 시리즈는 아시아스토리 출판의 새로운 버전. 결혼이주여성들이 참여 한국동화의 캄보디아로 번역·출판, 몽골, 미얀마, 베트남 동화의 한국어 번역 등 작업을 하고 있다. ⑫ 다문화구비문학대계(전21권)에는 3년간 국내 결혼이주민 130여 명의 제보자에게서 채록한 모국의 설화 및 한국 이주 내력담 및 생활담 등 1,364편 이야기가 수록되어 있다. 각 편 설화에는 기본 구연정보와 줄거리(개요)가 정리되어 있다. 이 자료집에 수록된 이주 내력담 및 생활담은 현대구전설화[서사] 한 유형인 이주(정착) 경험담의 양상을 보여준다.

4. 아시아 설화의 연구 전망

이상에서 기존 연구의 성과를 바탕으로 근대 초기 동북아 각국의 설화의 양상에 관해 기술하고 전체적인 양상을 살펴보았다. 그렇다면 앞으로의 아시아 설화 연구전망은 어떠할까? 이를 네 가지로 정리하면 다음과 같다.

첫째, 아시아 설화는 문화소통의 매개체로서, 한국 사회의 문화적 다양성을 높이고, 아시아 국가들의 문화소통을 활성화하는 데 기여할 것이다. 다문화동화로 소개되는 아시아 설화는 어린이·청소년 독자들에게 다문화이해의 기회를 제공할 것이며, 아시아인들의 이주 경험담은 아시아인들의 삶이 다사나난하며 역동성이 넘친다는 점을 보여줄 것이다.

어린이·청소년 독자들은 아시아 설화·다문화동화 읽기를 통해 다양한 국가와 민족들의 문화 다양성을 이해할 수 있으며, 식민시대의 역사적 경험, 가뭄과 질병 등 재해에 대한 경험, 자연환경, 아동·청년·여성·어머니·가족·효·부부애 등에 관한 정서를 공유함으로써 아시아인이라는 정체성과 공동체의식을 기를 수 있다. 아시아 설화 독서경험은 어린이·청소년부터 각 연령대의 사람들이 다른 나라 사람들의 가치관과 문화에 대한 이해를 바탕으로 자연스럽게 세계시민의식을 갖는 계기가 될 것이다. 문화융합시대에 아시아 문화 연구의 수요는 증가하고 있으며, 아시아 설화 및 문화의 학습·연구·활용 방식에 대해 논의가 필요할 것이다. 구체적으로, 아시아 각국의 도시와 자연, 문화에 관한 이야기, 다양한 삶의 이야기 등을 조사해 심층적으로 이해하고 비교 이해하는 작업이 필요하다.

둘째, 아시아 설화를 아시아 공동문화자산으로 파악하고 좀 더 적극적으로 조사·발굴할 필요가 있다. 아시아 설화를 외국문학이자 아시아 무형문화유산 개념의 지역공동체 구비문학으로 인식하며, 한국에 정착한 다문화 이주민들의 구술설화로서 채록하는 등 적극적으로 발굴·조사할 필요가 있다. 각 지역문화권에서 좀 더 실질적이고 관심을 끄는 유형이 무엇인지 찾아내고 이를 부각해 토의 주제로 삼는 것은 유용하다. 예컨대, ① 환경·재해 이야기, ② 생태를 제재로 한 이야기, ③ 인간과 동물의 보은 이야기, ④ 전쟁과 식민지 이야기, ⑤ 바다와 이주 이야기 등이 그러하다. 가령, ③의 동물보은담은 본질적으로 인간과 야생동물의 우호적 관계가 가능한지를 탐색하는 이야기로서, 야생동물에 대한 연민의식, 인간과 동물의 상조·공생의식, 인간의 탐욕·과오로 인한 파국의식 등의 생태의식을 보여준다.[29]

---

29   권혁래(2022), 「한·중·일 동물보은담의 생태의식과 공생의 인문학」, 『동아시아고대학』 67, 동아시아고대학회, 11~45쪽.

또한, 흥미로운 아시아 설화를 발굴해 다문화교육 및 아시아문화콘텐츠 기획에 활용할 필요가 있다. 예컨대, 베트남 옛이야기 및 고전산문은 베트남인을 대상으로 한 한국어 및 한국문화 교육, 한국인을 대상으로 한 베트남어 및 베트남문화교육 콘텐츠 제작에 기초자료로 활용할 수 있다.

셋째, 연구자간 공동·협업 연구가 필요하다. 현재 한국 내 아시아 고전문학 및 설화문학 연구자 수는 전공에 따라 차이가 많이 난다. 그러므로 아시아 고전·설화 연구의 수요를 어떻게 만들 수 있을지 생각해내지 않으면 안 된다. 이는 한국문학 및 외국문학 연구자들이 전공 언어의 벽을 넘어, 번역자료를 통해, 연구자 간 협업과 공동연구를 통해, 한국에 온 유학생을 활용하는 방식 등을 통해 협업하고, 비교문학 연구, 아시아 문학 연구의 주제를 발굴하고 활성화할 필요 있다.

넷째, 오래된 과거의 것이 아닌, 현대구전설화[서사](MPN: Modern Personal Narrative)[30]를 조사해 아시아인들의 생활과 경험에 대한 이해를 넓힐 필요가 있다. 현대구전설화는 구연자 본인이 살아오면서 겪었던 개인적 체험이나 구연자를 포함하여 주변의 인물들이 근현대에 발발했던 역사적 사건들을 겪으면서 체험한 역사적 체험을 구술한 자료이다. 현대구전설화는 크게 일상경험담과 역사경험담의 범주로 구성된다. 설화가 허구적인 이야기이며 과거적 완결성이 강한 이야기라면, 경험담은 사실적인 이야기이고 현재로 열려 있는 이야기이다.[31]

일상생활담, 또는 일상경험담은 시집살이, 군대생활, 마을공동체 생활, 이

---

30 이인경·김혜정(2017), 「현대구전설화(MPN) 자료의 전승 양상과 분류방안 연구-『한국구비문학대계』 개정증보사업 2008년~2012년 조사 설화를 중심으로」, 『민속연구』 34, 안동대 민속학연구소, 107~110쪽.

31 신동흔(2011), 「역사경험담의 존재 양상과 문학적 특성-6.25 체험담을 중심으로」, 『국문학연구』 23, 국문학회, 7~61쪽.

주와 이민 생활, 2011년 동일본대지진 등 현대 아시아인들의 일상적 생활에 대한 사람들의 가치관과 기억을 보여줄 뿐 아니라, 체험에 깃든 삶의 깊이와 진정성을 살필 수 있다는 점에서 가치 있다. 역사경험담은 역사적 경험에 대한 증언과 기술로서 개인의 경험이 역사화되는 과정을 보여준다. 또한, '서사적 진실'을 추구하며 정서와 경험, 공동체적 가치를 공유한다는 측면에서 의미 있다.[32] 제주 4·3 경험담, 한국전쟁경험담, 광주항쟁경험담, 중국의 아편전쟁 경험담, 태평천국의난 경험담 등 근현대사의 역사적 사건을 경험하거나 직간접적으로 견문한 대한 사람들의 경험담을 조사, 채록하는 것은 민간역사 자료로써도 가치 있다.

5. 맺음말

이 장에서는 그동안의 아시아설화 연구성과를 바탕으로 동북아와 동남아 주요 국가들의 설화 조사·연구 동향을 종합적으로 고찰하고, 앞으로의 아시아 설화 연구 전망에 대해 논의하였다. 이상에서 논의한 내용은 다음과 같이 요약된다.

19세기 말엽부터 아시아 각국에서 실시된 설화의 채록·출판은 아시아 공통의 근대문화적 현상이다. 근대 아시아 각국의 민속학·설화 자료의 채록 및 연구 주체는 외국인 그룹과 자국인 그룹으로 구분된다. 외국인 그룹은 다시 서양·외국인 관료 및 민간인 그룹, 일본 관료 및 민간 지식인 그룹으로 나눠 살펴볼 수 있다. 이들은 1800년대 후반부터 1930년대 사이에 주로 조

---

32   박은진(2020), 「역사적 경험담의 문학교육적 의의 - '제주 4.3' 경험담을 중심으로」, 『우리말글』 84, 우리말글학회, 116쪽.

사·연구 활동을 하였다. 자국의 민간 지식인 그룹(학자, 작가, 지식인, 교사 등) 그룹은 20세기 전반기, 또는 1945년 이후, 늦으면 1960·70년대 이후에 조사·연구활동을 시작하였다.

동남아시아의 설화 조사·연구는 베트남, 필리핀, 인도네시아를 중심으로 고찰하였다. 1) 베트남은 1958년 응웬 동치의 『베트남 민담의 보고』 출판을 기점으로 민담 수집의 성과가 파악된다. 한국에서 베트남 설화를 세계문학이자 다문화동화로 인식하고, 보편성 있고 서사적 완성도가 높은 작품 파악하는 것이 중요하다는 점을 말하였다. 2) 필리핀은 1910~1920년대에 미국인 교사와 연구자들이 필리핀 설화를 활발히 채록하였다. Mabel Cook Cole의 *Philippine Folk Tales*(1916), Dean S. Fansler의 *Filipino Popular Tales*(1921)이 외국인 학자들의 중요 성과이며, 1980년 이후 필리핀국립대학 다미아나 유헤니오 교수에 의해 필리핀구비문학의 유산이 전8권의 시리즈로 종합·정리되었다. 한국에서 좀 더 다양한 필리핀 설화를 번역·연구할 필요가 있음을 말하였다. 3) 인도네시아는 1972년 제임스 다난자야 교수의 설화조사 작업이 실질적 연구의 시작, 1978년 이후 1990년대 초까지 이뤄진 전국적 설화 조사 및 지역별 설화집(전50권) 발간이 귀중한 학문적 성과이다. 2010년대 이후 인도네시아 설화는 민간 출판사를 통해 학생층 대상의 다양한 출판물이 간행되고 있음이 파악된다.

동북아시아의 설화 조사·연구는 중국, 대만, 일본, 한국 순으로 고찰하였다. 1) 중국의 경우, 19세기말에서 20세기 초 서양인에 의해 지어진 설화·동화집들은 중국 설화·동화집의 초기 형성과정을 파악할 수 있는 자료로서 학술적 가치가 높다. 자국인 연구자에 의한 설화 조사·연구는 1960년대 이후 『중국민간고사선』(1962), 『중국민간고사경전』(2015) 등으로 성과가 산출되었다. 2) 대만의 설화는 1920년대부터 대만총독부 경찰청 및 타이베이주 경무부 이번과(理蕃課) 관리 및 일본인 교육관료들에 의해 채록, 기록되기 시작하였다. 대만인에 의해 『대만민간문학집』(1936), 『대만민간고사』(1969) 등이 출간되었으며, 오늘날 대만원주민 설화의 의미, 대만의 향토문화적 특징에 관한 논의가 진행되고 있다.

3) 일본은 19세기 말부터 20세기 전반까지 관료 및 민간 지식인·군부 그룹이 일본아동의 윤리·문화교육을 위한 목적에서 서양아동문학을 번역·수용하고 자국의 설화를 동화로 개작하였다. 1920년대에 들어 번역·번안된 세계동화전집류가 다수 간행되었다. 하지만 1930년대 이후에는 군부의 전시정책으로 인해 아시아설화집, 동화집의 성격이 바뀌었다. 4) 한국의 설화는 1890년을 전후한 시기부터 20세기 초에 미국, 독일, 프랑스, 러시아 등의 외국인 연구자, 그리고 일본인들의 손에 의해 주로 채록·출판되었다. 1920년대 이후 소수의 한국인 작가 및 연구자들은 한국의 아동들에게 민족문화와 한글을 교육하기 위해 민담을 채록하고 동화로 개작하여 출판하였다. 2010년 이후 출판되기 시작한 '다문화동화집'은 한국사회에서 아시아 설화·동화집의 현주소이다.

아시아 설화 조사·연구에 대한 기대와 전망은 다음과 같다. 1) 아시아 설화는 문화소통의 매개체로써, 우리 사회의 문화적 다양성을 높이고 아시아 국가들의 문화소통을 활성화하는 데 기여할 것이다. 2) 문화자산으로서 아시아 설화를 좀 더 적극적으로 조사·발굴할 필요가 있다. 3) 한국문학 및 외국문학 연구자들이 전공 언어의 벽을 허물고, 연구자 간 협업과 공동연구를 통해 아시아 문학 연구의 주제를 발굴하고 활성화할 필요가 있다. 4) 현대구전설화의 연구가 필요하다. 특히, 일상경험담, 역사경험담 조사를 통해 아시아 현재에 대한 이해를 확장할 필요가 있다. 이는 체험에 깃든 삶의 깊이와 진정성을 살필 수 있다는 점에서 가치 있다.

참고문헌

강재철 편(2012),『조선전설동화: 조선총독부가 1913년에 전국적으로 실시한 설화 자료 조사 보고서』상·하, 단국대학교 출판부.

권혁래(2013),『일제강점기 설화·동화집연구』, 고려대학교 민족문화연구원.

권혁래(2003),『조선동화집－우리나라 최초의 전래동화집(1924년)에 대한 번역 및 연구』, 집문당, 2003; 보고사.

권혁래(2018),『필리핀 국민동화 바샹 할머니 이야기』, 세창출판사.

김광식(2018),『근대 일본의 조선 구비문학 연구』외 근대 일본어 조선동화민담집총서 (전4권), 보고사.

김광식(2015),『식민지 조선과 근대설화』, 민속원.

김광식·이시준(2014),『(식민지 시기 일본어) 조선설화집 기초적 연구』, 제이앤씨.

다카하시 도루 저, 조은애·김영주·김광식·이시준 역(2016),『(완역) 조선이야기집과 속담』, 박문사.

미와 다마키 저, 조은애·이시준 역(2016),『(완역) 전설의 조선』, 박문사.

민영(1983),『중국의 민화집 1』, 창비.

오타케 기요미(2005),『근대 한일 아동문화와 문학 관계사』, 청운.

오타케 기요미(2006),『한일 아동문학 관계사 서설』, 청운.

이시준·김광식(2016),『(식민지 시기 일본어) 조선설화집 기초적 연구』2, 제이앤씨.

최귀묵(2010),『베트남문학의 이해』, 창비.

金広植(2014),『植民地期における日本語朝鮮説話集の研究－帝國日本の「學知」と朝鮮民俗學』, 東京: 勉誠出版.

金広植(2021),『韓国·朝鮮説化学の形成と展開』, 東京: 勉誠出版.

賈芝·孫劍冰 編(1962),『中國民間故事選』, 北京: 人民文學出版社.

李獻璋 編(1936),『台灣民間文學集』, 台灣文藝協會.

艾伯华(Eberhard)(1937),『中国民间故事类型』, 商务印书馆; 王燕生·周祖生译 譯(1999).

楊翠(2018),『少數說話: 台灣原住民女性文學的多重視域』上·下, 台北: 玉山社出版事業股份有限公司.

王詩琅(1969/1999),『台灣民間故事』, 臺北: 玉山社.

劉守華 編(2015),『中國民間故事經典』, 武漢: 華中師範大學 出版部; 劉守華 註編, 池水湧·裵圭範·徐禎愛 공역(2019),『중국민간고사경전』, 서울: 보고사.

中島利郎 著(2017), 『台湾の児童文学と日本人』, 東京: 研文出版.

Dinh Tham, Nguyen(2018), *Studies on Vietnamese Language and Literature: A Preliminary Bibliography*, NY: Cornell University Press.

강재철(2012), 「조선총독부가 1913년에 전국적으로 실시한 조선설화조사자료의 발굴과 그에 따른 해제 및 설화학적 검토」, 『비교민속학』 48, 비교민속학회.

강정구(2012), 「2000년대 한국문학에 나타난 문화적 소수자의 재현 양상 연구」, 『외국문학연구』 38, 한국외대 외국문학연구소.

구현아·권혁래(2023), 「허버트 앨런 자일스의 『중국동화집(Chinese fairy tales)』(1911)을 통해 본 근대 초기 서양인들의 중국문화 이해의 양상」, 『연민학지』 39, 연민학회, 209~247쪽.

권혁래(2021), 「1945년 이전 일본어로 간행된 대만설화·동화 연구: 탈식민주의와 아시아문화자산의 관점에서 보기」, 『구비문학연구』 63, 한국구비문학회, 195~226쪽.

권혁래(2018), 「'대동아권동화총서'에 나타난 제국의 시각과 아시아 전래동화총서의 면모」, 『열상고전연구』 61, 열상고전연구회, 315~348쪽.

권혁래(2021), 「마키모토 구스로(槇本楠郎)의 필리핀동화집 『야자열매와 어린이』(1943) 연구―아시아태평양전쟁의 광기와 아시아옛이야기 출판」, 『동화와번역』 41, 건국대 동화와번역연구소, 43~70쪽.

권혁래(2020), 「베트남 고전산문 및 베트남 제재의 한국 고전산문 연구현황 검토」, 『열상고전연구』 70, 열상고전연구회, 11~48쪽.

권혁래(2020), 「태평양전쟁의 문화적 부산물, 『구스모의 꽃: 동인도동화집』(1942)의 내용과 성격」, 『동남아연구』 30-3, 한국외대 동남아연구소.

권혁래(2021), 「필리핀설화·옛이야기 연구사와 문화소통」, 『열상고전연구』 74, 열상고전연구회, 99~135쪽.

권혁래(2022), 「한·중·일 동물보은담의 생태의식과 공생의 인문학」, 『동아시아고대학』 67, 동아시아고대학회, 11~45쪽.

기현주(2017), 「다문화적 사회를 위한 토대로써 필리핀 문학의 가능성」, 『현대영미드라마』 30-2, 한국현대영미드라마학회.

김광식·이시준(2013), 「다나카 우메키치와 조선총독부편 『조선동화집(朝鮮童話集)』 고찰」, 『일본어문학』 61, 일본어문학회.

박연관(2004), 「베트남의 설화연구 일고찰」, 『동남아연구』 13, 한국외대 동남아연구소, 1~12쪽.

박은진(2020), 「역사적 경험담의 문학교육적 의의－'제주 4.3' 경험담을 중심으로」, 『우리말글』 84, 우리말글학회, 116쪽.

방건춘(팡지앤춘)(2023), 「중국 설화의 트랜스컬처 주제별 연구의 가능성」, 『아시아문화학지』 1, 용인대 아시아문화연구소, 17~25쪽.

서원익(2023), 「19세기 중반 이후 대만어 백화자(Tâi-gí Pe̍h-ōe-jī, 台語白話字) 운동의 전개 양상－대만 인식의 변화와 '대만의식'의 형성」, 『열상고전연구』 80, 열상고전연구회, 153~194쪽.

신동흔(2011), 「역사경험담의 존재 양상과 문학적 특성－6.25 체험담을 중심으로」, 『국문학연구』 23, 국문학회, 7~61쪽.

오타케 기요미(大竹聖美)(2001), 「1920년대 일본의 아동총서와 「朝鮮童話集」」, 『동화와번역』 2, 건국대 동화와번역연구소.

이송은(2007), 「다문화가정의 문화이해를 위한 문학 활동 실행연구: 필리핀 모자를 대상으로」, 『어린이문학교육연구』 8-2, 한국어린이문학교육학회.

이시준·김광식(2012), 「1910년대 조선총독부 학무국 편집과가 실시한 조선 민간전승 조사 고찰」, 『일본문화연구』 44, 동아시아일본학회.

이시준·김광식(2012), 「미와 다마키(三輪環)와 조선설화집 『전설의 조선』 考」, 『일본언어문화』 22, 한국일본언어문화학회.

이인경·김혜정(2017), 「현대구전설화(MPN) 자료의 전승 양상과 분류방안 연구－『한국구비문학대계』 개정증보사업 2008년~2012년 조사 설화를 중심으로」, 『민속연구』 34, 안동대 민속학연구소, 107~110쪽.

조은애(2021), 「남방징용작가 야마모토 카즈오(山本和夫)와 베트남 동화－대동아권동화총서 『안남의 뜸부기(安南の水鷄)』(1944)를 중심으로」, 『동화와 번역』 42, 건국대 동화와번역연구소, 271~299쪽.

조은애(2018), 「일본 고전문학의 근대 대중화 양상과 국민동화－시마즈 히사모토(島津久基)의 『일본국민동화12강』을 중심으로」, 『일본연구』 78, 한국외대 일본연구소, 235~245쪽.

최말순(2023), 「1930년대 대만문단의 민간문학 수집, 정리와 그 의미」, 『열상고전연구』 80, 열상고전연구회, 113~152쪽.

최애순(2012), 「1960~1970년대 세계아동문학전집과 정전의 논리」, 『아동청소년문학연구』 11, 한국아동청소년문학학회, 63쪽.

최원오(2019), 「일세강점기 조선전설 자료집의 간행과 전실 빔주의 실징」, 『구비문학

연구』 54, 한국구비문학회, 2019.

최한선(2013), 「다문화시대 유아문학교육의 방향」, 『동아인문학』 26, 동아인문학회.

테레시아 마가렛(2021), 「인도네시아 설화연구사 검토와 한국설화와의 접점 모색」, 『열상고전연구회 102차 학술대회 발표자료집』, 열상고전연구회, 2021.3.20, 19~26쪽.

한 채민·허일륜(2022), 「『대동아권동화총서』, 소환되는 트랜스 동아시아 문화의 기억－『공자님과 거문고 소리(孔子さまと琴の音)』를 중심으로」, 『비교일본학』 55, 일본학국제비교연구소, 177~206쪽.

邱各容(2015), 「臺灣口演童話的開創者—西岡英夫」, 『臺北文獻』 193, 台北: 台北市立文獻館, pp.59~67.

金広植(2013), 「帝国日本における「日本」説話集の中の朝鮮と台湾の位置付け」, 『日本植民地研究』 25.

趙長江(2014), 「19世紀中國文化典籍英譯研究」, 南開大學 博士學位論文, pp.1~9.

中島利郎(2015), 「台湾最初の児童文学者・西岡英夫研究序説－大正期・台湾における「お伽事業」の創始」, 『岐阜聖德學園大學紀要』 54, 岐阜: 岐阜聖德學園大學, pp.68~102.

下岡友加(2019), 「植民者は被植民者の文化を語りうるか?－『台湾愛国婦人』掲載西岡英夫(英塘翠)「生蕃お伽噺」をめぐる考察」, 『台灣日本語文學報』 45, 台北: 台灣日本語文學會, pp.1~24.

Damiana L. Eugenio(1985), "Philippine Folktales: An Introduction", *Asian Folklore Studies*, vol 44.

Harry Aveling(2017), "The Absent Father: A Vietnamese Folktale and Its French Shadows", *Journal of Language Studies*, vol.17, no.2, pp.1~17.

James Danandjaja(1972), *Laporan Team Pengumpul Cerita Prosa Rakyat Indonesia Bagi Pengarsipan Fakultas Sastra UI Th. 1972-1973 kepada Panitia Nasional Tahun Buku Internasional 1972, Indonesia*, Panitia Nasional Tahun Buku Internasional, p.1.

일본 및 재일한국인의 옛이야기 활용
-<삼년고개>를 중심으로-

김광식(東京學藝大)

　　"인간은 이야기로 사물의 본질을 이해하는 동물이 아닐까. 단적으로 말하면, 인간은 태곳적부터 신화, 전설, 민담(옛이야기)을 지녀왔다. 이로써 인간의 삶의 방식이나 선악, 사건(일) 등을 이야기 형식으로 전해 온 것이다. (중략) 이야기 등장인물에게 자신을 겹쳐서, 이야기 안으로 들어간다. 이를 통해 이야기가 시대를 넘어서 호소한다."[1]

1. 머리말－최근의 일본의 그림책 현황

　　일본은 근대 이전부터 옛이야기 및 그림책을 다수 간행하였고 이를 활용해

---

[1]　일본 중학생 S가 <안네 프랑크의 세계> 전시를 보고 쓴 감상문 "불쌍한 아이들이 수십만이나 되는데, 굳이 안네만을 들먹이는 것은 이상하지 않아요?"에 대해 저널리스트 야나기다 구니오의 답변(柳田邦男(1988), 『事実の核心』, 東京: 文芸春秋, 267쪽).

왔다. 특히 근대 이후 출판 미디어의 발전으로 그 양상은 새로운 형태를 띠게 되었고, 근대 이후의 교육, 훈육(訓育)과도 접목되면서 그림책을 대량 양산해 왔다. 오늘날 일본 만화 및 애니메이션의 발전은 이러한 문화적 토대와도 무관하지 않다. 이것이 일본의 그림책에 관심을 갖는 이유이기도 하다.

오늘날에도 일본은 그림책 출판 대국(大國)으로 매년 약 천 권의 신간본이 출판되고 있다.[2] 출판과학연구소 출판월보(2022.1)에 따르면, 2021년 일본에서 종이책, 전자책 출판시장은 전년 대비 3.6% 증가한 1조 6742엔(잡지는 5.4% 감소, 서적은 15년 만에 2.1% 증가, 전자책은 18.6% 증가, 전자책 중 코믹 점유율은 약 88%)이었다. 코로나 팬데믹 상황에서 오히려 출판물의 총수가 증가한 것이다. 그 이유로는 그림책, 도감(圖鑑), 학습 만화 등 아동서의 호조가 한몫을 차지했다. 실제로 아동서는 전년 대비 4%가 증가하였고, 특히 아동서 중 그림책은 35.5%나 증가하였다.

일본의 그림책의 특징은 롱 셀러가 많다는 것이다. 실제로 역대 발행 부수 1위는 『없다 없다 까꿍(いないいないばあ)』(마쓰타니 미요코, 동심사, 1967)인데, 2020년 말 현재, 총 7백만 부(330쇄)를 넘어섰다. 2위는 『ぐりとぐら(구리랑 구라)』(나카가와 리에코, 복음관서점, 1963)로 총 530만 부가 발행되었다. 마쓰타니 미요코의 한국어 번역 책(『없다 없다 까꿍』)은 확인하지 못했지만, 『구리랑 구라』시리즈는 한국어로도 간행되었다. 3위는 한국어로도 번역된 『배고픈 애벌레(はらぺこあおむし)』(에릭 칼Eric Carle, 해성사偕成社, 1976)로 총 530만 부가 간행되었다.[3]

이처럼 일본에서 그림책이 인기 있는 이유로는, 역량 있는 작가, 번역가, 서점, 도서관, 학교, 지자체 등 다양한 주체들의 노력을 들 수 있지만, 역시

---

2   広松由希子(2022), 「일본은 왜 그림책 대국인가?」, 『芸術新潮』 5월호(특집호 어른도 읽고 싶은 그림책大人も読みたい絵本), 東京:新潮社, 31쪽).

3   "도서인쇄주식회사", https://www.tosho.co.jp/3680/ 홈페이지 참고.

출판사들의 노력을 빼놓을 수 없겠다. 게다가 행정적 지원도 따랐다. 일본에서는 2001년에 <어린이의 독서 활동 추진에 관한 법률(子どもの読書活動の推進に関する法律)>이 시행되어, 가정에 그림책 무상 제공, 아침 독서(수업 전 10분간) 활동 등이 행해지고 있다. 서점이나 도서관에서 그림책 읽어주기 모임, 이야기 모임, 작가 사인회 토크쇼, 원화 전시, 워크숍 등 다양한 이벤트가 행해지고 있다. <엉덩이 탐정 시리즈>(포프라사ポプラ社)의 경우, 일본 내의 무려 3,300개 서점에서 독자 참가형 이벤트를 개최할 정도로 성황이었다.

또한 일본에는 그림책 도서관 또는 미술관이 다수 존재한다. 도쿄 도내에만 한정해도 그림책을 활용한 국립국회도서관 국제어린이도서관, 동경 어린이 도서관(연간 1만 명 이용자), 이타바시구 볼로냐어린이 그림책관(이타바시구립 중앙도서관 내, 세계 그림책 85개국 2만 5천 권 소장), 시부야 구립도서관 사사즈카 어린이 도서관 등이 있고, 세계 최초의 그림책 미술관인 동경 치히로 미술관(작가 이와사키 치히로[4] 아트리에) 등이 존재한다. 또한 2021년 10월 서점 마루젠(丸善 마루노우치본점)은 그림책 캐릭터를 모티프로 한 그림책 전문서점「EHONS TOKYO」를 오픈했다. 그림책 카페도 다수 영업 중이다.[5]

이러한 상황에서 옛이야기 그림책은 어떨까? 그림책이 성황이지만 옛이야기는 현재 주류가 아니다. 일본의 옛이야기를 상징적으로 대표하는 것은

---

4 작가 겸 화가로 유명한 이와사키 치히로(いわさき ちひろ, 1918-1974)의 아트리에를 활용해 원화 등을 전시한 세계 최초의 그림책 미술관. 이와사키를 중심으로 각국 그림책의 원화를 전시. "치히로 미술관", https://chihiro.jp/kr/ 참고.

5 또한 역량 있는 작품들이 각종 그림책상을 통해 배출되고 있다. 2021년 실시 제26회 일본 그림책상(絵本賞), 제22회 그림책 대상(えほん大賞, 文藝社), 제14회 MOE그림책 서점 대상(絵本屋さん大賞), 제11회 리브로 그림책 대상(第11回リブロ絵本大賞)」, 제4회 빌보 그림책 대상(ビルボ絵本大賞), 제6회 마음의 그림책 대상(こころの絵本大賞), 제1회 TSUTAYA그림책 대상 등.

'모모타로'이다. 쓰쿠바대학 연구팀[6]은 1990년 이후 십 년마다 일본 및 세계 유명 21개 작품을 대상으로 하여 설문 조사를 수행해 왔다. 연구팀은 옛이야기 그림책을 소장한 각 가정의 소유율, 모모타로가 오니(귀신) 퇴치 시 허리에 찬 것은 무엇인가? 등을 설문 조사해 왔다.

그 조사 결과에 따르면, 1990년에는 소유율 40%가 넘는 작품이 20개였고, 모모타로 소유율도 83%에 달했지만, 조사를 거듭하면서 그 수치는 현격히 줄어, 2020년에는 소유율 40%를 넘는 작품은 제로였고, 모노타로 소유율은 36%에 그쳤다.[7]

한편으로, 핵가족화, 이혼 증가 등 일본 사회가 급격히 변화되면서, 주로 할머니, 할아버지가 등장하는 선악 구도가 강한 이야기나, 계모의 확대, 따돌림 문제를 그대로 재화(再話)하는 것이 괜찮은 것인가라는 문제가 대두되었다. 이런 상황에서 복수를 갚는 내용이 아니라 화해하는 형태로 본래 내용 및 표현을 수정하는 '마일드화 하는 그림책'이 등장하게 되었다.

옛이야기가 지닌 죽음, 저질적 요소, 차별적 내용, 성적 내용을 변경하는 경향에 대해서는 연구자는 물론이고 관계자로서는 큰 관심의 대상이 되지 않을 수 없다. 이러한 상황에서 이와사키서점(岩崎書店)의 경우는, 옛이야기가 지닌 원초성, 상징성을 그대로 표출하려고 노력한다는 점에서 주목된다.[8]

근년 일본의 일부 옛이야기 그림책의 경우, 한국의 <흥부전>과 유사한 일본 옛이야기 <혀 잘린 참새>를, <참새의 보은>으로 바꾸고, 혀를 자르는 잔인한 내용을 없애고 그냥 내쫓기는 이야기로 수정하는 경우가 있다. 또한 잔인하지 않은 『카치카치야마(かちかちやま)』,[9] 오니(鬼, 귀신)를 퇴치하지

---

6   筑波大学 德田克己, 水野智美准 교수의 연구.

7   "위즈 뉴스", https://withnews.jp/article/f0210612001qq000000000000000W07n10101qq00
     0023153A

8   "오리콘 뉴스", https://www.oricon.co.jp/special/50535/ 참고.

않고 서로 화해해서 사이좋게 지낸다는 결말의 『모모타로(ももたろう)』, 나쁜 늑대에게 복수하지 않고 화해하는 『아기 돼지 세 마리(三匹の子ブタ)』가 등장하게 된 것이다.

이러한 경향에 대해 이 출판사(이와사키서점)는 일본 사회의 분위기에 편승하는 정서와 내적 압력을 타파함으로써, 옛이야기의 본질을 환기하고자 노력하는 중이다. 먼저 1. <지금 옛날 그림책(いまむかしえほん)> 시리즈는 목숨을 건 생활이 있었음을 알리려고 기획되었다. 그렇다고 해서 종래의 옛이야기만을 다루는 것도 아니다. 서구에서도 출판되는 경향을 본받아서, 계모, 이혼 이야기(성적 소수자, LGBT, 양자 이야기, 새로운 가족 형태를 다룬 이야기)를 적극적으로 현대사회에 맞춰 다룬다.

2. <괴담 그림책(怪談えほん)> 시리즈에서는 무서운 이야기를 본격적으로 다루었다. 실제로 독자로부터는 아이가 무서워서 운다, 너무 잔인하다는 비판을 받기도 하지만, 출판을 계속해서 진행 시켰다. 또한, 3. 술을 테마로 한 그림책 『건배 술주정뱅이(かんぱい よっぱらい)』(글·그림, 하라페코 메가네(はらぺこめがね))를 간행하였다. 아동용 이야기에 술을 마시거나 담배를 피우는 내용은 교육에 부적절하다면서 반대하는 독자들도 있지만, 아동들의 우수한 이해력과 현실 사회를 반영해 새로운 독자를 확보하였다. 실제로 현실적 정서의 반영은 아이들뿐만 아니라, 어머니들도 육아에 대한 중압감에서 해방되어 안심과 여유를 갖게 되었다고 평가받기도 한다. 이 출판사는 세상에는 다양한 이야기가 존재하므로, 어른들의 일방적 배려(걱정)로 옛이야기가 지닌 다양성을 좁히고 싶지 않다며, 옛이야기의 본질을 고민하였다.

이러한 일본의 상황을 참고하여, 본고에서는 이와사키서점에서 간행된 한국 옛이야기 책 『삼년고개』 등을 분석하고자 한다. 이를 위해서 먼저 근대

9　너구리가 할머니를 죽이자, 할아버지와 토끼가 너구리를 응징해 복수해 죽이는 이야기.

이후 <삼년고개>가 어떻게 정착되었고, 식민지 교육에 어떻게 활용되어, 남
북한은 물론이고 일본에서 유통되고 있는지를 동아시아적 시각에서 교차적
으로 검증해서 살펴보고자 한다.

2. 조선총독부 교과서와 <삼년고개>의 수록

조선총독부 교과서는 학무국 편집과에서 간행하였다. 조선총독부(이하 총
독부) 편집과 직원 다지마 야스히데(田島泰秀, 1893~?)는 조선 재담집 『온돌야
화(溫突夜話)』(1923)를 간행했는데, 수록 이야기 160편 중, <삼년고개(삼년언덕
三年坂)>가 포함되었고, 제3기 조선총독부 조선어 교과서 『조선어독본』(권4,
1933)에 <삼년고개>가 실려, 그 영향 관계를 확인할 수 있다.

실제로 [표 1]과 같이 총독부 조선어 교과서에는 다양한 서사를 포함한
조선 설화가 수록되었다.

[표 1] 총독부 조선어 교과서에 수록된 조선 '설화' 관련담

	1기 『朝鮮語及漢文讀本』 1915-1921	2기 『조선어독본』 1923-1924	3기 『조선어독본』 1930-1935
卷1			함정에 빠진 호랑이
卷2	24-25**혹잇는 노인**	16-17**혹뗀 이약이**	9웃으운 이야기 15입에 붙은 표주박 31한석봉
卷3	48-49홍부전	6솔거 17박혁거세 18-20**말하는 남생이**	5박혁거세 7웃으운 이야기 13윤회 25두더지

卷			
卷4		5永才와 盗賊 18義狗 19-21심청	**8혹뗀이야기** **10삼년고개** 23名官
卷5	7漢文(箕子朝鮮)/ 16朴赫居世/ 24昔脱解/ 30金閼智/ 40異次頓/ 45德曼	6한석봉 24분수 몰으는 토끼	14의 좋은 형제/ 17智慧겨름/ 21심청
卷6	8耽羅開国		8語通笑話/ 9詩話二篇/ 12 황희의 일화

선행연구에서는 <혹부리 영감>, <말하는 남생이>, <삼년고개>가 특히 문제가 되었고, 일부 논자들은 이들 이야기가 본래 조선에는 존재하지 않던 이야기를 '내선일체(內鮮一體)'(또는 '일선동조(日鮮同祖)') 이데올로기를 위해 총독부가 왜곡(날조)했다고 주장하였다.

그러나 냉철하게 곰곰이 생각해 보면 각자의 이야기는 수록된 연대가 미묘하게 다르다. <혹부리 영감>은 1-3기, <말하는 남생이>는 2기, <삼년고개>는 1930년대인 3기에 수록되었기에, 단순하게 '내선일체'만으로 재단할 게 아니라, 엄밀한 텍스트 분석과 당대의 총독부 정책, 재조일본인 교과서 등을 대조 분석해, 수록 의도 및 과정, 경위, 목적을 밝혀야 할 것이다.

총독부는 조선어 교과서는 물론이고 일본어 교과서에도 다수의 조선 설화를 수록했다. 먼저 총독부는 1912년 조선의 속담 등을 조사하고 나서, 1913년에 조선의 전설과 동화(옛이야기)를 보고하도록 명했다. 근년에 강재철 교수에 의해 그 실체가 명확해졌다.[10] 강재철 교수가 발굴, 영인, 번역한 1913년 보고서에는 조선의 각 지방에서 제출된 다수의 <혹부리 영감>, <말하는 남생이> 이야기가 수록돼 있다. 따라서 적어도 총독부가 조선에는 존재하지 않는 <혹부리 영감>, <말하는 남생이>를 날조해서 수록한 것은 아니라고 하겠다.

10　강재철(2012), 『조선전설동화』 상하, 서울: 단국대학교 출판부.

문제는 1913년 보고서에는 <삼년고개>가 수록되어 있지 않아서 그 실상을 확인하기 어렵다는 점이다.

3. <삼년고개>의 연구사에 대한 비판적 재고

<삼년고개>의 총독부(관료) 왜곡(날조)설을 처음으로 제기한 이는 심은정이다. 심은정은, <삼년고개>는 총독부가 '일선동조론(日鮮同祖論)'을 바탕으로 날조된 설화이며, 일본의 소학교 교과서에 수록된 이야기는 그 영향이라고 주장했고, 이후에 일부 논자들이 이를 추인했다.[11] 이에 대해 천혜숙은 일본의 속신 <삼년 언덕>과 한국 설화 <삼년고개>는 맥락과 전승 양상이 다르다고 지적하였다.[12]

아쉽게도 선행연구에서는 결정적인 근거를 제시하지는 못했고 추정에 그쳤다. 해명해야 할 과제는 다음 세 가지이다.

1. <삼년고개>는 총독부(직원)가 만들어 낸 이야기인가? 총독부 이전에 채록된 <삼년고개>는 존재하는가?
2. <삼년고개>는 '일선동조(日鮮同祖)' 이데올로기를 위해 수록되었는가?
3. 현재 일본의 소학교 교과서에 수록된 재일조선인 이금옥(시인) 재화 <삼년고개>는 총독부의 영향인가?

---

11 심은정은 1920년대에 총독부 교과서에 <삼년고개>가 수록되었다는 초보적인 실수를 했지만 이에 대해서는 더 이상 논하지 않고, 그 주장의 내용을 검토하고자 한다. 심은정(2003), 「「삼년고개」와 「산넨도게 三年とうげ」 비교연구」, 『일본학보』 55, 한국일본학회, 285-301쪽.

12 천혜숙(2007), 「한일 '삼년고개' 설화의 비교로 본 설화 원류의 문제」, 『비교민속학』 33, 비교민속학회, 75-106쪽.

1과 2(이하, 편의상 '총독부 왜곡설'이라고 표기함)는 서로 깊이 연관되므로 먼저 이를 다루고자 한다. '총독부 왜곡설' 주장자들은 총독부 학무국 직원 다지마(田島泰秀)의 『온돌야화(溫突夜話)』(1923)를 바탕으로 제3기 『조선어독본』 권4(1933)에 <삼년고개>를 수록했다고 보았다.

그러나 미쓰이 다카시는 <삼년고개>는 후반부에서 미신 타파를 강조하였고, 이는 1930년대 총독부 '농촌진흥운동', '심전개발운동' 등의 정책 의도를 반영하여, 미신 타파의 교훈적 이야기로 재발견되어 수록되었다는 새로운 견해를 제시하고, 이를 실증적으로 분석하였다.[13] 필자는 미쓰이의 주장에 수긍한다. 적어도 총독부 교과서에 수록된 <삼년고개>의 텍스트를 정밀하게 읽어보면, 심은정이 강조하는 '일선동조론(日鮮同祖論)'에 대해서는 전혀 언급되지 않았고, 오히려 <삼년고개>와 같은 내용을 믿는 조선인에 대해서 '문명인의 수치'라고 비판하였다. 심은정이 완전히 오독했음을 확인할 수 있다. 1930년대에 총독부는 '농촌진흥운동'을 대대적으로 전개하면서 <삼년고개>와 같은 미신 이야기를 믿는 근대화 되지 않은 조선인을 비판하기 위해서 교과서에 <삼년고개>를 실었다고 보는 것이 타당하다.

심은정의 주장대로 '일선동조(日鮮同祖)' 이데올로기를 위해서 총독부가 <삼년고개>를 수록했다고 본다면, 일본인 또한 미신에 빠진 근대화되지 않은 '비 문명인'이 돼 버리는 것이다. 따라서 적어도 총독부가 '일선동조론(日鮮同祖論)'을 의식해서 <삼년고개>를 수록하지 않은 것만은 명확하다. 설화를 미신 타파의 교재로 활용한 총독부의 교육정책은 비판해 마땅하지만, 앞으로 교과서 수록 과정에 대한 연구를 보다 더 치밀하게 수행해야 할 것이다.

그럼에도 불구하고 총독부 및 직원 이전에 <삼년고개>가 수록되었는지에

---

13   三ツ井崇(2008), 「「三年峠」をめぐる政治的コンテクスト－朝鮮総督府版 朝鮮語教科書への採用の意味」, 『佛教大学 総合研究所紀要』 2008年別冊, 285쪽.

대해서는 밝혀지지 않았다. 이후에 한국에서는 관련 연구가 꾸준히 진행되었고, 최근 발간된 영인본을 통해서 새로운 자료가 제시되었다. 영인본 총서(<식민지시기 일본어 조선설화집 자료 총서> 제6권[14]과 <근대 일본어 조선동화·민담집 총서> 제4권)[15]에 다카기 도시오(高木敏雄)의 『신일본교육 옛이야기』(1917)와 히구치 고요(樋口紅陽)의 『동화의 세계여행』(1922) 속에 이미 <삼년고개(삼년언덕)>이 수록되었음이 밝혀졌다.

그렇다면 조선에 간 적도 없고, 조선어도 모르는 다카기와 히구치는 어떻게 1920년 전후에 <삼년고개>를 수록한 것일까? 먼저 히구치는 다카기의 영향을 받아 <삼년고개>를 수록하였다. 그리고 다카기는 시미즈의 영향을 받았다. 시미즈(清水韓山)는 다카기의 정보제공자로 잘 알려져 있는데, 일찍이 「조선 옛이야기(朝鮮のお伽噺)」(『少年世界』18-10, 1913, 49쪽)에 <삼년고개>를 수록하였다. 이처럼 1913년에 시미즈가 일본어로 처음으로 <삼년고개>를 수록했기에, 적어도 총독부 및 그 직원이 처음으로 <삼년고개>를 만들어낸 것은 아니다.

다음으로 <3. 현재 일본의 소학교 교과서에 수록된 재일조선인 이금옥(시인) 재화 <삼년고개>는 총독부의 영향인가?>를 밝히는 작업이 남았다. 후술하듯이 이금옥(리금옥)은 『삼년고개』(1996, 일본어판)에서 북한 자료 『옛이야기(昔話)』(조선문예출판사, 1965)를 참고했다고 잘못 기술했다. 필자의 확인에 따르면 정확한 책명은 『우리 나라 옛'이야기(상)』(평양, 아동도서출판사, 1965)이다.

<삼년고개>는 한국에서는 2003년 이후 총독부가 날조한 이야기라는 주장이 강화되었는데, 일본에서는 일본 소학교 교과서(『國語』三 上, 光村圖書)에

---

14 이시준 외 편(2014), 『新日本敎育昔噺(신일본 교육 구전설화집)』, 서울: 제이앤씨.

15 김광식 편(2018), 『1920년 전후 일본어 조선설화 자료집』, 파주: 보고사.

1992년 이후 30여 년간 수록되어 한국을 대표하는 이야기로 자리매김 되었다.[16] 한국과 일본에서 전혀 다른 문맥과 방향으로 진행된 것이다. 선행연구에서는 <삼년고개>를 둘러싼 명확한 연구가 결여된 까닭으로, 양국의 <삼년고개> 인식은 커다란 격차가 생겨났다. 앞으로 명확한 사실관계를 바탕으로 해 인식의 격차를 좁혀야 하겠다.

4. <삼년고개>와 일본의 소학교 교육

그 격차를 해소하기 위해 이하에서는 먼저 일본 및 북한의 상황을 검토하고자 한다. 패전 후 일본 국어교과서(일본어교과서)에 수록된 <삼년고개>는 한국·조선을 상징하는 대표적 이야기로 표상화 되어, 진보적 일본인 교사들을 통해서 한국·조선을 일본 아동에게 알리기 위한 이문화(異文化) 이해, 다문화 교재로 활용되었다.

일본에서는 소학교 일본어(국어)교과서를 검정으로 발간 중이다. 2020년에 새로운 소학교용 일본어(국어) 교과서 4종이 발간되었다. 일본의 교과과정은 보통 10년에 한 번씩 바뀌는데, 교과과정 안에서 일부 교과서 내용을 수정되기도 한다. [표 2]와 같이, 일본에서 한국의 옛이야기가 수록되기 시작한 것은 1989년 이후이며, 2002년 전후에는 무려 4개의 이야기가 수록되었지만, 2010년 이후 한일관계의 악화를 그대로 반영하기라도 한 듯이 배제되었지만, 유일하게 <삼년고개>만이 남았다. <삼년고개>는 1992년 이후 계속해서 일본 소학교(3학년용)의 국어(일본어)교과서에 수록되면서 다양한 연구가

---

16   김광식(2021), 「북한 설화 「삼년고개」의 수록과 재일조선인 작가 이금옥의 재화(再話) 과정 고찰」, 『연민학지』 35, 연민학회, 201-227쪽.

행해졌다.[17]

　유일하게 살아남은 한국의 옛이야기라는 점에서 양심적이고 진보적인 일본인 교사들의 한국 교재 <삼년고개>에 대한 사랑은 한국인들의 상상을 초월할 정도로 강력하다. 그런데 한국에서는 <삼년고개>가 한국에는 없던 이야기를 총독부가 왜곡한 것이라고 주장하는 연구자가 존재하는 실정이다. 뒤늦게나마 이러한 주장을 접하게 된 양심적인 일본인 교사들은, 한국 교재 <삼년고개>를 어떻게 다루어야 할지 근심하고, 고민하기도 한다. 적어도 <삼년고개>는 일본 소학교에서는 2029년경까지는 어떻게든 다루어야 될 한국(다문화) 교재이기 때문이다.

[표 2] 패전 이후 일본 소학교 교과서에 수록된 한국·조선 옛이야기

개정년	1980	1992			2002		2011		2020	출판사
일부 개정년	1989	92	96	00	02	05	11	15	20	
1. 호랑이와 피리	○	○	○	○	○	○	未	未	未	大阪서적
2. 삼년고개		○	○	○	○	○	○	○	○	光村도서
3. 의좋은 형제		○								도쿄서적
4. 태욱이의 재치담					○	○				同
5. 그늘에 덥석							○	○		同
6. 불개				○						교육출판
7. 이사					○	○				同

17　全國國語敎育實踐硏究會編(1997), 『實踐國語硏究』別冊No.174(「三年とうげ」敎材硏究と全授業記錄), 明治圖書; 上月康弘(2019), 「昔話を敎材とした「傳統的な言語文化」の學習デザイン」, 『國語科學習デザイン』3(1), 32-41쪽; 黑川麻實(2016), 「民話「三年峠」の敎材化をめぐる史的考察」, 『國語科敎育』79, 31-38쪽; 日本國語敎育學會編(1996), 『授業に生きる日本の民話・世界の民話』, 東京:圖書文化社, 88-99쪽; 伊﨑一夫(2014), 「テキスト全体の構造的理解を促す文學敎材の指導」, 『敎育フォーラム』53, 37-47쪽; 田嶋眞広(2003), 「私の實踐 民話「三年とうげ」と論理療法」, 『月刊學校敎育相談』17(13), 60-65쪽 등을 참고.

| 8. 토끼의 재판 | 未 | 未 | 未 | 未 | 未 | 未 | ○ | ○ | 未 | 三省堂 |

※ ○표시는 수록되었음을 의미하며, 未는 미간행 즉 교과서가 출판되지 않았음을 의미한다.
일본어 원문은 다음과 같다. <1. 호랑이와 피리(とらとふえふき)>, <2. 삼년고개(三年とう
げ)>, <3. 의좋은 형제(へらない稻たば)>, <4. 태욱이의 재치담(テウギのとんち話)>, <5. 그
늘에 덥석(こかげにごろり)>, <6. 불개(火をぬすむ犬)>, <7. 이사(引っこし)>, <8. 토끼의 재
판(うさぎのさいばん)>. 이 중에서 <삼년고개> <의좋은 형제> <이사>는 이금옥이 재화한
것으로 교과서에서 이금옥의 영향력이 압도적이다.

    1992년 이후 소학교 교과서에 한국 설화 <삼년고개>가 수록되면서, 이
이야기는 한국을 대표하는 이야기로 자리 잡게 되었다. 일본의 속신 <삼년언
덕>은 잘 알려져 있지 않고, 오히려 옛이야기 <삼년고개>라고 하면 한국을
떠올릴 정도로 일본에서는 한국 옛이야기 <삼년고개>로 유명하다. 일본의
방송(NHK) 미디어는 물론이고, 음악극, 가미시바이(종이연극), 전통극 등으로
확대되었다.[18] '총독부 왜곡설' 논자들의 우려와는 달리, 일본에서 <삼년고
개>는 한국을 대표하는 이야기로 소학교 교육 관계자라면 누구나 아는 이야
기로 자리매김 된 것이다.

    그러나 그 대부분은 한국 설화와 한국어를 잘 모르는 일본인 연구자였고,
일본 초등교육의 다문화 수업 실천이라는 측면에서 교재(안) 활용을 검토하
였다. 특히 일본의 전국국어교육실천연구회가 펴낸 『실천국어연구(實踐國語研
究)』 별책 No.174(「삼년고개」 교재연구와 전수업 기록, 明治圖書, 1997)에는 20여
편의 논문이 수록되었지만, 식민지 교과서에 대해서는 전혀 언급되지 않았
다. 이 책은 순수하게 일본적 맥락에서 식민지 문제를 망각한 채 완전히
잘못 '실천'된 것이다.[19] 한국에서 <삼년고개>는 식민지 교육과 연관돼 문제

---

18   三ツ井崇(2013),「引き繼がれるテクスト, 讀み換えられるテクスト」,『韓國朝鮮文化研究』
     12, 東京大學大學院, 5쪽. 또한 일본의 각종 초등학교 및 중학교 학습지에도 이금옥의 「삼년
     고개」 텍스트가 재수록 되었다.
19   문제는 『실천국어연구(實踐國語研究)』 별책에는 한국인 교원도 다수 참여해 글을 썼지만,

시 되어 왔는데, 일본의 교육자들은 이런 역사적 사실에 대해 철저하게 무관심했다는 점은 잘못이다. 이처럼 <삼년고개>를 둘러싼 한국과 일본의 교육 상황은 마치 역사 인식과 같이 복잡하게 엮여 있다. 한국인은 일본의 식민지 교육에 대한 관심이 높지만, 일본인들은 식민지 교육에 대해 전혀 관심이 없다. 일본의 교육 관계자들이 진정으로 <삼년고개>를 지도하고자 한다면, 그 교재의 문제점을 먼저 인식하고, 이를 극복하기 위한 교육을 행해야 할 것이다. 또한 일본의 교육자 및 연구자들은 <삼년고개>의 작가에 대해서도 거의 연구하지 않았다.

일본교과서에 수록된 <삼년고개>는 '재일조선인'[20] 작가 이금옥(리금옥李錦玉, 1929-2019)이 쓰고, 박민의(朴民宜, 1947-)가 그린 그림책 『삼년고개(さんねん峠)』(1981)의 일부를 사용한 것이다.[21] 1992년에 일본교과서에 수록되고 나서, 이금옥은 그림책(이하 1981판)에 새로운 설화를 재화하여 다시 같은 제목으로 삽화를 간략화 하여 동화집(이하 1996판)을 간행하였다. 1981년판과 1996년 판은 내용과 줄거리가 같지만, 단락, 띄어쓰기, 쉼표, 한자 등을 일부 바꾸었다. <삼년고개>가 일본교과서에 수록되면서 이금옥의 『삼년고

식민지 교과서에 대해 언급하지 않았다는 점이다. 이 부분이 편집되었을 가능성도 있지만, 이 책의 기본적인 방향성이 텍스트 위주로 식민지 경험 및 역사적 문맥이 처음부터 제거된 채 진행되었다.

20 '재일동포'는 분단된 현실에서 일본에서는 '재일코리안'과 '재일한국조선인' '재일조선인' 등으로 표기한다. 이처럼 해방 전부터 일본에 거주한 '올드커머=재일동포'를 규정하는 용어는 다양하지만, 이금옥(리금옥)의 경우에 사망할 때까지 한국 국적을 취득하지 않고, 식민지 원적 '조선적'을 유지했다는 점에서 '재일조선인'이라고 표기하기로 한다.

21 李錦玉 글, 朴民宜 그림(1981), 『さんねん峠 朝鮮のむかしばなし』, 岩崎書店; 李錦玉 (1996), 『さんねん峠 朝鮮のむかしばなし』, 岩崎書店. 일본교과서에서는 "천금송(붉나무) 뒤에서 노래한 사람은 누구일까요" 뒤의 마지막 문장("그것은요, 할아버지를 앞질러 와서 숨어 있던 물방아간의 똘똘이였습니다.")이 삭제되었다(李錦玉, 1981, 26쪽). 교과서에서는 아동의 사고력을 높이기 위해 마지막 문장을 생략하였다. 일본교과서의 한국어 번역 소개는 다음을 참고. 신원기(2009), 「한·일(韓日) 초등학교 『국어』교과서의 설화(說話) 교재 고찰」, 『한국초등국어교육』 41, 한국초등국어교육학회, 121-125쪽.

개』는 증쇄를 거듭하였다(총 10만 부 발행).[22] 또한 한국(『삼년고개』, 아이교육, 2003)은 물론이고 북한에서도 다시 번역되어 소개되었다. 재일조선인 2세의 일본어로 된 재화(再話)가 본국에, 그것도 분단 체제하의 남북에서 소개되었다는 점은 매우 이례적이다. 그렇다면 일본에서 나고 자란 이금옥은 어떻게 <삼년고개>를 재화한 것일까?

5. 북한의 <3년고개>와 이금옥의 영향

1959년 북한 과학원(1964년 이후 사회과학원) 언어문학연구소 문학연구실은 구비문학 수집 요강을 발표하고 수집된 자료를 1960년 6월 계간지로 창간된 『인민창작』(후에 『구전문학』으로 개칭됨)을 통해 본격화 했다.[23] 이후 사회과학원 문학연구소 구전문학연구실은 1964년에 최중배·현두천 편, 『구전문학자료집(설화편)』(사회과학원출판사)을 발간하였다. 여기에는 「3년고개」가 수록되지 않았다. 북한 설화에 관한 선행연구에서는 주로 전설집을 다루었다.[24] 민담(옛이야기)집에 대한 본격적인 연구는 서영미에 의해 수행되었다. 서영미는 아래의 ① 1958년판과 ② 1965년판의 목차, 내용, 유형을 처음으로 밝혔다.[25] 단지 ②는 목차만을 확인하였다. 필자는 ②의 내용을 확인했고,

---

22 필자의 확인에 따르면, 1981년판은 2006년 3월에 29쇄, 2010년 6월에 33쇄를 찍었고, 1996년판은 2002년에 5쇄를 찍었다.

23 김영희(2016), 「1960대 초 북한 잡지 <인민창작> 연구」, 『열상고전연구』 53, 열상고전연구회, 370쪽; 김영희(2002), 「북한에서의 구전설화 전승과 연구」, 『한국문화연구』 5, 경희대학교 민속학연구소, 208-209쪽.

24 선행연구에 대해서는 한상효(2016), 「북한의 설화자료집 『조선민화집』의 수록 양상과 통일 시대의 설화자료 통합방안 모색」, 『동방학지』 176, 국학연구원, 27-55쪽 등을 참고.

25 서영미(2014), 「북한 구전동화의 정착과 변화양상 연구」, 동국대학교 대학원 박사논문; 서영미(2012), 「남북한 '옛이야기'의 변개양상 비교」, 『비교문학』 58, 한국비교문학회, 255-

후술하는 바와 같이, 이금옥이 ②를 참고했기에, 이하에서는 ②를 중심으로 언급하고자 한다. 필자의 조사에 따르면, 북한 교과서에는 <3년고개>가 수록되지 않았지만, 다음과 같은 자료집에서 <3년고개>가 확인된다(띄어쓰기도 그대로 표기함, 북한에서는 <3년고개>라는 표기가 일반적이므로, 원문을 그대로 사용함).

① 김원필 편, 「3년 고개」, 『우리 나라 옛'이야기』, 평양: 아동도서출판사, 1958, 117-119쪽.

② 김원필, 「3년 고개」, 김광혁 편, 『조선 아동 문학 문고(1) 우리 나라 옛'이야기(상)』, 평양: 아동도서출판사, 1965, 174-176쪽.

③ 김원필, 「3년고개」, 『민화집 달속의 옥토끼』, 평양: 금성청년출판사, 1985, 58-61쪽.[26]

④ 금성청년출판사 편, 「3년고개」, 『조선민화집 봉이 김선달』, 평양: 금성청년출판사, 1995, 42-43쪽.

⑤ 전종섭, 「3년고개」, 『조선민화집(3) 토끼와 자라』, 평양: 금성청년출판사, 1989, 158-162쪽.

⑥ 손진순 편, 김충성 각색, 리철석 그림, 『조선옛이야기그림책30 3년고개』, 평양: 조선출판물수출입사, 2014.

이처럼 이금옥은 김원필의 1965년판을 바탕으로 재화한 것이다. 「3년고개」에 한정해 언급하면 북한에서는 채록이 아니라 기존 서적의 윤색을 통해

283쪽.

26 김원필은 최점훈·김원필(1991), 『재미나는 이야기 365가지』, 평양: 금성청년출판사, 158-159쪽에서도 「삼년고개」를 수록하였는데, 여기에서는 하루 한 가지 이야기라는 짧은 서술 형식으로 인해, '차돌이 할아버지'를 그냥 '할아버지' 등으로 축약해 수록하였다.

유통, 확산된 것이다. ⑤는 전종섭이 김원필의 서술을 일부 수정하여 재화한 것이다. 차돌이 할아버지를 배나무집 할아버지로 변경했지만 기본적인 서술은 유사하다. ⑤는 『조선민화집』(1-26, 1986-2013)에 수록되었고 2010년에 『조선민화집』제2판이 발간되는 등 북한에서 널리 유통된 북한을 대표하는 설화집이다. 그리고 이 시리즈를 바탕으로 하여 그림책으로 간행된 ⑥『조선옛이야기그림책』시리즈(60권, 2013-2014)[27]에도 다시 수록되었다. 흥미로운 사실은 ⑥『조선옛이야기그림책』시리즈물은 ⑤『조선민화집』의 영향을 받았다는 사실이다. 이처럼 북한의 설화는 1960년대 이전의 자료집을 바탕으로 해서 일부 내용을 윤색하여 다시 출판되어 왔음을 확인할 수 있다.

김원필은 1950년대에 『레닌에 대한 이야기』(아 꼬노노브 저, 1957)를 번역하고, 『우리 나라의 발명가들』(1956), 『해방전 아동문학 작품집 별나라』(1956), 『우리 나라 옛'이야기』(1958), 『날아다니는 배』(1959)를 펴내는 등 조선작가동맹 소속의 작가로 정열적으로 동화, 옛이야기집을 출간하였다. 이후에는 금성청년출판사에서 근무하면서 출판 및 작가 활동을 계속한 것으로 보인다. 북한에서는 1970년대에 김일성 유일체계가 강화되면서 옛이야기집을 간행하지 않았다. 1980년대 중반 이후 옛이야기집의 출판이 다시 본격화 된다. 중요한 사실은 1980년대 중반 이후의 새로운 출판 상황에서도 김원필이 일정 역할을 했다는 점에서 김원필은 특기할 만한 옛이야기 작가이다.

1960년대 전후에 이어서 1980년대에도 김원필은 금성청년출판사에서 『조선민화집(1) 고주몽』(1986)을 단독 집필하고, 최점훈과 함께 공동으로 『재미나는 이야기 365가지』(1991)를 집필하였다. 옛이야기 집을 간행하는 한편으로 편집자로서 『작품집 묘향산』(1982), 홍명희 저, 홍석중 윤색 『장편소설 청석

---

27 김경희(2018), 「『조선옛이야기그림책』의 체계와 구성 양상 연구」, 『동화와 번역』 35, 동화와번역연구소, 72-97쪽.

골대장 림꺽정』(1985), 리영규 원작, 문희준 윤색 『력사소설 평양성 싸움』 (1986) 등을 편집하였다.

[표 3] 김원필과 이금옥의 「3년 고개」 재화 내용 비교

김원필(1965), 「3년 고개」, 『우리 나라 옛이야기(상)』, 174-176쪽.	이금옥, 「さんねん峠」(1979), 『朝鮮畵報』18-3, 46-47쪽.
3년 고개 옛날 어떤 곳에 <3년 고개>라고 부르는 그리 높지 않은 고개가 있었습니다. 이 고개에는 그 전부터 이런 이야기가 전해 내려 오고 있었답니다. 즉 이 <3년 고개>에서 한 번 넘어지면 누구나 할 것 없이 3년 밖에는 더 못 살고 죽는다는 이야기였습니다. (중략) **어느 무더운 여름 날**이었습니다. 장에 갔다 돌아 오는 할아버지 한 분이 장을 보아 가지고 이 고개를 넘고 있었습니다. (중략) 분주히 발걸음을 옮겼습니다. 그러다가 아차 실수를 하여 돌부리에 걸려 넘어졌습니다. (중략) 그 날부터 할아버지는 밥도 안 잡숫고 자리에 드러누워 끙끙 앓기 시작했습니다. 의원을 데려 온다, 약을 쓴다 해도 할아버지의 병은 점점 더해만 갔습니다. (중략) 그런데 이 마을에는 <똘똘이>라고 부르는 령리한 애가 있었습니다. 똘똘이는 차돌이 할아버지가 <3년 고개>에서 넘어져 앓는다는 소식을 듣고 곧 할아버지를 찾아 왔습니다. (중략) 이 소리를 듣자 할아버지는 벌컥 성이 나서 목침을 들고 일어 서며 (중략) 똘똘이를 때리려 했습니다. 그러나 똘똘이는 침착한 태도로 <할아버지, 잠간만 내 말을 들으십시오. (중략) 한 번 넘어지면 3년은 사시지 않습니까. 그러니까 두 번 넘어지면 6년,	3년 고개 어떤 곳에 3년 고개라고 부르는 고개가 있었습니다. 그리 높지 않은 완만한 고개였습니다. (중략) 3년 고개에는 그 전부터 이런 이야기가 전해 내려옵니다. **3년 고개에서 넘어지지 마오. 3년 고개에서 넘어져 버리면 3년 밖에는 살 수가 없다오 (중략) 어느 가을 날이었습니다.** 할아버지는 옷감을 팔러 갔습니다. 그리고 돌아오는 길에 3년 고개를 넘게 되었습니다. (중략) 분주히 발걸음을 옮겼습니다. (중략) 그토록 조심해서 걸었지만 돌부리에 걸려 넘어져 버렸습니다. (중략) 그 날부터 할아버지는 이불을 덮고 밥도 안 잡숫고 앓기 시작했습니다. 의원을 데려 오고, 약을 써보며 할머니는 줄곧 간병을 했습니다. 하지만 할아버지의 병은 점점 더해만 갈뿐이고, 마을사람들도 모두 걱정했습니다. (중략) 그런데 어느날, 물방아간 똘똘이가 문병을 왔습니다. (중략) 뭐라고 나더러 더 빨리 죽으라는 것이냐! (중략) <그게 아니고요. 한 번 넘어지면 3년은 살잖아요? 두 번 넘어지면 6년, 세 번 넘어지면 9년, 네 번 넘어지면 12년, 이렇게 자꾸 넘어질수록 더 오래 살 수 있잖아요.>

세 번 넘어지면 9년 네 번 넘어지면 12년… 이렇게 자꾸 넘어질수록 오래 살 수 있지 않습니까!>

(중략) 할아버지는 그 달음으로 <3년 고개>에 올라 가서 펄썩 넘어졌습니다.

이 때 고개 마루의 큰 **정자나무** 뒤에서 **웅근 목소리**가 들려 왔습니다.

<옳지, 한 번 넘어서면 3년, 열 번 넘어지면 30년, 백 번 넘어지면 3백 년이다. 자꾸자꾸 넘어져라!>

이 소리를 들은 할아버지는 너무 기뻐서

<네 네, 옳습지요. 그저 **삼천 갑자 동방삭**이 만큼만 살게 해 주십쇼>

하고 싱글벙글 하면서 떼굴떼굴 굴었습니다. (중략) 그런데 아까 정자나무 뒤에서 들린 목소리는 **똘똘이**가 할아버지보다 앞질러 고개 마루에 올라 가 있다가 할 아버지가 펄썩 넘어 지는 것을 보고 소리를 질렀던 것이랍니다.

집에 돌아 온 할아버지는 몸이 튼튼하여 그 날부터 전과 같이 부지런히 일을 하게 되었답니다.

김원필

(중략) 이불 속에서 벌떡 일어나서 3년 고개에 가서 거꾸러져 넘어졌습니다.

이 때에 **천금송** 뒤에서 **재미있는 노래**가 들려 왔습니다.

좋구나 좋아 얼씨구나
한 번 넘어서면 3년이요
열 번 넘어지면 30년,
백 번 넘어지면 3백 년
자빠지고 넘어져라. (중략) 장수하니 이 좋을수가

할아버지는 너무 기뻤습니다. (중략) <이제 내 병은 나았다. 백년, 이백년이고 장수할 수 있겠구나.>

하고 싱글벙글 하면서 웃었습니다.

이렇게 하여 할아버지는 완전히 건강해져 할머니와 둘이서 사이좋게, 행복하게, 오래오래 살게 되었답니다.

그런데 3년 고개의 천금송 뒤에서 (중략) 노래한 이는 누구였을까요.

그것은요, 할아버지를 앞질러 와서 숨어 있던 **물방아간의 똘똘이**였습니다. (끝)

※1965년판 표기의 일부는 현대식으로 수정. 1979년판의 번역 및 밑줄은 필자.

'재일조선인 문학 속의 아동문학 연보'에는 이금옥이 1975년 이후 재일조선인 잡지에 동요와 시를 발표했다고 기록했지만,[28] 이미 1940년대 후반부터 시를 발표하였고, 조련(朝連), 민전(民戰), 총련 계열의 문화단체에 소속해 일본

---

28   仲村修·韓丘庸·しかたしん(1989),『兒童文學と朝鮮』, 神戸: 神戸學生青年センター出版部, 201-213쪽.

어를 시작으로 하여 조선어로도 시와 동화를 발표한 '재일조선 여성작가의 선구'였다.[29] 필자의 확인에 따르면 송혜원을 재외하고는 재일조선인 아동문학을 다루면서 간헐적으로 이름이 언급될 뿐 구체적인 연구는 존재하지 않는다.[30] 이금옥이 유명해 진 것은 역시 1992년 일본교과서의 수록 이후로 볼 수 있겠다.

이금옥은 재일조선인 2세 아동문학자 겸 시인으로, 2005년에 시집 『한 번 사라진 것은(いちど消えたものは)』(東京: てらいんく, 2004)으로 제 35회 아카이토리(빨간새) 문학상을 수상하였다. 1949년에 긴죠(金城)여자전문학교 (나고야)를 졸업하고, 단기간 일본 내 재일조선인 아동 교육기관인 민족학교 (조선학교)에서 교사로 근무했다. 상경하여 1959년 '재일본조선문학예술동맹'의 결성에도 관여하였다.[31]

이금옥은 1949년 전문학교에서 국문과(일본문학)를 졸업하고, 민족학교(조선학교)에서 잠시 교사로 근무하고 상경하여 재일조선인문학회 회원으로 활동하며 월간 『민주조선』과 주간지 창간에 관여하며 시를 발표하였다. 초기에는 일본어로 썼지만 1960년대부터는 조선어로도 창작하였다. 「바람」(『民主朝鮮』 33, 1950)을 비롯해 1950년 말 말부터는 『조선총련(朝鮮總連)』 『조선시보』 『문학예술』 등에 고국의 풍물, 어린이, 조선학교가 등장하는 시를 게재하였다. 그리고 1962년부터 『조선화보』 편집부에서 일하며 창작활동을 수행하였다.[32] 이금옥은 재일조선인 문화인과 교류하면서 김병원(金炳元)과 결혼했는

---

29 宋惠媛(2014), 『「在日朝鮮人文學史」のために－声なき声のポリフォニー』, 東京: 岩波書店, 82쪽.

30 宋惠媛(2014), 위의 책, 70쪽.

31 三ツ井崇(2013), 앞의 논문, 6쪽; 海沼松世・李錦玉・菊永謙(2005), 「鼎談 少年詩の広がりと 可能性」, 『ネバーランド』 4, てらいんく, 216-223쪽; 仲村修・韓丘庸・しかたしん(1989), 앞의 책, 65-70쪽.

32 宋惠媛(2014), 앞의 책, 82-87쪽.

데, 김병원이 바로 조선화보사 사장이었고, 후에 조선신보사 초대 주필을 역임하였다.[33] 이금옥은 남편을 도와 『조선화보』 편집부에 일하면서 조선 민화를 연재했고, 편집자로서 자신의 이름을 적지 않다가 1979년부터 이름을 밝힌 것으로 판단된다.

이금옥은 1996년 신서판에서 다음처럼 증언하였다.

> 이 책에 수록된 이야기는 『구전문학자료집』(평양 사회과학원출판, 1964), 『옛이야기昔話』(조선문예출판사, 1965년), 『조선 력사 설화집』(국립문학예술 출판사 간행, 1960) 등의 자료를 바탕으로 1966년경부터 『조선화보』 등에 쓴 것입니다.[34]

위의 모든 기술에는 다소 착오가 확인된다. 특히 출판사 명이 다르다. 이금 옥이 참고한 서적들의 정확한 서지사항은 다음과 같다.

- 사회과학원 문학연구소 구전문학연구실(최중배·현두천) 편(1964), 『구전 문학자료집(설화편)』, 평양: 사회과학원출판사.
- 김광혁 편(1965), 『조선 아동 문학 문고(1) 우리 나라 옛'이야기(상)』, 평양: 아동도서출판사.
- 리갑기 편저(1960), 『조선 력사 설화집』, 평양: 국립문학예술서적출판사.

이금옥의 오기(誤記)로 인해 선행연구에서는 1965년판을 확인할 수 없었 다. 또한 『조선 력사 설화집』의 출판사는 정확하게는 국립문학예술서적출판

---

33 朴日粉(2019), 「赤い鳥文學賞を受賞した詩人兒童文學者·李錦玉さん死去」, 『朝鮮新報』 2019. 8.1, 朝鮮新報社; 朴日粉(2005), 「〈生涯現役〉李錦玉さん」, 『朝鮮新報』 2005.8.29, 朝鮮新報社.
34 李錦玉(1996), 『さんねん峠 朝鮮のむかしばなし』, 岩崎書店, 150쪽.

사의 잘못이다. [표 3]과 같이 이금옥의 <3년고개>는 평양의 1965년판을 참고하여 재화된 것임을 확인할 수 있다. 모티브가 완전히 겹치기 때문이다.

한편으로 이금옥은 1992년 일본교과서에 수록되어 주목받게 되면서 자신이 재화한 <3년고개>는 들은 이야기라고 설명하였다.[35]

이금옥은 『청개구리』 한국어 번역판에서 이 이야기를 어머니께 들었다고 증언하였다.[36] 또한 전술한 『실천국어연구』(1997)에는 1994년 8월 이금옥이 일본 초등교원을 향한 강연 기록을 수록했는데, 이금옥은 다음처럼 회상하였다.

> 우리나라 민화(民話)에 대해서는 들을 기회가 적었고, 들은 것도 극히 일부밖에 기억나지 않아요. <3년고개>와 <청개구리> 이야기는 아주 잘 기억해요. (중략) <3년고개>는 아마도 우리나라 사람은 아니지만, 아마도 아버지에게 와서 편지 대필을 부탁한 할아버지라고 생각해요. 가끔 방문한 할아버지로부터 그 이야기를 들은 것을 단편적으로 기억합니다.[37]

그러나 이금옥의 <3년고개>와 <청개구리> 이야기는 1965년을 참고로 재화한 것이다. 단편적으로 들은 이야기도 참고했을 가능성이 있지만, 기본적으로는 1965년판을 참고한 것이다. 모티프는 물론이고, 주요 인물 및 배경 설정이 완전히 동일하기 때문이다. 그렇다면 이금옥은 1996년 신서판에서는 북한 책을 참고했다고 언급하는 한편으로 강연에서는 왜 들은 이야기라고 증언한 것일까? 한국과 일본에서는 책을 통한 전승, 즉 서승(書承)에 비해서,

---

35 실제로 이러한 기억이 사실이라고 해도, 이금옥이 재화하는데 결정적 전거는 1965년판이었다.

36 이금옥 글, 박민의 그림(2007), 『청개구리』, 파주: 보리(일본어 초판 1991), 표지 뒤쪽.

37 李錦玉(1997), 「出會いとひろがり」, 全國國語教育實踐研究會 編, 앞의 책, 11-12쪽.

입을 통한 전승, 즉 구승(口承)을 높이 평가하는 경향성이 있기 때문이 아닐까? 현대인은 현실적으로 자의든 타의든 어릴 적부터 수많은 루트를 통해서 옛이야기를 읽고, 접하고 영향을 받아 왔다. 더 이상 순수한 구승이란 존재할 수 없다. 일본에서 나고 자란 재일조선인 2세에게 순수한 구승을 기대하는 것은 과도한 기대가 아닐까?

동아시아는 수천 년에 걸쳐서 오랫동안 문자 생활을 영위했다. 근대 활자 문화의 보급으로 문자의 위력을 더욱 강해졌다. 그럼에서 불구하고, 서승과 구승은 완전히 배타적이거나 동떨어진 것은 아니다. 근대 이전은 물론이고, 오늘날에도 책을 읽거나 낭독해 주는 행위는 오랜 전통과 역사를 지녔다. 한 사람이 좌중들 앞에서 책을 읽거나 낭독하는 행위는 동서양을 막론하고 아주 오래된 문화 활동이었다. 책의 내용을 낭독하고, 이를 듣고 구연하는 등, 서승문화와 구승문화는 상호 영향을 미치며, 뒤섞이고 교섭하면서 다양한 문화를 형성해 왔다. 오늘날에는 시각 문화, 동영상 문화가 일반화 되면서 우리들의 이야기 문화는 더 다양하게 변화되는 상황에 놓여 있다.

이러한 변화양상은 거부할 수도 없고, 거부해서도 무용하다. 구전 문화와 전승의 위기만을 강조할 것이 아니라, 오히려 달라진 구전(口傳), 구승(口承) 상황을 인지하고, 그 변화양상을 적극적으로 다양하게 포착하는 한편, 새롭게 창출되는 구전 양상에도 주목해, 당대에 방점을 찍는 변화의 의미를 도출하는 새로운 구비문학의 필요성이 요구된다.

6. 재일조선인과 <삼년고개>의 간행

끝으로 남겨진 문제를 확인하고, 재일조선인이 출판한 <삼년고개>를 살펴보자.

[표 4] 식민지시기 및 북한의 <삼년고개>의 비교 대응표

작자	시미즈, 1913	조선총독부 『조선어독본』, 1933	①②③④김원필
배경설명	경상도, 어느 날	옛날 어느 두메에 어느 날	옛날 어떤 곳에, 무더운 여름 날
넘어진 이유	어찌 하여 그만 넘어져	잘못하야 돌에 걸려	분주히 걷다가 실수하여 돌에 걸려
주요인물	노인/마을 의사	노인/소년	차돌이 할아버지/ 똘똘이
비고	천상에서 소리, 동방삭도 천 번 넘어졌다네.	미신을 믿음은 문명인의 수치라고 언급. 부근에 숨어서 한말, 삼천갑자 동방삭도 육만 번 굴렀다.	정자나무 뒤에서 목소리 들리자, 삼천갑자 동방석이 만큼 살게 해 주십쇼.

※시미즈 간산(淸水韓山)(1913),「朝鮮のお伽噺」,『少年世界』18-10, 博文館, 49쪽; 조선총독부 (1933),『보통학교 조선어독본』권4, 경성: 조선총독부, 34-41쪽을 참고하여 작성.

　　1913년에 시미즈가 처음으로 채록했다. 경상도에서 노인이 삼년고개에서 넘어져 마을 의사의 기지로 장수한다는 이야기다. 노인이 삼년고개에서 넘어 졌지만, 마을 의사의 처방으로 삼년고개에도 더 넘어져서 장수했고, 천상에 서 동방삭도 삼년고개에서 천 번 넘어졌다는 소리가 들려왔다는 내용으로 우리들이 잘 알고 있는 내용이 수록되었다.

　　한편, 조선총독부는 편집과에서 조선어독본을 담당한 다지마의 소화(笑話) 를 바탕으로 마을 의사를 소년으로 개작하고, 후반부에 미신은 믿는 것은 문명인의 수치라고 계몽적 지침을 부여했다. 총독부는 마을 의사가 아닌, 아이의 처방으로 위기를 벗어났다는 내용으로 개작되었다. 그러나 총독부는 후반부에 <삼년고개>와 같은 미신을 믿는 것은 문명인의 수치라고 강조하 고, 미신 타파를 위한 교훈적 내용으로 교제를 개악하고 말았다.

　　이에 비해 북한에서 조선작가동맹 소속의 작가 김원필은 차돌이 할아버지 와 똘똘이를 등장시켰다. 1960년대 전후에 북한에서는 조선작가동맹 작가들

이 동원되어 옛이야기를 적극적으로 개작해 옛이야기를 교육에 활용하였다. 1960년대 중반까지는 이데올로기적 개작이 비교적 한정적이며 민중(인민) 창작에 새로운 의미를 부여하여 옛이야기의 가능성을 모색하는 시기였다. 김원필이 개작한 내용은 오늘날 북한 전승의 원형이 되었고, [표 5]처럼 이금옥도 그 영향을 받았다.

[표 5] 식민지기 및 북한의 「3년 고개」의 비교 대응표

작자	⑤전종섭	⑥손진순	이금옥, 1979
배경설명	어느 곳에, 무더운 여름날	어느 한 곳에, 어느 무더운 여름날	어떤 곳에, 어느 가을날
넘어진 이유	바삐 걷다가 그만 돌에 걸려	바삐 걷다가 그만 돌에 걸려	분주히 걷다가 돌에 걸려
주요인물	배나무집할아버지/똘똘이	배나무집할아버지/똘똘이	할아버지/물방아간의 똘똘이
비고	숲속에서 산신령이 말한 거라 생각함.	숲속에서 산신령이 말한 거라 생각함.	천금송 뒤에서 재미있는 노래가 들림

[표 4], [표 5]와 같이, <삼년고개>는 시미즈 첫 수록 이후, 총독부 교과서를 통해 정착되었다. 이금옥은 김원필의 영향을 받았지만, 이금옥 시인은 시인의 역량을 가지고 다시쓰기에 성공했다고 보인다. 재일조선인 2세 시인 이금옥은 일본문학을 전공하고 아름다운 시적 언어로 북한 설화 「3년고개」를 일본에서 처음으로 재화한 것이다. 이러한 뛰어난 다시쓰기는 매우 성공적이었고, 그것이 주목을 받아 1992년 일본어교과서에 수록된 것이다. 그리고 지난 30년간 험난한 한일관계 속에서도 장수한 교재로 일본 교원과 아동들에게 널리 읽히고 사랑받고 있다.

이금옥의 <3년고개>에 일본 소학교 교과서에 수록되어 오랫동안 사랑받게 되면서 재일조선인 출판사에서도 <3년고개>를 출판하였다. 재일본대한

민국민단(민단 1946-)과 달리, 조선총련조선총련(1955, 재일본조선인 총연합회 在日本朝鮮人聰聯合會)은 다수의 아동서를 발간해 왔다. 조선총련 산하의 출판 사 중 교과서를 발간해 온 학우서방은 교과서 이외에도 다양한 그림책을 발간해 왔다. 1970년대 중반부터 이야기책을 백 여 권 발간했는데 2010년 이후의 B5판에 한정해도 다음과 같은 책을 발간하였다.

1980년대까지 학우서방은 우화를 중심으로 다수의 그림책을 발간하였지 만, 옛이야기 집은 상대적으로 적었다. 그러나 1980년대 중반 이후 북한에서 『조선민화집』1~26(1986-2013)과 『옛이야기 그림책』1~5(1985-1990)가 간행 된 이후, 『우리나라 옛이야기 그림책』1~4(문학예술출판사, 2004), 『조선옛이 야기그림책』전60권(조선출판물수출입사, 2013~2014) 등이 다수 간행되자, 이 에 영향을 받아 학우서방도 옛이야기 집을 발간하였다. 학우서방은 『초동이 와 인동이』(2000), 『해와 달』(2002)을 시작으로 옛이야기를 다수 수록하였다. 『의 좋은 세동무』(2003), 『은혜를 갚은 까치』(2004), 『나무군과 사슴』(2005), 『3년고개』(2007) 등 대표적인 옛이야기가 실렸는데, 2005년에 간행된 『나무 군과 사슴』이후에는 옛이야기 그림책에도 편자를 명기하기 시작하였다. 특히 학우서방의 그림책은 『조선옛이야기그림책』전60권(2013~2014)의 영 향을 받아 2016년 이후에는 옛이야기가 그 중심을 이룬다.

[표 6] 학우서방이 간행한 아동용 그림책 목록(B5판, 2010년 이후)

	부제	책명	비고
1	그림책	바위 장수이야기	정창주 글그림, 2010, 『아동문학』 2006.6 참고
2	그림책	선비아들의 글공부	김장미 편, 김원태 그림, 2012, <거짓말이 진짜로 된 이야기>
3	그림책	어리석은 량반	송경희 편, 김국 그림, 2016
4	그림책	달속의 옥토끼	송경희 편, 2016

5	그림책	꿀꿀이의 기상나팔	송경희 편, 김국·김위성 그림, 2017, 문학예술출판사 참고
6	그림책	메돼지가 찾은 지름길	송경희 편, 2017, 『아동문학』 2007.11 참고
7	그림책	도끼밥	송경희 편, 2017
8	그림책	함정에 빠진 호랑이	송경희 편, 2018
9	그림책	혼쌀난 욕심쟁이	김국 편, 2018, <호랑이와 곶감> 수록
10	그림책	너구리와 승냥이	김국 그림, 채영진 편, 2018
11	그림책	코끼리와 염소	채영진 편, 2019, <악자기(어린이 김선달)> 수록
12	그림책	작은 고추가 더 맵다	김국·채영진 그림, 채영진 편, 2019
13	그림책	부모가 효자되여야 자식도 효자가 된다	김국 그림, 채영진 편, 2019, <게도 구럭도 다 잃다> 수록
14	그림책	글방서방님	김국 그림, 채영진 편, 2020, <3년고개> 수록
15	그림책	두 친구	김국 그림, 채영진 편, 2020, <냄새맡은 값> 수록
16	그림책	남의것을 탐내다가	김국 그림, 채영진 편, 2020
17	그림책	게으른 너구리	김국·채영진 그림, 채영진 편, 2021, <김치맛> 수록

[표 7] 학우서방에서 간행한 <3년고개> 대응표

책명	본문 내용
『우리나라 옛이야기』 2, 1980(1991, 2005)	3년고개 옛날 어떤 곳에 《3년 고개》라고 부르는 그리 높지 않은 고개가 있었답니다. (후략)
정창주, 『3년고개』, 2007	옛날 어느 한 마을에 할아버지와 할머니가 살고있었습니다. 어느날 할아버지는 장마당에 다녀오려고 길을 떠났습니다. ……《조심히 다녀오시우. 길이 멀더라도 <3년 고개>를 에돌아 다녀오시우.》……《3년 고개》는 여기서 넘어지면 3년밖에 못 산다는 이야기가 전해져내려오는 무서운 고개였습니다. …… 돌쇠가 먼저 달려와 숲속에 숨어서 신령님 흉내를 내고있었던것입니다. (후략)

채영진 편,『글방서방님』, 2020 (조선옛이야기 그림책30, 조선출판물수출입사, 2014 참고)	3년고개 어느 한 곳에 3년 고개라고 불리우는 그리 높지 않은 고개가 있었습니다. 예로부터 이 고개를 넘다가 한번 넘어지면 3년밖에 살지 못한다는 이야기가 전해오고있었습니다. …… 무더운 여름 날이였어요.… 배나무집할아버지 … 똘똘이 (후략)

※도쿄 학우서방(B5판 그림책 백 여 권)에 비해, 도쿄 조선청년사 A5판『조선동화집』17권(1978 -1986), 허남기 편,『조선민화집』(1978),『허남기 민화집』1, 2(1985-6) 등을 간행했지만, <3년고개>는 수록하지 않았다.

　1992년 이후 리금옥의 <3년고개>가 일본 소학교 교과서에 수록되면서, 이 이야기는 재일작가가 즐겨 활용한 대표적 옛이야기가 되었다. <3년고개>는 [표 2]처럼 1958년, 1965년판의 영향을 받았으며, 학우서방은 이를 참고하여 두 차례『우리나라 옛이야기』에 수록(1980, 1991)하였고, 2005년에도 다시 실렸다. 한편 2007년판은 정창주가 돌쇠를 주인공으로 하여 독자적으로 새로 쓴 것이다. 그러나 2020년판은 북한의『조선옛이야기 그림책』30(조선출판물수출입사, 2014)을 그대로 활용한 것이다.

　이처럼 1980년대에 옛이야기의 서사성을 활용해 재일동포들의 우리말 교육에 적극적으로 활용한 출판사가 바로 도쿄의 학우서방이었다. 1960년 전후의 북한 옛이야기 집을 확인하기 어려운 상황에서 북한 자료를 참고한 학우서방의 자료는 매우 중요하다. 학우서방의 그림책은 2000년 이후에 다시 옛이야기를 본격적으로 활용하여 옛이야기그림책을 간행하였다. 1980년대에는 북한의『우리 나라 옛'이야기』(1965)의 영향을, 최근에는『조선옛이야기그림책』전60권(2013~2014)의 영향을 받았다. 학우서방의 옛이야기의 흥미로움을 바탕으로 한 우리말 교육의 필요성을 일찍부터 이해해 다양한 옛이야기 집을 발행했다는 점에서 중요하다.

학우서방의 경우, 북한의 옛이야기 집을 재편집하여 수많은 옛이야기 및 그림책을 간행하였다. 지금까지 이데올로기가 첨예하게 대립된 분단 상황도 작용하여 조선총련계 출판사인 학우서방의 옛이야기집에 대한 연구는 한정적이었고, 어떤 책이 간행되었는지조차 확인되지 않았다. 앞으로 통일시대를 준비하는 오늘날 그 현황 및 활용 양상에 대한 구체적 분석이 요구된다.

7. 맺음말

지금까지 일본의 그림책 현황을 바탕으로 하여, <삼년고개>의 100년사를 살펴보았다. 1930년대에 조선총독부 조선어독본에 <삼년고개>가 수록되면서, 해방 후 한국에서는 그 이데올로기에 대한 비판적 검토가 행해졌다. 한편 일본에서는 1992년에 일본 국어교과서에 <삼년고개>가 수록되면서 한국을 대표하는 이야기로 자리매김 되었다. 그러나 90년대 이후 한국과 일본에서 전개돼 온 <삼년고개>의 교육 및 연구 현황은, 한일관계 및 한일 인식의 차이 이상으로 벌어진 게 사실이다. 이 글은 이러한 사실을 직시하고, 그 인식의 차이를 좁히기 위해서 작성되었다.

한국에서는 <삼년고개>에 대한 식민지주의의 문제점을 일찍부터 인식하고 연구가 진행되었다. 그러나 그 방향성이 일부에서는 완전히 어긋나 일방적인 주장이 행해졌다. 일부 논자는 아무런 근거도 없이, <삼년고개>가 조선총독부가 날조한 이야기라는 공허하게 주장했다. 이에 이 글에서는 조선총독부 날조설은 근거가 없음을 명확히 하였다. 이러한 근거도 논거도 없는 연구 경향은 식민지주의를 비판하는 것이 아니라, 오히려 식민지주의에 포섭될 위험성이 높다는 점에서 필자는 크게 우려하지 않을 수 없다. 현 상황에서 진정으로 필요한 식민지주의 비판은, 치밀한 논리와 객관성을 담보한 냉철한 연구의 축적이지, 추측과 억측에 입각한 일방적 주장이 아니라고 확신하기 때문이다. 이에 이 글에서는 보편성과 중층적 시각을 가지고 다양한 텍스트를 발굴하고, 일국사적 해석을 벗어나서, 이를 동아시아적, 나아가서 전 지구적으로 해석하면서 더욱 성숙한 설화 연구 및 교육의 필요성을 일목요연하게 분석하려고 노력하였다.

한편으로 한국에서 해방 직후에 수행된 식민지 경험을 둘러싼 문맥에 대한 비판적 접근과는 달리, 패전 후 일본에서는 이에 대한 아무런 문제의식이나 성찰 없이 <삼년고개>가 소학교 교과서에 수록되었고, 지난 30여 년간 정확한 문제의식이나 기초 지식도 없이 텍스트만이 유통되고, 확산되었다고 할 수 있다. 조선총독부의 <삼년고개>의 수록은 설화에 대한 기본적인 인식이 결여된 채, 식민지정책과 함께 이데올로기가 선행되어 개악된 텍스트였다.

<삼년고개>에 담긴 민중의 역발상, 비굴의 응전, 해학정신, 낙관적 미래관에 대한 한국적 정서가 가득 담긴 우리 전통의 이야기가, 조선총독부에 의해 근대 문명과 미신이라는 틀 속에서 식민지 통치에 이용되어, 1930년대에 완전히 잘못된 방향으로 교육된 것이었다. 그러나 제국 일본이 패망한 이후에도 <삼년고개>에 대한 제대로 된 교육과 연구는 본격화 되지 않았다. <삼년고개>를 둘러싼 한국과 일본의 교육 상황은 마치 한일 간의 역사인식처럼 복잡하게 속박되고 구속되어, 안타깝게도 지금도 우리들을 속박하고 있다.

일반적으로 한국인은 일본의 식민지 교육에 대해 관심이 높지만, 일본인들은 식민지 교육에 대해 전혀 관심이 없다. 일본의 교육 관계자들이 진정으로 <삼년고개>를 지도하고자 한다면, 그 교재가 지닌 식민지성(역사성)을 먼저 직시하고, 이를 극복하기 위한 교육을 고민해야 할 것이다. 또한 일본의 교육자 및 연구자들은 <삼년고개>의 작가에 대해서도 거의 연구하지 않았다. 그저 텍스트만을 읽을 뿐, 교재의 역사성과 식민지성을 무시하고 30여 년간 읽혀왔다는 점에서 커다란 문제점을 지니고 있다.

이에 이 글에서는, 1930년대 이후, 한국, 북한, 일본에서 행해진 <삼년고개> 채록 및 연구 현황을 개괄하고 재일조선인 작가 이금옥이 북한 자료를 참고해서, 탁월한 역량으로 <삼년고개>를 형상화했음을 명확히 하였다.

　한국의 대표적 아지(兒智) 설화 중 하나로, 역발상이 담긴 <삼년고개>는 조선총독부 교과서를 제외한다면, 한국어로는 나병기(1949), 『재담기담 꽃동산 상편』(동양사)에 처음으로 수록되었지만, 일본어로는 이미 1913년 이후에 다수 채록되었다. <삼년고개>는 근대 이전부터 한국에서 유통된 이야기라고 보이지만, 일본어로 먼저 소개되었고, 조선총독부에 의해 개악되어 식민지 교과서에 수록되고 말았다.

　물론 조선총독부 또한 <삼년고개>가 지닌 서사성을 충분히 인식했기 때문에 교재화를 단행한 것이다. 이러한 식민지주의의 문제는 명확하게 인식해야 옳지만, 그렇다고 해서 우리설화 <삼년고개>라는 설화 자체가 문제를 지닌 것은 결코 아니다. 그러나 아쉽게도 1990년대 한국에서는 우리 설화 <삼년고개>를 조선총독부에 의해 날조된 설화라고 해석하는 잘못을 범했다.

　한편으로 재일조선인 시인 이금옥의 탁월한 역량으로 재창조된 <삼년고개>는 일본어로 다시 써졌고, 일본에서 그 문학성을 인정받아 일본에서 가장 사랑받는 한국 설화 중 하나로 거듭났다. 또한 그 문학성은 본국에서도 인정받아 한국과 북한에서도 다시 우리말로 번역되었다. 우리는 지난 100년간의 <삼년고개>의 채록과 수록과정에서 발생한 역사성을 직시하고, <삼년고개>의 교과서 수록 과정을 통해, 왜곡된 과거를 바로잡고, 새로운 미래를 만들어가야될 책무를 가지고 있다. 이금옥의 <삼년고개>가 지닌 똘똘이의 역발상과 혜안은 우리에게 다시 요구되는 것이다. 이 글이 <삼년고개>를 계기로 하여, 우리들의 과거를 재고하고, 새로운 미래를 창출하는 단초가 되길 바란다.

참고문헌

김광식(2018), 「근대 일본의 조선 설화연구의 현황과 과제」, 『열상고전연구』 66, 열상 고전연구회, 65-90쪽.

김광식(2021), 「북한 설화 「삼년고개」의 수록과 재일조선인 작가 이금옥의 재화(再話) 과정 고찰」, 『연민학지』 35, 연민학회, 201-227쪽.

김경희(2018), 「『조선옛이야기그림책』의 체계와 구성 양상 연구」, 『동화와 번역』 35, 동화와번역연구소, 72-97쪽.

김영희(2016), 「1960년대 초 북한 잡지 <인민창작> 연구」, 『열상고전연구』 53, 열상고전 연구회, 370쪽.

김영희(2002), 「북한에서의 구전설화 전승과 연구」, 『한국문화연구』 5, 경희대학교 민 속학연구소, 208-209쪽.

서영미(2014), 「북한 구전동화의 정착과 변화양상 연구」, 동국대학교 대학원 박사논문.

서영미(2012), 「남북한 '옛이야기'의 변개양상 비교」, 『비교문학』 58, 한국비교문학회, 255-283쪽.

신원기(2009), 「한·일(韓日) 초등학교 『국어』교과서의 설화(說話) 교재 고찰」, 『한국초 등국어교육』 41, 한국초등국어교육학회, 121-125쪽.

심은정(2003), 「삼년고개」와 「산넨도게 三年とうげ」 비교연구, 『일본학보』 55, 한국일 본학회, 285-301쪽.

천혜숙(2007), 한일 '삼년고개' 설화의 비교로 본 설화 원류의 문제, 『비교민속학』 33, 비교민속학회, 75-106쪽.

한상효(2016), 「북한의 설화자료집 『조선민화집』의 수록 양상과 통일시대의 설화자료 통합방안 모색」, 『동방학지』 176, 국학연구원, 27-55쪽.

강재철(2012), 『조선전설동화』 상하, 서울: 단국대학교 출판부.

금성청년출판사 편(1995), 『조선민화집 봉이 김선달』, 평양: 금성청년출판사, 42-43쪽.

김광식 편(2018), 『1920년 전후 일본어 조선설화 자료집』, 파주: 보고사.

김광식(2018), 『근대 일본의 조선 구비문학 연구』, 파주: 보고사.

김광식(2022), 『북한 설화의 새로운 이해』, 서울: 민속원.

김광혁 편(1965), 『조선 아동 문학 문고(1) 우리나라 옛'이야기(상)』, 평양: 아동도서출 판사, 174-176쪽.

김원필 편(1958), 『우리나라 옛'이야기』, 평양: 아동도서출판사, 117-119쪽.

손진순 편(2014), 『3년고개』 조선옛이야기그림책30, 평양: 조선출판물수출입사.

학우서방 편(1980), 『우리 나라 옛이야기(1)』, 동경: 학우서방, 18–22쪽.

이금옥 글, 박민의 그림(2007), 『청개구리』, 파주: 보리(일본어 초판 1991).

이시준 외 편(2014), 『新日本教育昔噺(신일본 교육 구전설화집)』, 서울: 제이앤씨.

최운식(1997), 『전설의 현장을 찾아서』, 서울: 민속원, 233–239쪽.

최점훈·김원필(1991), 『재미나는 이야기 365가지』, 평양: 금성청년출판사, 158–159쪽.

朴日粉(2019), 「赤い鳥文學賞を受賞した詩人兒童文學者·李錦玉さん死去」, 『朝鮮新報』 2019.8.1, 朝鮮新報社.

朴日粉(2005), 「<生涯現役> 李錦玉さん」, 『朝鮮新報』 2005.8.29, 朝鮮新報社.

三ツ井崇(2008), 「三年峠」をめぐる政治的コンテクスト－朝鮮総督府版朝鮮語教科書への採用の意味」, 『佛教大学総合研究所紀要』 2008年別冊, 285쪽.

三ツ井崇(2013), 「引き繼がれるテクスト, 讀み換えられるテクスト」, 『韓國朝鮮文化研究』 12, 東京大學大學院, 5쪽.

海沼松世·李錦玉·菊永謙(2005), 「鼎談 少年詩の広がりと可能性」, 『ネバーランド』 4, てらいんく, 216–223쪽.

三ツ井崇(2011), 「三年峠」, 板垣竜太 他 編, 『東アジアの記憶の場』, 東京: 河出書房新社, 144–164쪽.

宋惠媛(2014), 『「在日朝鮮人文學史」のために－声なき声のポリフォニー』, 東京: 岩波書店, 82쪽.

李錦玉 글, 朴民宜 그림(1981), 『さんねん峠 朝鮮のむかしばなし』, 東京: 岩崎書店.

李錦玉(1996), 『さんねん峠 朝鮮のむかしばなし』, 東京: 岩崎書店.

全國國語教育實踐研究會編(1997), 『實踐國語研究』別冊No.174(「三年とうげ」教材研究と全授業記錄), 東京: 明治圖書.

田島泰秀(1923), 『温突夜話』, 京城: 教育普成株式會社, 4–6쪽.

仲村修·韓丘庸·しかたしん(1989), 『兒童文學と朝鮮』, 神戸: 神戸學生青年センター出版部, 201–213쪽.

李錦玉(1996), 『さんねん峠 朝鮮のむかしばなし』, 東京: 岩崎書店, 150쪽.

"도서인쇄주식회사", https://www.tosho.co.jp/3680/ 참고.

"치히로 미술관", https://chihiro.jp/kr/ 참고.

"오리콘 뉴스", https://www.oricon.co.jp/special/50535/ 참고.

동북아시아 삼강(三江) 유역 소수민족의 영웅신화와 문화적 혼종(混種)*

최원오(광주교대)

1. 서론

　　동북아시아의 삼강(三江) 유역, 즉 흑룡강(黑龍江), 송화강(松花江), 오소리강(烏蘇哩江) 유역은 예로부터 만족(滿族), 허저족(赫哲族), 어룬춘족(鄂倫春族), 다우르족(達斡爾族), 어웬키족(鄂溫克族) 등 다수의 소수민족이 거주하여 온 지역이다. 또한 이 지역은 고조선, 부여, 발해, 고구려 등 한국의 고대 국가들이 터를 잡고 정치적 지배력을 행사했던 고토(古土)이기도 하다. 흑룡강, 송화강, 오소리강 유역은 지리적·정치적 측면에서 한국의 고대 민족들과 상호 관련성을 가졌던 지역인 것이다. 그런데 지리적·정치적 측면에서뿐만 아니라, 문화적 측면에서도 이들 소수민족의 문화와 한국의 고대 문화는 상당한 관련

＊　이 글은 『구비문학연구』 제63집(한국구비문학회, 2021.12)에 수록된 "동북아 삼강(三江) 유역 소수민족의 영웅신화와 문화적 혼종화의 방향"을 일부 수정한 것이다.

성이 있는 것으로 보인다. 특히 이들 소수민족이 전승해 온 구비설화의 주요 내용 또는 모티프들이 한국의 구비설화에서도 '특징적으로' 확인된다.

이에 본 논문에서는 동북아 삼강 유역 소수민족들의 구비설화와 한국의 구비설화 간에 확인되는 몇 가지 유사점을 특정 모티프의 추출을 통해 비교 분석해 보는 한편, 그 비교 분석의 의미가 지시하는 문화적 의의를 아울러 살펴보고자 한다. 이러한 논의는 한국의 구비설화를 비교문학적, 또는 비교 문화적 시각에서의 이해, 한국 구비설화의 내용에 대한 심층적 이해 등에 유익한 시사점을 제공할 것이라고 본다. 그런데 여기서 분명하게 전제할 점이 있다. 문화비교 연구를 진행하다 보면, 동종 항목 간의 유사성을 종종 영향 관계로 단정 짓고자 한다. 특히 구비설화의 비교연구에서는 그런 학문 적 욕망이 더 강렬하다. 내용이 거의 같은, 다른 민족의 구비설화를 접하다 보면, 자연스럽게 그 전파와 영향 관계를 떠올리게 되는 것이다. 물론 그 전파와 영향 관계를 논리적으로 추정할 수 있고, 그렇게 해서 얻은 결론은 대체로 유효한 학문적 성과로 받아들여질 수 있다.[1] 그러나 본 논문은 이러한 학문적 욕망의 '중심'이 아니라, 그 '중심'이 만들어 놓은 특정의 '문화적 현상'에 주목하고자 한다. 구비설화의 전파 및 영향 관계를 논문의 결론으로 제시하기보다는, 한국 구비설화가 가지고 있는 혼종문화적(混種文化的) 현상 과 그 의미를 검토하고자 하는 것이다.

한국의 일부 구비설화는 동북아 삼강 유역 소수민족들의 구비설화와 견주 어 보았을 때, 그 영향 관계를 추정케 해보는 요소들을 다수 가지고 있다. 본 논문에서는 이를 혼종화(混種化)의 관점에서 접근한다. '혼종화'는 "분리된 형식으로 존재해 온 불연속적인 구조나 실천들이 새로운 구조, 대상, 실천들

---

1   손진태의 연구를 대표적인 사례로 들 수 있다. 손진태 저, 『한국민족설화의 연구』, 을유문 화사, 중판:1982(1947).

을 만들어 내기 위해 서로 결합하는 사회문화적 과정"[2]을 말한다. 구비설화 역시 이러한 혼종화를 겪어 왔다고 본다. 그 과정에서 구비설화 전편, 또는 구비설화의 특정 모티프가 혼종화 과정의 중심에 놓일 수 있다. 본 논문에서는 그 중 특정 모티프들에 초점을 맞춘다. 동북아 삼강 유역 소수민족의 구비설화에서 확인되는 특정 모티프들이 한국에서는 어떻게 자리하고 있으며, 또 어떻게 혼종화의 방향성을 보여주고 있는가를 고찰하고자 하는 것이다.

다만 동북아 삼강 유역 소수민족의 모든 구비설화를 연구대상으로 선택할 수는 없기 때문에, 본 논문에서는 그 대상을 '영웅신화'로 한정한다. 반면 한국의 경우에는 특별히 그 대상을 구비설화로 한정하지 않는다. 동북아 삼강 유역 소수민족의 영웅신화 속 모티프들이 한국에서는 구비설화뿐만 아니라, 고소설과 같은 기록문학 작품에서도 현저하게 나타나고 있기 때문이다. 그런데 이것은 영웅신화 모티프가 어떻게 혼종화의 방향성을 보여주는가를 이해하는 데에도 매우 중요하다고 할 것이다. "이종적인 형식에서 동질적인 다른 형식으로", 그리고 "상대적으로 보다 이종적인 다른 형식으로 이동"하는 과정, 즉 혼종화 주기(週期)는 그 어떠한 형식도 "완전히 순수하거나 혹은 동질적이지 않다"[3]는 것을 설명해 주기 때문이다. 말하자면 동북아 삼강 유역 소수민족의 영웅신화는 한국 구비설화나 고소설에서의 이러한 혼종화 현상을 잘 설명해 줄 수 있을 것으로 본다. 또한 한국의 구비설화나 고소설이 보여주는 이러한 혼종화 현상은 동북아 삼강 유역의 영웅신화 문화-보다 구체적으로는 메르겐 문화, 망가스 문화-라는 범주 속에서 동등하게 이해되어야 할 필요성이 있음을 시사해 줄 수 있을 것으로 본다.

---

2   네스토르 가르시아 칸클리니 지음, 이성훈 옮김, 『혼종문화: 근대성 넘나들기 전략』, 그린
     비, 2011, 14쪽.
3   위의 책, 14-15쪽.

2. 동북아 삼강 유역 소수민족 영웅신화의 핵심 모티프와 패턴

동북아 삼강 유역 소수민족들은 모두 영웅신화(또는 구비영웅서사시)를 전승해 왔다. 특히 그 중에서도 허저족, 어룬춘족, 다우르족은 각각 이마칸(伊瑪堪), 모쑤쿤(摩苏昆), 우친(乌钦)으로 불리는 영웅신화 갈래를 전승해 왔다.[4] 이와 같은 영웅신화 갈래를 특별히 전승해 왔다는 것은, 이들 소수민족에게 영웅 이야기가 매우 특별하게 인식되어 온 역사적 소재였음을 말해 준다. 또한 동북아 삼강 유역 지역의 민족들에게 영웅에 대한 숭배, 영웅에 대한 이야기가 매우 광범위하면서도 강력하게 유전되어 왔음을 말해 준다.

그런데 이들 세 민족은 모두 메르겐으로 호칭되는 영웅을 등장시키고 있다는 점에서 소위 '메르겐 문학권'으로 묶을 수 있다는 특징을 보여준다. 이에 비해 만족은 우러본(乌勒本: '조상신들의 이야기'라는 뜻)이라 불리는 독자적 영웅신화 갈래를 형성하였다.[5] 여기에는 창세영웅(創世英雄), 샤먼영웅(薩滿英雄), 씨족영웅(氏族英雄), 부족영웅(部族英雄) 등 만족의 각 성씨가 숭배하는 영웅들이 주인공으로 등장하며, 대부분 조상신으로 수렴되어 있다는 특징을 보여준다. 그러나 영웅을 메르겐으로 호칭하지 않는 점, 영웅이 씨족의 조상신으로 신격화되어 있다는 점, 영웅 숭배의 범위가 매우 폭이 넓다는 점 등만 다를 뿐, 만족의 우러본 역시 이마칸, 모쑤쿤, 우친처럼 영웅 숭배의 역사와 전통 속에서 형성된 영웅신화 갈래라는 것을 충분히 짐작할 수 있다.

이처럼 동북아 삼강 유역의 소수민족들, 특히 만족, 허저족, 어룬춘족, 다우르족 등은 다소의 편차는 있지만 대체로 영웅신화라는 갈래를 자신들의 특별한 문학으로 인식하여 왔고, 그것을 또한 자신들만의 고유한 명칭으로써

---

4   孟淑珍 译著, 『黑龙江摩苏昆』, 黑龙江人民出版社, 2009; 宋宏偉 主編, 『伊瑪堪集成』上·中·下卷, 黑龍江人民出版社, 2014; 色热 著, 巴图宝音 译, 『色热乌钦集』, 黑龙江美术出版社, 2008.

5   荆文礼·富育光 著, 满族说部乌勒本概论, 吉林人民出版社, 2018.

호칭하여 왔다는 공통점을 보여준다. 그러면 만족, 허저족, 어룬춘족, 다우르족 등 네 민족의 대표적 영웅신화 두 편씩을 정리하여, 영웅신화 간에 어떤 핵심적인 모티프들이 공유되고 있는지를 파악해 보기로 한다. 이는 동북아 삼강 유역 소수민족들에게서 영웅신화의 핵심 모티프들이 보편적으로 공유되고 있다는 점, 또한 이런 핵심 모티프들을 매개로 혼종화의 경향이 '집합적으로' 발생하고 있다는 점을 구체적으로 드러내 줄 것이다.

만족, <타라이한마마(他拉伊罕妈妈)>,[6] 뒤룽거거(多龍格格)[7]

영웅신화	주요 서사 내용	모티프
타라이한 마마	아다거는 표범신인 아버지와 자작나무에서 부활한 어머니 사이에서 태어난다.	신이한 출생
	아다거의 부모는 천명(天命)을 받고 하늘로 올라갈 때, 아다거에게 요괴를 물리칠 수 있는 표범가죽을 남긴다.	신비한 무기의 획득
	아다거가 사람들을 해치는 요괴를 찾아 나선다.	**복수원정**
	아다거는 표범가죽에 그려져 있는 '검은 꽃'으로 예순세 곳에 있는 악마 예루리의 수하들을 물리친다.	**악마와의 대결**
	마지막 '검은 꽃'까지 써버린 아다거는 표범가죽을 뒤집어쓰고 표범으로 변하여 산속에서 산다.	동물로의 변신
	아다거는 윈터하라의 '마을수호신'으로 좌정한다.	**신직 부여와 좌정 [≒영광스러운 귀환]**
뒤룽거거	뒤룽거거는 말타기[騎馬], 활쏘기[射箭], 수렵(狩獵), 물고기 잡이[捕魚] 등에 모두 능한 씨족장이다.	족장의 비상한 능력
	악마 대붕(大鵬)이 날아와 사람과 동물을 잡아먹는다.	**거대한 식인조(食人鳥)**
	뒤룽거거가 악마 대붕을 물리치기 위해 원정에 나선다.	**복수원정**
	뒤룽거거는 까치의 도움을 받아 장백산에 가서 수	까치의 도움

---

6   傅英仁 搜集整理, 『滿族神話故事』, 北京文藝出版社, 1985, 1-9쪽.

7   傅英仁 搜集整理, 『滿族神話故事』, 北京文藝出版社, 1985, 10-17쪽.

	련한다.	
	뒤룽거거가 거대한 식인조를 모두 물리친다.	악마와의 대결
	장백산 산신은 뒤룽거거를 '활쏘기 신'으로 좌정시 킨다.	**신직 부여와 좌정 [=영광스러운 귀환]**

다우르족, <츄오카이메르겐(绰凯莫日根)>,[8] <앙거르메르겐(昂格尔莫日根)>[9]

영웅신화	주요 서사 내용	모티프
츄오카이 메르겐	천신(天神)이 츄오카이메르겐에게 나리뤄투어메르 겐(納日勒托莫日根) 성주가 백마를 탈취해 갔다는 것, 성주의 딸 안진카퉈(安金卡托)를 아내로 맞이하 라는 것 등을 알려준다.	천신의 계시
	빠꺼러지(巴格樂吉) 집사가 나리뤄투어메르겐의 딸 을 자신의 아내로 맞이하고 싶은 마음에 주인 츄오 카이메르겐을 죽인다.	하인의 배반
	츄오카이메르겐의 얼룩말, 안진카퉈 등이 죽은 츄 오카이메르겐을 부활시킨다.	망자의 부활
	츄오카이메르겐이 나리뤄투어메르겐과의 시합에 서 이기고 안진카퉈와 결혼한다.	**구혼(求婚) 시합**
	츄오카이메르겐이 나리뤄투어메르겐에게 백마를 돌려달라고 하자, 나리뤄투어메르겐이 츄오카이메 르겐을 죽이려고 한다.	**장서(丈壻) 대결**
	츄오카이메르겐이 나리뤄투어메르겐을 물리치고 백마를 되찾아 안진카퉈와 더불어 자신의 마을로 돌아온다.	영광스러운 귀환
앙거르 메르겐	앙거르메르겐이 말달리기, 활쏘기, 힘겨루기 시합 에서 우월할 능력을 발휘한다.	뛰어난 능력
	앙거르메르겐이 부친을 잡아간 예러떵게이르 망가 이(耶肋登給爾莽盖)에게 복수하기 위해 원정을 떠 난다.	**복수 원정**

---

8   黄任远·吴剛·张春莲 编选整理, 『黑龙江乌钦』, 黑龙江人民出版社, 2011, 3-36쪽.

9   《中华民族故事大系》编委会, 『中华民族故事大系 11: 达斡尔族·仫佬族·羌族』, 上海文艺出版社,
    1995, 12-20쪽.

	앙거르메르겐이 예러떵게이르의 아홉 개 머리를 자르고 물리친다.	**악마와의 대결**
	앙거르메르겐이 부친을 찾아서 귀환한다.	**영광스러운 귀환**

어룬춘족, <영웅 거파첸(格帕欠)>,[10] <보얼카네이 메르겐(波爾卡內莫日根)>[11]

영웅신화	주요 서사 내용	모티프
영웅 거파첸	거파첸은 사냥꾼 쿠얼퉈메르겐(庫爾托莫日根)과 어신(魚神) 카다라칸(卡達拉汗)의 아들로 태어난다.	신성한 혈통
	망니(蟒猊: 악마)가 응왕(鷹王)을 보내 거파첸의 부모를 잡아간다.	악마에게 납치된 부모
	거파첸은 까치, 신선 등의 도움으로 보마(寶馬), 무기 등을 얻어 복수 원정을 떠난다.	**복수 원정**
	도중에 구혼 시합에 참여하여 경쟁자들을 물리친다.	**구혼 시합**
	네 명의 메르겐과 의형제를 맺고 의형제들로부터 무기를 얻는다.	**의형제 맺기**
	거파첸은 열두 개 관문의 요괴, 망니, 망니의 아내와 자식 등을 물리친다.	**악마와의 대결**
	거파첸은 망니에게서 구출한 부모, 남녀와 함께 고향으로 귀환한다.	**영광스러운 귀환**
보얼카네이 메르겐	보얼카네이 메르겐은 나린샤오지(娜林曉吉) 처녀의 부모가 응왕(鷹王)에게 두 눈이 쪼인 사실을 듣고 대신 복수해 주겠다고 말한다.	**복수 원정**
	보얼카네이 메르겐은 제비의 도움으로 응왕을 물리친다.	보조자로서의 새
	보얼카네이 메르겐은 응왕의 심장으로 나린샤오지 부모의 두 눈을 고친다.	주술적 치료
	보얼카네이 메르겐은 흉악한 큰 새 카이첸더이(开沉得義)와 싸우다가 벼랑 아래로 떨어져 죽는다.	**식인조와의 대결**
	보얼카네이 메르겐의 용마 우뤄콴(烏羅寬)이 니쉰	망자의 부활

---

10   孟淑珍 译著, 『黑龙江摩苏昆』, 黑龙江人民出版社, 2009, 1-81쪽.

11   萬都呼 主编, 『中国阿尔泰语系民族民间文学概论』, 內蒙古教育出版社, 2005, 98-99쪽.

	(尼遜) 샤먼을 불러와 주인을 회생시켜 달라고 부탁한다.	
	회생한 보얼카네이 메르겐은 나린샤오지와 결혼한다.	**영웅의 결혼**
	보얼카네이 메르겐이 카이첸더이를 물리친다.	**식인조와의 대결**

허저족, <만뚜메르겐(满都莫日根)>,[12] <무주린(木竹林)>[13]

영웅신화	주요 서사 내용	모티프
만뚜메르겐	적에게 성주인 아버지는 죽고 어머니는 잡혀가고, 어린 만뚜메르겐과 누이만 고아 상태로 남겨진다.	기아(棄兒)
	성장한 만뚜메르겐이 부모의 원수를 갚기 위해 서쪽을 향해 출발한다.	**복수 원정**
	만뚜메르겐은 도중에 있는 여러 성지(城池)를 정복하거나 우호적인 성주와 의형제를 맺는다.	**의형제 맺기**
	만뚜메르겐은 정복한 성지, 또는 의형제를 맺은 성주의 누이와 결혼한다.	**영웅의 결혼**
	만뚜메르겐은 적을 물리치고 어머니를 찾는다.	**적과의 대결**
	만뚜메르겐은 고향으로 돌아와 새로운 성지를 건설한다.	영광스러운 귀환
무주린	무주린의 부모는 지상의 무얼하친(木爾哈勤) 왕과 천상의 나단(那丹) 신녀(神女)이다.	신성한 혈통
	무주린은 두꺼비의 모습으로, 여동생은 흰쥐의 모습으로 태어났다가 열여섯 되던 해에 인간으로 변신한다.	기이한 출생
	튀아앙지니(托阿昂吉尼)라는 여인이 무주린에게 찾아와 자신의 부모를 잡아먹고, 자신의 형제까지 잡아먹으려고 하는 요괴[싸부가오(薩不高) 샤먼이 사람을 잡아먹는 요괴로 변한 것임]를 처치해 달라고	**복수 원정**

---

12 尤志賢 編译, 『赫哲族伊玛堪选』, 黑龙江省民族研究所, 1989, 4-278쪽.

13 凌純聲 著, 『松花江下游的赫哲族』 下冊, 國立中央研究院歷史語言研究所, 中華民國 23年(1934), 294-328쪽.

130 문화융합시대의 아시아 1

	부탁한다.	
	무주린은 자신의 성지를 공격해 온 싸부가오 샤먼을 죽이고, 큰 황어(鰉魚, 줄철갑상어)를 보호신 어치허(額其和)의 도움으로 잡아타고 여러 성지[마인(馬飮) 성지, 쥐부쥐(卓不句)·쯔부쥐(刺不句) 성지, 선러쥐(什熱句) 성지, 아얼미(阿爾米)]를 정복한다.	**적과의 대결**
	선러쥐의 외삼촌 우루구리(五如古力) 샤먼 및 구커더우(古克得五)·예커더우(也克得五) 형제, 쯔러주린(紫勒竹林)·나비지우(納比吉五) 형제 등과 의형제를 맺는다.	**의형제 맺기**
	무주린은 성지 정복 도중에 튀아앙지니, 바얼더니(巴爾德尼), 두루뒤니(杜如都尼), 쯔커시우(刺克秀), 쥐마안니(卓馬安尼), 쥐멍언니(卓孟恩尼) 등과 결혼한다.	**영웅의 결혼**
	무주린은 옛 성지로 돌아와 새로운 성지를 건설한다.	**영광스러운 귀환**

위에서 정리한 만족, 다우르족, 어룬춘족, 허저족 등 네 민족의 영웅신화에서 볼드체로 표시한 것들이 비교적 핵심적으로 공유되고 있는 모티프들이다. 이를 보다 선명하게 확인하기 위해 다음과 같이 재정리해 본다.

구분	영웅의 원정과 귀환					
만족	복수원정			악마와 대결		신으로 좌정 또는 영광스러운 귀환
다우르족	복수원정	구혼시합		장서(丈壻) 대결 악마와 대결		신으로 좌정 또는 영광스러운 귀환
어룬춘족	복수원정	구혼시합	의형제 맺기	악마와 대결	영웅의 결혼	신으로 좌정 또는 영광스러운 귀환

허저족	복수원정		의형제 맺기	적과의 대결	영웅의 결혼	신으로 좌정 또는 영광스러운 귀환

이렇게 정리하고 보면, 동북아 삼강 유역의 네 소수민족의 영웅신화는 다소의 가감은 있으나 '영웅의 출발과 귀환'의 과정이 사뭇 유사하다는 것을 알 수 있다. 그 중에서도 '영웅의 복수원정-악마[또는 적]와의 대결-영광스러운 귀환[또는 신으로 좌정]'이 근간이라는 점을 파악할 수 있다. 이는 동북아 삼강 유역의 영웅신화를 고찰하는 과정에서 특별히 유념할 점이라고 본다.

일찍이 로드 래글런(Lord Raglan, 1885-1964)은 오이디푸스(Oedipus), 테세우스(Theseus), 로물루스(Romulus), 헤라클레스(Heracles), 페르세우스(Perseus), 이아손(Jason), 펠롭스(Pelops), 벨레로폰(Bellerophon), 아스클레피오스(Asclepios), 디오니소스(Dionysos), 아폴로(Apollo), 제우스(Zeus) 등 그리스·로마를 배경으로 한 영웅신화 12편, 요셉(Joseph), 모세(Moses), 엘리야(Elijah) 등 성경을 배경으로 한 영웅신화 3편, 인도네시아 자바를 배경으로 한 영웅신화 와뚜 구눙(Watu Gunung) 1편, 아프리카 수단의 실루크족(Shilluk)을 배경으로 한 영웅신화 니이캉(Nyikang) 1편, 그리고 시구르드 또는 지그프리트(Sigurd or Siegfried), 러이 라우 거페스(Lleu Llaw Gyffes), 아더(Arthur), 로빈 후드(Robin Hood) 등 유럽의 독일, 웨일스, 영국을 각각 배경으로 한 영웅신화 3편 등 총 21편을 대상으로 하여, 영웅신화의 패턴을 22개로 정리한 바 있다.[14]

로드 래글런의 연구는 영웅신화의 보편적 서사법칙을 입증하고자 할 때,

---

14 Lord Raglan, The Hero: A Study in Tradition, Myth and Drama, New American Library, 1979(1936), pp.173-185.

자주 인용되곤 한다. 한국의 경우, 김열규,[15] 조동일,[16] 서대석 등이 그 보편성을 검증한 바 있다. 특히 서대석은 로드 래글런을 포함하여 폰 한(J. G. von Hahn, 1811-1869), 오토 랑크(Otto Rank, 1884-1939), 조셉 캠벨(Joseph Campbell, 1904-1987) 등이 추출한 영웅의 일대기 양상을 참조하여 '영웅의 일대기' 사전 항목을 다음과 같이 구체적으로 정리함으로써 그 보편성을 강화하였다; "① 주인공은 고귀한 혈통으로 비정상적으로 출생한다. ② 주인공은 양친에게 불길한 존재라는 전조를 보이고 버려진다. ③ 버려진 주인공은 야수나 양육자를 만나 구출되어 성장한다. ④ 주인공은 야수와의 싸움에서 승리하거나 자연재해를 방비하는 등 인류사회에 위대한 공적을 이룩하고 고향으로 개선한다. ⑤ 주인공은 박해자를 물리치고 투쟁에서 승리하여 권좌를 차지한다. ⑥ 주인공은 일정 기간 통치를 하다가 권좌에서 물러나 이례적인 죽음을 맞는다."[17] 그러나 로드 래글런 등의 연구는 대체로 유럽 지역에서 전승되어온 영웅신화를 대상으로 한 것이라는 점에서 한계를 갖는다. 이런 한계와 관련하여 김열규는 소위 '무속적 영웅'이라는 개념을 제시하여 영웅신화 패턴의 보편성에 '소극적' 이의를 제기한 바 있다.[18] 표면적으로는 로드 래글런 등의 영웅신화 패턴이 전 세계의 민족에게서 공통적으로 확인되겠지만, 영웅의 본질적 성격에서는 다르다는 점을 지적한 것이다. 따라서 영웅신화의

---

15 김열규, "민담의 전기적 유형", 『한국민속과 문학연구』, 일조각, 중판:1991(1971), 53-74쪽.

16 조동일, "영웅의 일생, 그 문학사적 전개", 『동아문화』 10, 서울대학교 동아문화연구소, 1971, 165-214쪽. 로드 래글런의 연구를 한국의 영웅문학(영웅을 주인공으로 한 구비문학, 기록문학, 신소설 등)에 적용하여 일곱 개의 단락으로 '영웅의 일생'이 구성된다는 점을 지적하였다.

17 한국민속대백과사전(https://folkency.nfm.go.kr/kr/topic/detail/6066) 2021.2.20. 접속,

18 김열규, "巫俗的 英雄考: 金庾信傳을 中心으로 하여", 『진단학보』 43, 진단학회, 1977, 83-93쪽. 김열규는 폰 한, 오토 랑크, 로드 래글런, 조셉 캠벨 등이 수행한 영웅신화의 패턴을 발판으로 한국 건국신화의 공통유형을 추출하고, 그 공통유형을 '전기적 유형', 또는 네 학자들의 이니셜을 따와 'H-R-L-C 유형'으로 명명하였다.

패턴에 대한 로드 래글런 등의 논의가 유용한 것은 사실이지만, 한국을 비롯한 동북아의 영웅신화를 고찰할 때에는 이런 연구범위 상의 한계를 고려할 필요가 있을 것이다.

이러한 연구범위 상의 한계와 관련하여, 동북아 삼강 유역의 영웅신화에서 드러나는 두 가지 점을 주목하고자 한다. 하나는 위에서도 지적한, 영웅의 본질적 성격에 관한 것이다. 김열규는 고구려의 <주몽신화>에 주목하여 주몽이 '무속적 영웅'일 가능성을 제시하였다. 동북아의 흑룡강, 송화강 유역에 거주하는 허저족, 어룬춘족, 다우르족은 각각 이마칸, 모쑤쿤, 우친 등 소위 '메르겐 문학'으로 포괄될 수 있는 갈래를 전승하고 있다. 이들 메르겐 문학에는 메르겐, 즉 '선사자(善射者)' 또는 '영웅'이라는 뜻의 호칭이 부여된 남성 주인공이 공통적으로 등장하며, 주인공은 샤먼적 자질 및 능력을 갖추고 있거나, 또는 샤먼교(薩滿教)의 배경 하에서 그의 영웅적 과업을 성취한다는 공통점을 보여주고 있다. 세 민족의 메르겐 문학에서 주인공은 어떤 식으로건 동북아 샤먼교와 밀접하게 연관되어 있는 존재로서 등장하고 있는 것이다. 고구려의 <주몽신화>에서의 '주몽' 역시 '선사자'를 지칭하는 보통명사이며, 영웅적 과업의 성취 과정에서 샤먼적 자질을 강하게 보여준다. 그 점에서 <주몽신화>는 허저족의 이마칸, 어룬춘족의 모쑤쿤, 다우르족의 우친 등과 함께 동북아의 메르겐 문학에 속할 뿐만 아니라, 메르겐 문학의 고대적 전승을 구체적으로 증명해 준다.[19] 다른 하나는 영웅의 일생 중 '영웅의 원정과 귀환'에 걸쳐 있는 삶이 특별히 강조되고 있다는 점이다. 서대석이 정리한 여섯 가지 서사단락 중 ⑤, ⑥은 건국신화로 재편된 <주몽신화>에서는 구체

---

19 최원오, "동북아 소수민족의 '메르겐 문학'의 관점에서 본 고구려 <주몽신화>의 신화적 성격",『몽골학』64, 한국몽골학회, 2021, 45-99쪽; 최원오, "동아시아 巫俗英雄敍事詩의 변천과정 연구: 제주도·만주족·허저족·아이누의 자료를 중심으로", 서울대학교 박사학위 논문, 2001.

적으로 확인되지만, 허저족의 이마칸, 어룬춘족의 모쑤쿤, 다우르족의 우친 등의 영웅신화에서는 거의 확인되지 않는다.[20] 앞서 정리한 이들 네 민족의 영웅신화는 이런 특징을 잘 예증하여 준다. 따라서 동북아 삼강 유역의 영웅신화를 고찰할 때, 이상의 두 가지 특징을 특별히 중시할 필요가 있다.

그런데 첫 번째로 든 것은 선행 연구[21]에서 집중적으로 다룬 바가 있으므로, 여기서는 두 번째로 든 '영웅의 원정과 귀환'에 논의의 초점을 두기로 한다. 이와 관련하여 앞서 정리한 표에서 '영웅의 원정과 귀환'이 복수원정-악마(또는 적)와의 대결-영광스러운 귀환 등으로 채워져 있다는 점에 주목할 필요가 있다. 이들 핵심 모티프를 중심으로 서술된 영웅의 과업이 동북아 삼강 유역의 영웅신화가 내포하고 있는 가장 주요한 특징이라고 할 수 있기 때문이다. 이는 로드 래글런 등이 추출한 영웅신화의 패턴이 아니라, 동북아 삼강 유역의 영웅신화 패턴으로 접근해야 한다는 점을 말해 준다. 말하자면 이들 핵심 모티프의 구성 내용을 동북아 삼강 유역에 분포한 소수민족의 영웅신화가 가지고 있는 특수성의 차원에서 고찰할 필요가 있는 것이다. 또한 혼인, 의형제 맺기 등은 '복수원정-악마(또는 적)와의 대결-영광스러운 귀환'으로 이어지는 영웅의 원정과 귀환에 포괄되는 하위 범주의 사건 모티프들이므로, 이들 사건 모티프의 서사적 기능은 '영웅의 원정과 귀환'이라는 영웅신화의 패턴을 보다 풍부하게 하는, 말하자면 영웅의 과업을 보다 흥미롭고 재미있게 장식하는 데에 초점이 있다고 할 것이다. 이런 점에 주목하여

---

20 이것은 동북아의 대표적 영웅신화이자 영웅서사시인, 몽골의 <장가르>에서도 마찬가지다. <장가르>를 구성하고 있는 대부분의 '마당'은 장가르나 장가르 수하에 있는 영웅들의 과업을 묘사하는 데 치중하여 있다. 젊은 시절 '영웅의 명성'에 특별히 치중하여 있는 것이다. 최원오, "몽골 영웅서사시 「장가르」에서의 '영웅의 코드'와 '행위패턴'", 『인문논총』 76-4, 서울대학교 인문학연구원, 2019, 43-89쪽.

21 최원오, "동북아 소수민족의 '메르겐 문학'의 관점에서 본 고구려 <주몽신화>의 신화적 성격", 『몽골학』 64, 한국몽골학회, 2021, 45-99쪽.

'영웅의 원정과 귀환' 패턴을 구성하고 있는 특성을 구체적으로 구분하여 정리하면 다음과 같다.

동북아 삼강 유역의 영웅신화 속 영웅의 '원정과 귀환' 패턴

발단부 [원정]	(1)적(또는 악마)에게 주인공의 부모가, 또는 마을 사람들이, 또는 주인공과 연관이 있는 제3자가 죽임을 당하거나 해를 입는다. (2)주인공이 자신의 소유물을 적에게 약탈당한다. (3)주인공이 복수를 위해 원정에 나선다.
중간부 [대결]	(1)주인공은 적대자인 악마[다두(多頭)의 괴물, 식인조(食人鳥) 등], 집단을 위협하는 포악한 적들과 대결한다. (2)주인공은 구혼 시합에 참여하여 신부를 얻거나, 적대자의 딸이나 누이를 아내로 맞이한다. (3)주인공의 강력한 보조자는 주인공이 타고 다니는 명마(名馬)이거나 누이, 또는 적대자의 딸 등이다. (3)주인공이 원정 과정에서 맞이하는 대부분의 아내는 샤먼이거나 샤먼적 능력을 소유한 자이다. (4)주인공은 자신에게 복종하는 적대자에게는 관대하며, 의형제 맺기로써 그 관대함을 표시한다.
결말부 [귀환]	(1)주인공은 적대자를 물리치고, 납치된 부모와 사람들을 데리고, 또는 약탈된 소유물을 되찾아 영광스럽게 귀환한다, (2)주인공은 귀환 후 새로운 성지를 건설하거나, 또는 집단의 안전을 지켜준 영웅으로서 칭송받거나, 또는 집단의 수호신으로 좌정한다.

이상으로 동북아 삼강 유역의 네 소수민족, 즉 만족, 허저족, 어룬춘족, 다우르족에게서 전승되고 있는 영웅신화의 핵심 모티프가 무엇이며, 이것들이 '영웅의 원정과 귀환'이라는 보편적 패턴으로 어떻게 귀결될 수 있는지를 검토하였다. 이러한 검토 결과는 동북아 삼강 유역의 만족, 허저족, 어룬춘족, 다우르족의 영웅신화가 특히 악마(또는 악마적 성격의 적)와 영웅의 '대결' 서사에 초점을 두고, 그 서사를 체계화시켜 왔음을 말해 준다. 그리고 이 부분을 서사적으로 어떻게 구성하느냐에 따라 장편의 영웅신화가 되기도, 또는 단편의 영웅신화가 되기도 하는 것이다. 또한 영웅의 적대자를 악마, 또는 의인화된 악마 중 어느 쪽으로 설정하느냐에 따라, 영웅의 보조자를

어떻게 설정하느냐 등에 따라 그 서사적 향방이 약간씩 결을 달리하여 진행되고 있는 것이다.

3. 문화적 혼종화의 방향과 한국의 구비설화 몇 편

동북아 삼강 유역 소수민족 영웅신화와 관련하여 살펴볼 한국의 구비설화 중 가장 대표적이면서도 적합한 자료는 <지하국대적퇴치>와 <조마구>(또는 <꽁지 닷 발>), <재주 많은 의형제> 등일 것이다. 이들 구비설화에서 주인공이 다두의 악마, 식인조, 악마적 성격의 호랑이 등과 대결하는 모티프가 특히 유사성을 보여주고 있기 때문이다.

<지하국대적퇴치>에 대해서는 일찍이 손진태(孫晋泰, 1900~?)가 북방민족의 영향을 받은 설화 중 하나로 제시한 바 있다. 즉 몽골의 <부룰다이 복도(Buruldai Bogdo)>와 "매우 類似한 話型"[22]이라는 것이다. 이에 대해 김열규는 "그 妥當性 與否는 且置하고 傳來 源泉의 範圍를 좀더 擴大해야 할 것"이라면서, 이 문제를 해결하기 위해서는 두 가지 어려운 과제를 먼저 풀어야 할 것이라고 보았다. 첫째, 주인공의 투쟁과 승리, 과업의 해결을 중핵 구조로 하는 게 서구 민담의 보편적 특색인데, 이런 특색은 곧 <지하국대적퇴치>의 구조상의 특색이기도 한 바, 이런 사실은 무엇을 의미하는가? 둘째, '대적제치'를 '용퇴치자(龍退治者)'의 변종(變種)이라고 보았을 때, 프랑스에서 한국에 이르기까지의 용퇴치자의 단계적, 또는 비약적 변이과정을 어떻게 설명할 것인가? 그러나 김열규는 '우리들의 민담 연구 분야의 현황으로 보아' 이런 문제의 해결은 거의 불가능하기 때문에 그 해결이 보류될 수밖에 없다며,

---

22   손진태, 『한국민족설화의 연구』, 을유문화사, 중판:1982(1947), 116쪽.

현재로서는 이 설화 분포의 '범세계성(汎世界性)'을 확인하기 위한 문제 제기 차원에서 그 의의를 찾아야 할 것이라고 보았다.[23]

그런데 영웅신화의 주인공이 그의 영웅성을 발휘하기 위해서는 무엇인가와의 대결은 필수적이다. 그렇기에 영웅신화의 중핵을 이루는 '주인공의 투쟁과 승리, 과업의 해결'은 보편적 구조일 수밖에 없다. 문제는 주인공이 어떤 자질을 갖추고 있는가, 어떤 대상과 대적하는가, 어떻게 대적하는가, 어떻게 승리하는가, 어떤 보조자가 등장하여 어떻게 주인공을 돕는가 등일 터인데, 그 중에서도 가장 주요한 것은 주인공이 '어떤 대상과 대적하는가'가 아닌가 한다. 이것에서 가장 차별성이 드러난다고 생각되기 때문이다. 앞에서 정리한 바에 의하면, 동북아 삼강 유역 소수민족의 영웅신화에서 주인공들(영웅들)은 다두의 악마나 식인조와 대적하거나 그와 유사한 속성을 가지고 있는 자와 대적한다. 소위 망가스 문화권으로 분류될 수 있을 만큼, 주인공의 적대자 또한 강력한 표지를 보여주는 것으로 묘사되고 있다.[24] <지하국대적퇴치>도 이러한 문화적 맥락에서 이해해야지, 설화의 중핵 구조가 유사하다고 하여 그 전파와 변이에만 초점을 두어서는 안 될 것이다. 말하자면 동북아 삼강 유역에 강력하게 형성되어 있는 메르겐 문화와 망가스 문화를 고려하지 않고, 랑케(Kurt Ranke)와 톰슨(Stith Thompson)의 연구에 기대어 서유럽의 <용퇴치자> 설화가 어떻게 아시아에까지 전파될 수 있었을까, 또는 이 설화 유형의 범세계성은 어떠한가를 논하는 데에만 주력해서는 안 될 것이다.

더욱이 랑케가 든 설화 유형, 즉 <두 형제>,[25] <용퇴치자>에서 주인공의

23 김열규, 앞의 책, 중판:1991(1971), 87-88쪽.

24 陈岗龙 著, 『蟒古思故事论』, 北京师范大学出版社, 2003.

25 <두 형제>는 그림 형제 민담집에도 수록되어 있다. Brother Grimm, 『그림 형제 민담집: 어린이와 가정을 위한 이야기』, 김경연 옮김, 현암사, 2012, 247-269쪽. 랑케가 그의 저서인 Die zwei Brüder: Eine Studie zur vergleichenden Märchenforschung, Helsinki, 1934 (Folklore Fellows Communications, 114)에 소개한 내용과는 서두가 다소 다르다(Stith

적대자는 용이며, 용의 거주지가 지하가 아니며, 구조 대상이 되는 여성의 적극적 보조도 구체적으로 확인되지 않는다.[26] 아울러 <두 형제>, <용퇴치자>의 모든 이야기가 '용으로부터의 구출, 사기꾼, 용의 혀라는 증거, 공주와의 결혼'이라는 요소를 모두 가지고 있다는 점에서 주목된다고 하였는데,[27] 실상 랑케가 주목한 요소들은 <지하국대적퇴치>나 <부룰다이 복도>와는 다소 다른 이야기의 결을 나타내 준다. 주인공과 괴물의 대결이라는 서사의 전개 과정만 유사할 뿐, 실제의 내용은 유사유형 내에서 독립적인 서사 구성을 갖추고 있음을 보여주고 있는 것이다. 또한 톰슨이 <용퇴치자> 유형의 설화 중 가장 잘 알려진 설화라고 적시한 프랑스 민담 <곰의 아들>의 경우도, 주인공의 적대자는 보통의 몸 크기 상태에서 점점 커지는 거인이거나 호랑이, 표범 등이며, 구조 대상이 되는 여성도 주인공이 입맞춤이나 포옹 등의 행위를 시도하기 이전까지는 잠들어 있을 뿐, 아무런 역할을 하지 않는다.[28]

요컨대 한국의 <지하국대적퇴치>를 이해하기 위해서는 동북아 문화권에서의 메르겐 문화, 망가스 문화의 맥락을 우선적으로 고려해야 한다고 본다. 즉 동북아의 메르겐, 망가스 문화 속에서 한국의 <지하국대적퇴치>, 몽골의 <부룰다이 복도>와 같은 특정 설화유형이 전승되고 있다는 점을 놓쳐서는 안 될 것이다. 이 점을 살피기 위해 한국의 <지하국대적퇴치>, 몽골의 <부룰다이 복도>의 줄거리를 아래에 제시한다.

Thompson, The Folktale, The Dryden Press, 1946, pp.25-26). 그림 형제 민담집에 수록된 <두 형제>에는 두 형제의 탄생담이 묘사되어 있지 않다.

26 Stith Thompson, The Folktale, The Dryden Press, 1946, pp.23-27.

27 Stith Thompson, The Folktale, The Dryden Press, 1946, p.27.

28 Stith Thompson, One Hundred Favorite Folktales, Indiana University Press, 1968, pp.3-8.

지하국대적퇴치	부룰다이 복도
(1)지하국의 대적(大賊)이 부자의 딸을 납치해 간다. 한량이 초립동 세 명과 의형제를 맺고 지하국으로 내려간다. 한 여자의 도움으로 동삼수(童參水)를 마시고 힘을 키워 대적을 죽인다. 한량은 초립동들의 도움을 받아 여자들과 함께 지상으로 나온다. 한량과 초립동은 각각 구조한 여자들과 결혼하여 잘 산다.[29] (밑줄 필자)	부룰다이 복도 칸이 나이 칠십이 다 되어 알툰이라는 아들을 얻는다. 알툰의 누이가 100개의 머리를 가진 망가타이[망구스]에게 납치를 당한다. 알툰은 준마를 타고 누이를 찾아 나선다. 도중에 세 명의 왕자와 의형제를 맺는다. 알툰은 망가타이의 지하국에 잠입하여 마술(생명수를 독수로 변화시키는 마술)로 망가타이 및 그의 새끼들을 죽이고, 여자들을 지상으로 올려보낸다. 그러나 알툰은 세 왕자의 배신으로 홀로 지하국에 남겨진다. 알툰은 자신이 도와주었던 독수리의 도움으로 지상으로 올라온다. 알툰은 자신을 배신한 세 왕자들을 찾아가 여우, 스컹크, 까치로 변신시키고, 세 왕자의 누이들과 결혼한다.[30] (밑줄 필자)
(2)지하국의 아귀귀신이 왕의 세 공주를 납치해 간다. 한 무신이 자원하여 종자들을 거느리고 아귀귀신을 찾아 나선다. 무신은 산신령의 도움으로 지하국의 위치를 알게 된다. 지하국에 잠입한 무신은 한 공주의 도움으로 아귀귀신의 집에 들어간다. 무신은 공주들의 도움을 받아 아귀귀신을 죽이고, 공주들을 지상에 올려보낸다. 무신은 종자들의 배반으로 지하국에 홀로 남겨진다. 무신은 산신령의 도움으로 준마를 타고 지상으로 올라온 후, 왕께 자초지종을 고한다. 왕은 종자들의 목을 베고, 막내 공주를 무사와 결혼시킨다.[31] (밑줄 필자)	

주인공이 대결하는 상대의 거주지가 지하국이라는 점만 제외하면, 이러한 서사 전개는 앞서 정리하였던 만족, 허저족, 어룬춘족, 다우르족 영웅신화에서의 주인공의 원정 서사와 흡사하다. 주인공의 원정, 적대자의 퇴치와 그 과정에서의 여성의 보조, 결혼의 서사 전개가 유사하게 확인되는 것이다.

---

29   손진태, 『한국민족설화의 연구』, 을유문화사, 중판:1982(1947), 106-111쪽.

30   위의 책, 116-130쪽.

31   위의 책, 111-116쪽.

따라서 한국의 <지하국대적퇴치>는 일차적으로는 몽골의 <부룰다이 복도>와 친연성이 확인되는 한편, 이차적으로는 만족, 허저족, 어룬춘족, 다우르족 영웅신화의 원정서사와 친연성이 확인된다. 여기서 주목할 것은 이차적 친연성이다. 이 이차적 친연성이 <지하국대적퇴치>나 <부룰다이 복도>와 같은 설화가 보다 익숙하게 유전되거나 문화적으로 혼종화의 양상을 강화할 수 있도록 하였다고 판단되기 때문이다. 후자와 관련한 구체적 증거로는 고소설 <김원전>, <금방울전>, <홍길동전> 등을 들 수 있다. 이 중 <김원전>의 내용은 그 전체가 <지하국대적퇴치>라 해도 무방할 정도다.[32] 이는 <지하국대적퇴치>뿐만 아니라, 동북아 삼강 유역의 영웅신화에서의 '주인공과 악마의 대결'이라는 모티프에 대한 문화적 친숙성과 공유성이 낳은 결과로 이해할 수 있을 것이다.

이는 한국에서의 <지하국대적퇴치> 설화의 형성 및 전승을 어떻게 이해할 것인가를 더 구체적으로 추정케 한다. 더욱이 한국에서는 동일 유형의 이야기가 갈래 전환을 하여 서너 편의 고소설을 형성하였다. 이것은 <지하국대적퇴치> 설화가 전래된 것인가, 이입된 것인가의 문제를 뛰어넘어 보다 포괄적 시각에서 접근해야 할 문제라는 것을 제기한다. 본 논문에서는 이를 문화적 혼종화 현상으로 이해하고자 하였는데, 한 편의 설화가 아니라, 특정 유형의 설화가 전승되는 데에는 그만한 문화적 배경이 뒷받침되어야 하는 것이다.

---

32 김열규는 <김원전>의 구조를 프롭(Propp) 유형을 참조하여 다음과 같이 순차적으로 정리하였다. '주인공이 등장한다. - 공주가 아귀에게 피랍(被拉)당한다. - 아귀가 주인공에게 근접하지 말라는 금령(禁令)을 내린다. - 공주를 피랍당한 조정에서는 공주를 구할 용사를 구한다. 주인공이 그에 응한다. - 주구(呪具)와 주술서(呪術書)를 얻는다. - 아귀의 본거지에 이르른다. - 주인공과 아귀가 쟁투한다. - 아귀가 죽음을 당한다. - 첫 재변은 일소된다. - 주인공이 그 부하에게서 배반당한다. - 부하만 귀환하여 공을 횡령한다. - 주인공은 동굴에 유기되어 나오지 못한다. - 동굴 속에서 용자(龍子)를 구출한 덕으로 용궁에 이르러 용녀(龍女)를 아내로 얻는다. - 주인공이 귀환한다. - 부하의 간계가 탄로된다. - 부하들은 처형당한다. - 공주와 또 결혼한다.' 김열규, 앞의 책, 중판:1991(1971), 89쪽.

그것이 전래된 것이건, 이입된 것이건 간에 말이다. 특히 구비문학에서는 그러한 전승의 문화적 배경이 중요하다고 생각되는 것이다. 구비문학 텍스트의 생성과 전승은 문화적 배경과 같은 맥락이 주요하게 영향을 끼치기 때문이다. 따라서 한국의 <지하국대적퇴치>, 몽골의 <부룰다이 복도>를 전파 관계로 이해하기에 앞서, 우선은 동일한 문화권역에서 이들 설화가 형성된 후 각각의 민족에게서 약간씩 변이되어 전승되어 온 것으로 이해하는 것이 합당하다고 본다. 범세계적 분포에 대한 비교 고찰은 그 다음에 탐색할 문제다. 이를 도표로 나타내면 다음과 같다.

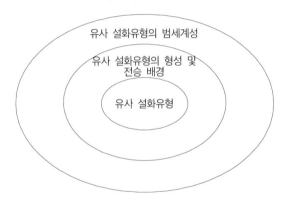

여기서 한 가지 더 명확하게 이해해 두어야 할 점이 있다. <지하국대적퇴치>나 <부룰다이 복도>는 모두 동북아 영웅신화의 계보(系譜)에 있는 설화라는 점이다. 한국 학계에서는 <지하국대적퇴치> 설화를 민담으로 분류하여 논의하는 게 통상적이지만 말이다. 그렇지만 이런 계보의 역사성에 초점을 두어야 할 이유는 분명하다. 동북아 영웅신화를 구성하는 특정 모티프들이 특정 설화유형의 형성 및 전승에 어떻게 관여하는지, 또는 문화적 혼종화로 인한 새로운 갈래로의 전이 과정이 어떻게 이루어지는지를 보다 체계적으로 이해할 수 있거나, 또는 특정 설화유형의 내용 구성이나 의미를 보다 구체적으로 이해할 수 있는 단서를 얻을 수 있기 때문이다.

이 지점에서 두 가지를 떠올려 보게 된다. 하나는 만족의 '우러본'이라는
갈래이고, 다른 하나는 앞서 언급하였던 <조마구> 설화, <재주 많은 의형제>
등의 설화이다. 영웅신화 전승의 계보는 각 민족이 처한 문화적 여건에 따라
다를 수 있다. 한국의 경우 <지하국대적퇴치> 설화, 또는 '영웅과 악마의
대결' 모티프 전승의 문화적 맥락 속에서 고소설 <김원전>, <금방울전> 등이
형성되었다. <지하국대적퇴치> 설화, 또는 '영웅과 악마의 대결' 모티프와
관련한 문화적 혼종화의 방향이 기록문학 형태인 고소설로 향한 것이다.
그에 비해 만족에서는 영웅적 조상신들을 주인공으로 하는, '우러본'이라는
설창(說唱) 갈래로 그 혼종화의 방향이 흘러갔다. 구전 형태로 유통되고 있는
영웅소설이라 보아도 무방할 정도로, 그 작품의 편폭이 굉장히 방대하다.[33]
그 작품의 유통 수단이 구전에 의한 것인가, 기록에 의한 것인가만 다를
뿐이다. 아래에 우러본의 문화적 실상을 객관적으로 드러내기 위해, 그 유형,
주요 내용, 대표 작품 등에 대해 간략하게 제시한다.

---

[33] 우러본 중에는 그 저본이 기록문학에 해당하는 소설인 경우도 있고, 구비 전승되어 오던
창본인 경우도 있다. 한국 판소리 사설의 형성과 다소 유사한 측면이 있는 것으로 판단된다.
중국 학계에서는 '우러본'을 '만족설부(滿族說部)'로 지칭하고 있다. 만족의 구비문학 유산
을 보다 품격 있게 포장하기 위한 용어이다. 최근에 이와 관련한 연구서가 다수 출간되었다.
高荷紅, 『滿族說部傳承硏究』, 中國社會科學出版社, 2011; 楊春風·蘇靜, 『滿族說部與東北歷史
文化』, 吉林文史出版社, 2013; 周惠泉, 『滿族說部口頭傳統硏究』, 長春出版社, 2016; 楊春風,
『滿族說部英雄主題硏究』, 長春出版社, 2016; 朱立春, 『滿族說部文本硏究』, 長春出版社, 2016;
江帆·隋麗, 『滿族說部硏究: 敍事類型的文化透視』, 中國社會出版社, 2016; 張麗紅, 『滿族說部
的薩滿女神神話硏究』, 中國社會科學出版社, 2016; 荊文禮·富育光·谷長春, 『滿族說部烏勒本槪
論』, 吉林人民出版社, 2018; 高荷紅, 『口述與書寫: 滿族說部傳承硏究』, 暨南大學出版社, 2018;
荊文禮·谷長春, 『滿族說部傳承人傳略』, 吉林人民出版社, 2018; 高荷紅, 『滿族說部"窩車庫烏勒
本"硏究』, 中國社會科學出版社, 2019; 邵麗坤, 『滿族說部的當代傳承硏究』, 中國社會科學出版
社, 2019.

유형	주요 내용	대표 작품
우처구우러본 (窩車庫烏勒本)	샤만교 신화 및 샤먼의 사적	天宮大戰, 烏布西奔媽媽
빠오이우러본 (包衣烏勒本)	만족 각 씨족, 부족의 기원과 역사	女眞谱评, 东海沉冤录
바투르우러본 (巴圖魯烏勒本)	고대 영웅의 이야기	阿骨打传奇, 金太祖传, 两世汗王传
게이순우춘우러본 (給孫烏春烏勒本)	만족 각 성씨의 역사전설 중의 인물 이야기	红罗女三打契丹, 比剑联姻

바투르우러본의 경우, '바투르'란 단어 자체가 '영웅'의 뜻이어서, 이 유형에서만 영웅을 주인공으로 등장시키고 있다고 판단할 수 있겠지만, 실제우러본의 모든 유형에서 등장하는 주인공들은 영웅이다. 즉 만족의 우러본문학은 각종 영웅을 주인공으로 한 영웅이야기 갈래인 것이다. 그리고 이들우러본 유형에 속한 작품은 앞서 예시한 것들에서 파악되듯이, 영웅과 악마(지하국의 악마, 식인조 등)의 대결을 모두 포괄하고 있다. 만족의 우러본 문학역시 동북아 영웅신화의 형성 및 전승이라는 문화적 배경하에 나름의 문화적혼종화의 방향을 잘 보여주고 있는 것이다.

요컨대 만족은 영웅신화의 문화적 요소를 '우러본'이라는 구비 영웅서사문학의 갈래로 포괄하고자 했다면, 한국은 일부의 민담에 그 흔적을 남겨놓았거나 고소설이라는 전혀 다른 층위의 갈래로 혼종화되는 양상을 보여주었다. 이 중 '한국의 민담에 남겨져 있는 동북아 영웅신화의 흔적'과 관련하여서는 <지하국대적퇴치> 설화 외에도 <조마구>, <재주 많은 의형제> 설화를 더 '추가'해 볼 수 있다. 여기서 굳이 '추가'라는 말을 쓴 것은, 동북아삼강 유역에 전승되어 온 영웅신화의 특정 모티프가 한국의 설화에 어떻게, 얼마나 남겨져 있는가가 매우 중요하다는 것을 부각시키고자 함이다. 실제한국의 설화에서 파악되는 몇몇 모티프는 동북아 삼강 유역의 영웅신화와 공유하고 있는 것들로 판단되기에 충분하다. 그 대표적 설화가 바로 <조마구>, <재주 많은 의형제> 설화인 것이다. 아래에 이들 두 편의 설화 내용을 짐작할 수 있도록 그 줄거리를 소개한다.

---

(1)<꼬랭이 닷 발 주딩이 닷 발>: 꼬리가 닷 발, 주둥이 닷 발, 허리 닷 발 하는 새(조마구)가 있었다. 한 집에 작은 아이가 있었는데, 그 새가 와서는 작은 아이에게 가족들은 모두 어디에 갔는지를 물었다. 마침 '작은 아이의 어머니'가 장에 갔다 돌아왔다. 그러자 새가 '작은 아이의 어머니'를 죽인 후 사지를 갈라서 감나무에 걸었다. 오빠가 돌아와서 그 이야기를 전해 듣고는 그 아이와 함께 열 닷 발하는 새를 찾아 나섰다. 우여곡절을 겪으며 찾아가니 그 새가 찰시루떡을 쪄놓고 장자네 집에 칼을 얻으러 가기에 남매가 다 먹어버렸다. 누가 먹었냐며 물어보러 다니면서 하루를 굶은 그 새가 다음 날엔 죽을 쑤어놓고 바가지를 얻으러 갔다. 그 사이에 남매가 죽을 다 먹었다. 이틀 굶은 그 새가 배가 후줄근해서는 밥을 또 한 솥 지어놓고 주걱을 얻으러 갔다. 그 사이에 남매가 밥을 다 먹었다. 이렇게 해서 삼일을 굶은 새는 독 안에 사려서 누워 있었다. 그때 오빠가 총을 탕하고 쏘니, 새는 '빈대가 사나, 벼룩이 사나' 하며 일어나 가마솥에 누웠다. 동생은 불을 넣고 오빠는 솥뚜껑을 눌러 빨갛게 새를 태워 원수를 갚았다.[34]

(밑줄 필자)

(2)<조마구>: 어머니는 방아품을 팔고 아들은 나무를 해서 살아가고 있었다. 하루는 아들이 산에서 나무를 하고 집에 돌아오니 마당에는 빨간 빨래가 널려 있고, 부엌에는 빨간 고깃국이 한 솥 끓여져 있었다. 그런데 어머니가 보이지 않았다. 아들은 고깃국을 배불리 먹고 나서 동네 사람들에게 어머니의 행방을 물으니, 조마구와 싸웠는데 어디로 갔는지는 모르겠다는 대답을 들었다. 그 말을 들은 아들이 집에 돌아와 자세히 보니 빨간 빨래는 어머니 가죽이고, 빨간 고기는 어머니 몸인 것이었다. 아들은 조마구에게 복수하기 위해 길을 나섰다. 냇가에서 빨래하는 여인들에게 조마구의 행방을 물으니 검은 빨래는 희게 하고 흰 빨래는 검게 해줘야 알려준다고 했다. 아들은 여인들의 요구를 들어주고, 여인들에게서 강 속에 조마구의 거처가 있다는 대답을 들었다. 아들이 강에 가니 강물이 양쪽으로 갈라졌고 안으로 들어갔다. 강 속에 동네가 있었다. 아들이 지나가는 사람에게 조마구네 집을 물어서 그 집 다락에 숨어 들어갔다. 점심때가 되어 조마구와 아내가 밥을 해놓고 조마구는 장자네 집에 김칫국을 얻으러 나갔다. 아들이 다락에서 내려와 솥에 해놓은 밥을 보자기에 모두 담아 다시 다락으로

올라갔다. 조마구가 김칫국을 얻어 와서 빈 솥을 보고는 아내에게 밥이 없어졌다고 하니 아내도 모르겠다고 했다. 조마구와 아내는 점심을 굶었다. 저녁때가 되어 조마구와 아내가 떡을 했다. 조마구가 장자네 집에 김칫국을 얻으러 나갔다. 아들이 내려와서 떡시루에 담긴 떡을 보자기에 모두 담아 다락으로 올라갔다. 조마구가 돌아와 빈 떡시루를 보고 아내에게 떡이 없어졌다고 하니 아내도 모르겠다고 했다. 조마구와 아내는 저녁을 굶었다. 밤이 되어 조마구와 아내가 자려고 했다. 그런데 방에는 빈대가 많고 마루에는 벼룩이 많고 마당에는 모기가 많아 못 자겠다며 큰 솥에 들어가서 자게 됐다. 아들이 다락에서 내려와 솥뚜껑을 닫고 큰 돌을 얹었다. 그리고 장작을 넣고 불을 땠다. 조마구가 따뜻하니 그만 때라고 말했으나 아들이 무시하고 계속 <u>장작을 집어넣어 조마구와 아내를 태워 죽였다.</u> 아들이 조마구의 집에서 눌러 살고 있었는데, 하루는 어떤 처녀가 그 집에 묵겠다고 찾아와서 <u>아들은 그 처녀와 결혼하여 잘 살았다.</u>[35]

(밑줄 필자)

<재주 많은 의형제> 재주 있는 자들이 만나 의형제를 맺고 함께 세상 구경에 나선다. 도중에 적대자를 만나 목숨을 걸고 내기를 한다. <u>첫 번째는 새(풀더미) 많이 하기, 두 번째는 산에서 구렁이(혹은 호랑이) 먼저 잡기 내기이다.</u> 의형제는 이 내기에서 동물의 가죽을 벗겨 주머니를 만들어 둔다. <u>세 번째는 보(洑) 쌓기 내기이다.</u> 의형제는 강물 아래에 보를 쌓고, 적대자는 강물 위에 보를 쌓는다. 내기에서 진 적대자는 쌓았던 보를 터뜨려 엄청난 물줄기를 아래로 내려 보낸다. 의형제는 두 번째 내기에서 만들었던 가죽 주머니로 물을 담는다. 마지막은 새 쌓기 내기, 즉 적대자가 새를 던져 주면 의형제가 이를 받아서 높이 쌓는 내기이다. 마지막 내기에서 진 적대자는 새에 불을 지른다. 의형제는 가죽 주머니에 담아 놓은 물로 새에 붙은 불을 끄거나, 또는 오줌을 누어 불을 끈다. 의형제가 콧김으로 바람을 불어 물을 얼리자, <u>적대자는 얼음 속에 갇히게 되어 죽는다.</u>

(밑줄 필자)

    <조마구> 설화는 주인공과 대결하는 적대자가 커다란 체구의 식인조라는 점에서, <재주 많은 의형제> 설화는 주인공을 중심으로 여러 영웅적 능력을

---

34   정상박·류종목, 『한국구비문학대계』 8-2, 한국학중앙연구원, 1980, 322-326쪽.

35   조희웅, 『한국구비문학대계』 1-4, 한국학중앙연구원, 1981, 36-40쪽.

가진 자들이 의형제를 맺어 적대자와 대결한다는 점에서 동북아 삼강 유역 소수민족의 영웅신화에서 파악되는 주요 모티프와 상통한다. 다만 <조마구> 설화는 철저하게 개인적 복수담에 더 초점이 맞추어져 있고, <재주 많은 의형제> 설화는 의형제들이 가지고 있는 능력의 결합에 더 초점이 맞추어져 있다. 이것은 특정 모티프를 중핵으로 하여 한 편의 설화를 형성하는 데서 생긴 필연적 결과일 것이다.

4. 결론

유사한 설화유형을 두고 비교문학적 연구를 시도해 온 것이, 이 분야의 오래된 학문적 방법이다. 구체적으로는 전파 관계를 해명하려고 하거나, 공통점과 차이점을 해명하려는 것이 주된 비교 검토의 내용이었다. 이 중에서 전파 관계를 명쾌하게 해명하는 것은 구체적 증거에 의지하지 않는 한 쉽지 않은 문제다. 추정에 그칠 가능성이 다분하다. 본 논문에서는 이에 다소 다른 연구 시각, 즉 문화적 '혼종화'라는 관점에서 이 문제에 접근하였다. 혼종화는 "분리된 형식으로 존재해 온 불연속적인 구조나 실천들이 새로운 구조, 대상, 실천들을 만들어 내기 위해 서로 결합하는 사회문화적 과정"[36]을 말한다. 이에 의하면 유사 설화유형은 전래된 것이건, 이입된 것이건 간에 특정 문화권역을 배경으로 한 혼종화의 산물이라고 할 수 있다.

혼종화의 경향이 문화적으로 강하게 집약되면 유사한 문화권역을 형성하게 된다. 동북아 삼강 유역은 그러한 문화권역의 적절한 예다. 특히 동북아

---

36   Nestor Garcia Canclini, 『혼종문화: 근대성 넘나들기 전략』, 이성훈 옮김, 그린비, 2011, 14쪽.

삼강 유역의 소수민족인 만족, 허저족, 어룬춘족, 다우르족에게서 전승되어 온 영웅신화는 '영웅신화 문화권역'의 형성을 입증하는 데 유용한 자료라고 할 수 있다. '영웅의 원정과 귀환'이라는 보편적 패턴과 이 패턴을 구성하는 핵심 모티프인 '영웅과 악마(또는 악마적 성격의 적)의 '대결'을 상호 공유하고 있기 때문이다. 심지어 이들 네 민족은 이러한 영웅신화를 지칭하는 갈래를 각각 작명하여 전승해 왔다는 데서 그 문화권역의 뚜렷함을 보여준다. 이러한 문화권역의 설정은 동북아 삼강 유역의 영웅신화뿐만 아니라, 한국의 설화를 이해하는 데 많은 시사점을 준다. 그 시사점을 간략하게 정리하면 다음과 같다.

(1) 동북아 삼강 유역의 소수민족인 만족, 허저족, 어룬춘족, 다우르족에게서 전승되어 온 영웅신화는 소위 메르겐문학(영웅문학)에 해당한다. 영웅신화의 문화권역으로 지칭할 수 있을 만큼 이들 네 민족의 영웅신화는 매우 특징적인데, 그 점은 영웅과 적대자(악마이거나 인격화된 악마 등)의 대결이라는 핵심 모티프에서 구체적으로 파악된다. 더욱이 주인공인 영웅만큼이나 그 적대자도 특정의 형상, 즉 망가스문학이라 불릴 정도로 그 캐릭터가 유형화되었다는 점은 이를 강력하게 지지한다.[37]

(2) 한국의 <지하국대적퇴치>, <조마구>, <재주 많은 의형제>는 모두 주인공과 악마(또는 괴물)의 대결을 내용으로 한다. <지하국대적퇴치>는 악마에게 잡힌 여성들이 주인공을 적극적으로 보조하는 것으로 묘사한다. <조마구>, <재주 많은 의형제>는 각각 주인공과 식인조의 대결, 의형제 맺기라는

---

37 (1)은 기존의 연구 결과를 강화시켜 주는 내용이기도 하다. 그러나 기존의 연구 결과가 더욱 강화되고 확산되기 위해서는 관련 연구가 추가되고 심화되어야 한다는 점에서 시사점으로 제시한 것이다.

특정 모티프를 중핵으로 한다. 그 점에서 이들 설화는 동북아 삼강 유역의 영웅신화 문화권역과 그 혼종화의 맥락에서 이해될 수 있다.

(3) (2)에서 정리한 내용 중에서 <지하국대적퇴치>는 북방 민족인 몽골의 <부뤀다이 복도>의 영향으로 간주되었거나, 서유럽의 <용퇴치자> 및 <두 형제> 등과의 유사성을 들어 범세계성이라는 관점에서 이해되었다. 그러나 설화를 비롯한 구비문학은 그것이 생성되고 전승되게끔 하는 문화적 배경이 훨씬 강하게 작동되는 분야이다. 따라서 특정 설화유형이 오랫동안 전승되게 끔 하는 문화적 배경에 대한 탐색이 우선적으로 필요하다. 본 논문에서는 그 문화적 배경으로써 동북아 삼강 유역의 소수민족이 전승해 온 영웅신화를 제시하였다. 고조선, 고구려, 발해 등 한국의 선주민족도 한때 그러한 문화적 배경을 공유하였다. 소위 메르겐문학(영웅문학)이 그것이다. <지하국대적퇴 치> 및 <조마구>, <재주 많은 의형제>도 메르겐문학의 관점에서 이해될 수 있을 것이다.

참고문헌

한국학중앙연구원, 『한국구비문학대계』 8-2, 1980.

김열규(1991), 『한국민속과 문학연구』, 일조각, 중판(초판: 1971).

김열규(1977), 「巫俗的 英雄考: 金庾信傳을 中心으로 하여」, 『진단학보』 43, 진단학회, 83-93쪽.

손진태(1982), 『한국민족설화의 연구』, 을유문화사, 중판(초판: 1947).

조동일(1971), 「영웅의 일생, 그 문학사적 전개」, 『동아문화』 10, 서울대학교 동아문화 연구소, 165-214쪽.

조희웅(1981), 『한국구비문학대계』 1-4, 한국학중앙연구원.

최원오(2001), 「동아시아 巫俗英雄敍事詩의 변천과정 연구: 제주도·만주족·허저족·아 이누의 자료를 중심으로」, 서울대학교 박사학위논문.

최원오(2019), 「몽골 영웅서사시 「장가르」에서의 '영웅의 코드'와 '행위패턴'」, 『인문 논총』 76-4, 서울대학교 인문학연구원, 43-89쪽.

최원오(2021), 「동북아 소수민족의 '메르겐 문학'의 관점에서 본 고구려 <주몽신화>의 신화적 성격」, 『몽골학』 64, 한국몽골학회, 45-99쪽.

高荷紅(2011), 『滿族說部傳承研究』, 中國社會科學出版社.

高荷紅(2018), 『口述與書寫: 滿族說部傳承研究』, 暨南大學出版社.

高荷紅(2019), 『滿族說部"窩車庫烏勒本"研究』, 中國社會科學出版社.

江帆·隋麗(2016), 『滿族說部研究: 敘事類型的文化透視』, 中國社會出版社.

凌純聲 著(1934), 『松花江下游的赫哲族』 下冊, 國立中央研究院歷史語言研究所.

萬都呼 主編(2005), 『中国阿尔泰语系民族民间文学概论』, 内蒙古教育出版社.

孟淑珍 译著(2009), 『黑龙江摩苏昆』, 黑龙江人民出版社.

傅英仁 搜集整理(1985), 『滿族神話故事』, 北京文藝出版社.

邵麗坤(2019), 『滿族說部的當代傳承研究』, 中國社會科學出版社.

宋宏偉 主編(2014), 『伊瑪堪集成』 上·中·下卷, 黑龍江人民出版社.

色热 著(2008), 巴图宝音 译, 『色热乌钦集』, 黑龙江美术出版社.

尤志贤 編译(1989), 『赫哲族伊玛堪选』, 黑龙江省民族研究所.

楊春風·蘇靜(2013), 『滿族說部與東北歷史文化』, 吉林文史出版社.

楊春風(2016), 『滿族說部英雄主題研究』, 長春出版社, 2016.

朱立春(2016), 『滿族說部文本研究』, 長春出版社, 2016.

周惠泉(2016),『滿族說部口頭傳統研究』, 長春出版社, 2016.

『中华民族故事大系 11: 达斡尔族·仫佬族·羌族』, 上海文艺出版社, 1995.

張麗紅(2016),『滿族說部的薩滿女神神話研究』, 中國社會科學出版社, 2016.

陈岗龙 著(2003),『蟒古思故事论』, 北京师范大学出版社, 2003.

荊文禮·富育光·谷長春(2018),『滿族說部烏勒本概論』, 吉林人民出版社.

荊文禮·谷長春(2018),『滿族說部傳承人傳略』, 吉林人民出版社.

黄任远·吴刚·张春莲 编选整理(2011),『黑龙江乌钦』, 黑龙江人民出版社.

Brother Grimm(2012),『그림 형제 민담집: 어린이와 가정을 위한 이야기』, 김경연 옮김, 현암사.

Lord Raglan(1979), The Hero: A Study in Tradition, Myth and Drama, New American Library, 초판(1936).

Nestor Garcia Canclini(2011),『혼종문화: 근대성 넘나들기 전략』, 이성훈 옮김, 그린비.

Stith Thompson(1946), The Folktale, The Dryden Press.

Stith Thompson(1968), One Hundred Favorite Folktales, Indiana University Press.

대만 매체를 통해 본 한국과 대만인의 한국 인식

최말순(臺灣 政治大)

1. 대만의 역사와 한국과의 유사성

동아시아는 물론이고 세계에서 대만만큼 한국과 비슷한 근현대 역사경험을 가진 나라도 드물 것이다. 양국은 서구 자본주의가 식민지 개척과 통상요구를 수단으로 진행한 제국주의 활동과정에서 근대 역사시기로 편입되었고, 이 과정에서 후발 제국주의 국가로 부상한 일본의 식민 지배를 받았으며, 해방과 더불어 세계 냉전질서 하 동일하게 미국이 주도하는 자유진영의 일원으로 정치적 반공주의와 경제적 개발주의의 강력한 영향아래 놓여 있었다. 또한 양국은 시민들의 오랜 노력 끝에 군사독재와 권위주의 정권의 통치를 종식시키고 1980년대 말 정치민주화를 이룩해낸 공통점을 가지고 있으며 1990년대초 탈냉전과 더불어 세계화와 문화상대주의, 및 곧 이은 미국패권의 일극체제를 지나 다극체제의 세계로 접어든 현재까지도 여전히 중국, 북한과 대치하고 있는 등 상당히 유사한 처지에 놓여있다. 뿐만 아니라 중국의 굴기와 북한의 핵무장, 최근 들어 러시아-우크라이나 전쟁, 미중의 대립 등 신냉전 기류의 우려 속에서 양국은 여전히 지역안보 위협 속에서 평화를 지키기 위한 노력을 기울이고 있다.

조금 더 구체적으로 시기별 양국의 역사경험을 살펴보면, 첫 번째 시기인 식민지로의 편입과 근대화의 추구를 들 수 있는데 대만은 1895년에서 1945년까지 일본에 의해 식민 지배를 받았다. 조선의 지배를 둘러싸고 청(淸)나라와 일본 사이에 벌어진 청일(淸日)전쟁에서 청나라가 패하면서 대만을 일본에 할양하게 되어 식민지배가 시작된 것이다. 흔히 이 시기를 일컬어 '식민지 근대성'을 보여준다고 한다. 이는 식민지 상황에서 일본을 통해서 서구 근대 문명을 받아들이고, 이를 근거로 자국의 처지를 변화시키려고 하였음을 이른다. 한국 역시 시기와 방식은 다르지만 근대초기인 1910년 일본에 합병되어 식민 지배를 받았고 일제의 강권적 지배, 경제적 수탈과 전쟁동원 등 비슷한 경험을 하였다.

두 번째 시기는 2차 세계대전이 종결된 이후로 세계 냉전체제가 형성되고 동아시아에 반공주의가 강하게 작동되던 단계이다. 식민지배에서 벗어남과 동시에 양국에서 국공내전과 한국전쟁을 거치며 형성된 반공주의가 초헌법적 위력을 행사하는 가운데 미국과 소련이 대치되는 냉전체제에서 향후 40년 이상 미국중심의 자유진영에 편입되어 정치적으로 군사독재와 계엄체제, 경제적으로 국가주도의 개발주의가 우선시 되었다. 반공 이데올로기가 사회의 규범으로, 국민적 소양으로 강제되면서 국민의 기본적인 권리가 훼손되었으며 한국과 대만은 동일하게 이를 타개하기 위한 정치 민주화 노력을 진행했다.

세 번째 시기는 탈냉전 시대로 세계사에서 소련이 붕괴한 1991년부터 2017년까지를 말하는데 이 시대를 규정짓는 특징은 세계화이며 일견 역설적이지만 민족주의 역시 발호했고 정치적인 대립 대신 문화적인 상대주의가 발생했던 시기이다. 모더니즘의 절대 진보 이념에 대한 반작용인 포스트모더니즘이 동아시아 지식계를 휩쓸었고 그중에서도 미국의 패권이 전세계적인 영향력을 행사하면서 세계는 일극체제로 재편되었다. 그러나 미국과 소련이 대치하던 시대가 종식되었음에도 불구하고 한국은 여전히 남한과 북한이란 민족분단 상태로 대치하고 있으며 양상은 조금 다르나 대만 역시 중국과 대립하고 있다. 탈냉전과 동시에 가속화된 세계화, 자본주의 전지구화의 기류 속에서 유럽공동체나 유럽연합 같은 지역 간 경제통합과 협력이 요구되었으나 바로 이러한 북한, 중국과의 대치상황으로 인해 양국은 공히 냉전시기보다 더 심하게 미국패권에 종속되었던 시기이기도 하다.

　마지막 시기는 2018년 이후 지금까지로 제3세계 국가였던 중국이 새로운 초강대국으로 부상하면서 탈냉전의 시대는 막을 내리고 미중간의 패권다툼이 진행되고 있다. 이 시기 동아시아 지역에서 가장 두드러지는 현상은 중국의 굴기이며 이는 미국의 글로벌 리더십을 약화시켜 냉전 이후 유지돼왔던 미국 주도의 일극적인 국제질서가 브릭스(BRICS), 글로벌 사우스(Global South) 등의 대두로 표현되는 다극체제로 재편되는 계기가 되었다. 중국은 이런 흐름을 주도하거나 혹은 깊이 개입하면서 영향력을 키워가고 있고 심지어는 러시아-우크라이나 전쟁과 함께 소위 동아시아 신냉전 형성의 주역으로 등장했다. 과거 대만은 미국의 경제, 군사적 지원으로 중국과 대치하면서 상대적인 우월성을 누렸지만 지금은 모든 면에서 중국과 비교할 수 없을 정도의 차이가 나버렸다. 또한 중국에 맞서 '대만 민족주의'를 표방하면서 정치적으로 중국과 분리되어 독립의 길을 추구하고 있다. 비록 독립국가로서의 국제적인 승인은 얻지 못하지만 대만인들은 스스로 자국의 영토와 국민, 그리고 법체계와 군사력을 가진 완전한 국가로 인식하고 있다. 한국 역시 분단체제가 이어지고는 있지만 미국과 중국 사이에서 정치적, 경제적으로 자국의 이익을 도모하는 힘겨운 노력을 지속하고 있다.

이러한 양국 역사경험의 유사성에 기초하여 대만의 매체에서 어떻게 한국을 보도하고 있는지, 또한 이를 통해 형성된 한국인에 대한 대만인들의 인식은 어떤지 소개하고자 한다. 우선 대만을 알기 위해 간단하게 역사부터 소개하면, 대만의 역사는 크게 다섯 개의 시기로 나눌 수 있다. 첫째는 네덜란드-스페인 식민지배 시기(荷西殖民時期, 1624-1662), 둘째는 명조 정성공 시기(明鄭時期, 1662-1683), 셋째는 청 지배 시기(淸治時期, 1683-1895), 넷째는 일제 식민지배 시기(日治時期, 1895-1945), 마지막은 전후시기(戰後時期, 1945-)이다. 17세기 대항해시기를 맞으면서 유럽 각국은 국가에서 제공하는 선박과 자원으로 전 세계를 탐험하면서 식민지를 개척했다. 그중 비교적 이른 시기의 강국이었던 네덜란드, 스페인, 포르투갈 등 서유럽 국가들은 아시아, 아프리카 등 지역을 식민지로 삼으면서 국가적인 부를 축적하였다. 이렇듯 중상주의 시기 서구 열강에 의해 식민지 개척 및 무역이 이루어지던 시기에 그들의 무역항로에 위치해 있던 대만이라는 섬이 세계 역사에 최초로 등장하게 된다. 대만이 포르투갈어 'Formosa(아름다운 섬)'라고 불린 것도 이 시기의 일이다. 네덜란드-스페인 식민지배 시기에 네덜란드는 대만 남부를 스페인은 북부를 차지하여 통치하였다. 이 시기의 식민지배는 이후 일본이 대만 전 지역을 차지하며 사회 개조와 군사적 확장의 거점으로 했던 것과는 달리 '무역 거점'으로 삼는 것에 중점을 두었다는 점에서 성격이 조금 다르다.

둘째는 정성공(鄭成功)이 반청(反淸) 기치를 내걸고 타이난(臺南)지역을 통치한 시기이다. 소중화를 표방했던 조선에서 청나라의 조선에 대한 간섭을 거부하며 병자호란이 발발한 것에서도 알 수 있듯이, 중국에서도 북방 유목민족인 만주족이 건립한 청나라를 받아들이지 못했다. 그중 하나인 정성공에 의해 타이난에서 4대에 걸쳐 통치가 이루어졌으며, 이를 동녕왕국(東寧王國) 혹은 명정시기(明鄭時期)라 부른다. 조선왕조실록 현종(顯宗) 11년(1670)의 기록에도 대만에서 정성공이 통치하고 있던 지역을 대번국(大樊國)으로 지칭한 내용이 등장한다. 그러나 얼마 지나지 않아 대만은 청에 복속되었다.

셋째, 일본에 의해 1895년부터 1945년까지 51년간 식민 지배를 받은 시기이다. 일본은 대만을 식민지화하는 과정에서 지리적으로도 가깝고 인종이 동일하며, 한자를 사용하는 등 대만이 일본과 유사하기 때문에 식민지배가 어렵지 않을 것으로 예상했다. 그러나 1895년 4월 청나라에 의한 할양을 내용으로 하는 시모노세키 조약이 체결되고 일본 군대가 대만 북부 지역으로 들어오기 시작하면서 대만의 날씨, 전염병, 대만 고산족 및 한인(漢人)의 저항으로 인해서 초반부터 어려움을 겪었다. 이후 1900년을 전후하여 일본은 대만 통치의 득실에 대한 평가를 끝내고 본격적인 식민 지배를 시작했으며 대만 지식인들은 정치적 자치를 위한 의회설치를 요구했으나 좌절되자 민중에 대한 계몽을 내세우며 문화적 저항을 지속했다.

1945년 일본 식민 지배가 끝나고, 유럽의 제2차 세계대전도 종료되었다. 우리나라에서 '해방공간'으로 불리는 1945년 이후 몇 년간을 대만에서는 '전후초기'로 지칭한다. 2차 세계대전 이후의 세계질서 재편을 위한 카이로 회담, 포츠담 회담 등 열강 간의 조약에 근거하여 대만은 원래 일본 통치를 받기 이전의 지역 정치체인 '중화민국'으로 편입되었다. 당시 대부분의 대만인들은 조국의 품으로 되돌아가는 것에 기뻐했으며 하루빨리 새로운 사회를 건설하고자 하는 열망으로 가득했으나 국민당이 파견한 접수정권의 실정(失政)과 국공내전의 여파로 인해 성적(省籍)갈등이 빈번하게 발생했고 급기야 민족적 비극인 228사건(1947), 이후의 장기간 진행되었던 정치적 숙청인 백색 테러리즘 하에서 오랜 기간 사상과 언론의 자유를 제한 당했다.

다음으로 대만의 사회구성과 인구분포를 얘기할 때 흔히 '족군'이라는 개념을 사용하는데 이는 동일한 역사, 문화, 언어를 가진 에스니 집단(Ethnic group)으로 크게 원주민족(原住民族)과 한족(漢族)으로 나뉜다. 그중 한족이 전체 인구의 98%정도로 절대 다수를 차지하고 있다. 원주민족은 언제부터 대만섬에 살기 시작했는지는 알 수는 없으나 아주 오래전부터 동남아시아 지역에서 이주해왔을 것으로 추정된다. 원주민은 본래 대만의 평야 지대에 살고 있었으나, 외부인이 유입되면서 산지로 거주지를 옮겼기 때문에 이들을 고산족(高山族)이라고도 불렀다. 1980년대부터 원주민 복권 운동이 시작되면서 정명(正名)운동의 일환으로 이들을 원주민이라고 지칭하기 시작했다. 원주민족은 현재 16개족으로 모두 다른 언어와 문화를 가지고 있는데 다 합쳐도 전체인구의 약 2%에 미치지 못한다. 한족은 다시 크게 본성인(本省人)과 외성인(外省人)으로 나뉜다. 외성인은 1949년 국공내전에서 국민당이 패배하고 정부가 대만으로 철수하면서 같이 건너온 200만명 정도의 중국 대륙 거주민으로 전체인구의 약 13%를 차지하고 있고, 본성인은 그 이전인 명청(明淸)시기를 거치면서 주로 복건성(福建省) 남부지역에서 온 복료인(福佬人), 즉 민남인(閩南人)과 광동성(廣東省) 남부 지역에서 온 객가인(客家人)을 통칭하는 것으로 전자가 인구의 70%를 후자가 15%를 차지한다. 이들 이외에도 '신주민(新住民)'이라고 하여 대부분 동남아시아 지역으로부터 노동 이동이나 혼인관계로 대만에 정착해서 생활하고 있는 인구로 갈수록 비율이 높아지고 있다. 이렇듯 대만은 복잡한 인구 구성만큼 복잡다단한 역사와 이들의 국가 혹은 사회공동체에 대한 인식, 정치적 지향점도 다양한 다족군사회(多族群社會)라고 하겠다.

2. 일제 식민지 시기 대만 매체에 나타난 한국 인식

2.1. 대만 신문에 나타난 한국에 대한 인식

대만의 일제 식민지배시기에 발간된 신문과 잡지 등 매체를 통해 한국을 어떻게 인식하고 있는지 알 수 있는데 시기순으로 먼저, 『한문대만일일신보(漢文臺灣日日新報)』의 내용을 살펴보겠다. 대만 북부지역에서 발행된 이 신문은 식민지배시기의 관보로, 대만총독부에서 식민정책을 알리고 식민통치를 선전하는 신문이었다. 1898년 5월에 창간되었으며 일제시기 대만에서 가장 많은 발행부수를 기록했고 본 신문 이외에 『부보(府報)』, 『타이베이주보(臺北州報)』, 『신주주보(新竹州報)』도 같이 발행해 상당한 영향력을 가진 매체였다. 1905년 7월에 한문판(漢文版)을 확충하여 1911년까지 『한문대만일일신보』를 독립적으로 발행했다.

이 신문을 통해 초기 대만 매체에서 전하는 한국소식과 인식을 살펴볼 수 있는데, 1906년 7월 26일부터 8월 16일까지 13일간 대동생(大東生)이 쓴 「淸韓漫遊所見(청과 대한제국을 여행하며 보고 들은 것)」 기사를 먼저 들 수 있겠다. 이 문장은 저자가 대한제국에서 14일간 머물면서 보고 들은 것을 쓴 견문기 형식으로 한국의 지리, 교통 시설, 주요 도시와 항구, 인구, 무역, 정치 상황 및 신문, 잡지 등의 근대 미디어, 통감부의 조직 등에 대해 상세하게 소개하고 있다. 전체적으로 보아 한국에 대한 인식은 비교적 낮은 평가를 보여주는데 당시 을사조약(乙巳條約, 1905)으로 외교권이 일본에 넘어간 시점임을 상기하면 이러한 평가를 기초로 일본이 계몽자의 역할을 해야 한다고 주장하는 것은 대만총독부의 시선이 투영된 것이라 하겠다. 비록 '漫遊(만유, 한가로이 이곳저곳을 두루 다니며 구경함)'라고는 했지만 현장 보도의 성격이 짙으며, 일본의 대만 통치 경험을 어떻게 조선 경영에 운용할지를 검토하는 등의 제국주의적 시각을 보여주고 있다.

『한문대만일일신보』에는 문언문(文言文) 『춘향전(春香傳)』이 5회 연재되기도 했다. 신문기자 겸 전통 문인이었던 이일도(李逸濤, 1876-1921)가 연재한 것으로, 필자의 조사에 의하면 1906년 다카하시 후치엔(高橋仏焉)이 일본잡지 『태양(太陽)』에 연재한 『춘향전(春香傳)』을 발췌하여 축역한 것으로 보인다.

이와 같이 추측할 수 있는 근거는 『태양』에 소개된 『춘향전』에서 '이몽룡(李夢龍)'을 '이령(李鈴)'이라고 표기하였는데 이일도가 연재한 『춘향전』에서도 같기 때문이다. 근대 공공영역으로서의 당시 신문은 단순히 정보 전달 뿐만 아니라 더 많은 독자층을 끌어들이기 위한 목적으로 문학이 필요했으며 이런 이유로 인해 한국소설 『춘향전』이 신문의 잡보(雜報)와 소설(小說)란에 게재되었다고 하겠다. 즉 일간 신문의 안정적인 발간과 독자층 확보를 위해 연재되었던 것이다. 『춘향전』은 1900년대 이미 대만에서 뿐만 아니라 일본과 유럽 여러 나라에도 전파되었다. 1882년에 일본 『아사히신문(朝日新聞)』에 23회 연재되었고, 앞서 본 대로 1906년에는 잡지 『태양』에 줄거리가 소개되었으며 1922년에는 츠키지(築地) 극장에서도 공연되었다. 또한 1892년에는 당시 조선 문관 홍종우(洪鍾宇, 1850-1913)가 번역하여 프랑스에서 연극으로 공연되기도 했다. 특히 일본의 경우 전쟁시기에 『춘향전』을 통해 조선인의 심성, 특성을 파악하고 이를 전쟁동원에 활용하고자 큰 관심을 가졌는데 1939년 문학잡지 『문학계(文學界)』에 실린 집중적인 소개와 토론이 그 예라고 하겠다.

1921년에는 중부지방에서 발행된 고전문인들의 매체인 『대만문예총지(臺灣文藝叢誌)』, 『숭문사문집(崇文社文集)』 등 문언문(文言文) 잡지에 조선인 기자 박윤원(朴潤元)의 「견인론(堅忍論)」, 「사전인류론(史前人類論)」, 「국교종교변(國教宗教辨)」과 같은 문장이 실렸다. 당시 박윤원이 어떤 연유로 대만에 왔는지는 알 수 없으나, 문인이 많았던 중부지역에서 전근대적 형식으로 서구 문명을 소개하는 잡지를 발행하던 대만 문인과의 교류가 있었음을 알 수 있다. 이중 「견인론」과 「사전인류론」은 1916년 조선에서 발간된 국어교과서 『시문독본(時文讀本)』에 실렸으며 이를 문언문체로 번역한 것이다. 「견인론」은 영국의 새뮤얼 스마일즈(Samuel Smiles, 1812-1906)가 쓴 「자조」(自助, Self-Help)를 최남선(崔南善, 1890-1957)이 번역한 것인데 그 내원은 일본 나카무라 마사나오(中村正直, 1832-1891)의 『서국입지편(西國立志編)』과 아제가미 켄조(畔

上賢造, 1884-1938)의 「자조론(自助論)」이다. 즉 최남선의 자조론은 '영어'에서 '일어'로 번역된 텍스트를 저본으로 하여 이것을 '국한문 혼용의 조선어'로 다시 번역한 것이고 이것이 다시 1920년대 대만에서 '문언문'으로 중역된 텍스트이다. 이러한 사실을 통해 근대 서구사상이 동아시아에서 어떻게 번역되어 유통되었는지 그 일단을 확인할 수 있다. 또한 「사전인류론」은 최남선이 쓴 문장으로 알려져 있어 당시 동일하게 식민지 처지에 놓인 대만과 조선의 지식인들이 어떻게 현실을 타개하고, 문명화된 사회를 건설할 것인지를 궁구한 결과물이라 할 수 있다. 박윤원은 이후 조선으로 돌아가 『동아일보』와 잡지 『개벽』에 「대유잡감(臺遊雜感)」, 「재대만거주적아국동포현황(在臺灣居住的我國同胞現況, 대만에서 거주하고 있는 우리 동포 현황)」, 「대만번족여조선(臺灣蕃族與朝鮮, 대만 번족과 조선)」 등 대만에서의 경험을 기록한 문장을 발표하기도 했다. 재미있는 것은 대만의 번족, 즉 원주민들의 이야기를 쓰면서 연암 박지원(朴趾源, 1737-1805)의 『허생전(許生傳)』에 나오는 허생이 변산군도(群盜)를 데리고 바다 건너가서 개척한 섬(空島)이 대만이 아닐까 하는 추정을 하고 있다는 점이다.

다음으로, 1926년 『대만민보(臺灣民報)』에 동경의 대만 유학생 진후생(陳後生)이 쓴 「유조선소감(遊朝鮮所感), 조선을 여행하며 느낀 점」이 실렸다. 이 신문은 일제시기 유일하게 대만인에 의해 발간된 것으로, 『한문대만일일신보』와는 달리 식민통치에 대한 대만인의 비판적인 시각을 싣는 등 대만인의 입장을 대표한 매체로 잘 알려져 있고 대만 근대 문학장으로도 기능했다. 진후생이 쓴 이 글에는 조선에 대한 동병상련(同病相憐)의 마음이 잘 드러나 있으며, 『대만일일신보』에서와는 달리 조선의 문화에 대해 높게 평가하고 있다.

조선의 의복은 매우 좋은데 노인과 아이들이 모두 흰옷을 입고 남녀 모두 신발을 신으며 나이 든 남자들은 외출 시 긴 옷을 입고 머리에는 모자를 쓰고 있어 문명인의 기개를 보여준다.

일반적인 문화발달상황을 보면, 교통은 대만보다 편리하고 큰 거리마다 전차가 있어 일본 내지(內地)와 차이가 없다. 기차도 광궤철도이며 기차 내 설비도 양호하고 깨끗하다.

조선의 교육기관도 대만보다 훨씬 많다. 대학과 전문학교, 고등보통학교가 매우 많고, 사립고보(私立高普)와 여고보(女高普), 보통학교도 조선인들이 운영하는 곳이 많으며 신문, 잡지 등 근대 매체도 많다. 이에 비하면 대만은 아직 유치한 수준이다.

이렇게 조선인들이 운영하는 전문학교가 이미 설립이 되었던 것을 특히 강조하면서 대만총독부의 대만인에 대한 우민(愚民)정책에 대해 비판적 견해를 보여주고 있다. 이 외에도 그는 조선인의 가옥이 낮고 좁아 출입할 때 머리가 부딪힐 정도라는 점이 이상했는데 그 이유가 추운 겨울에 난방 연료를 절약하기 위함을 알게 되었으며, 이는 날씨가 따듯한 대만인에게 매우 이국적인 경험이었다고 소감을 밝히는 등 조선에 대해 함부로 재단하지 않았고, 또 조선의 문자인 한글이 간편하고 배우기 쉬워 어린이와 노인도 편지를 쓰고 신문, 잡지를 읽을 수 있다는 점을 들어 여전히 어려운 한자를 쓰고 있는 대만의 교육 상황에 대해 지적하고 하루빨리 언문일치를 이루어 문화발전을 꾀해야 한다고 피력했다. 이 문장은 중간에 세 단락이 검열로 삭제당했는데 아마도 조선의 경우를 빌어 식민정책에 대한 비판적인 시각을 보여주었기 때문일 것이다.

2.2. 1920-30년대 대만의 잡지, 신문과 개인 문집에 실린 조선 여행기와 조선 시찰 후의 기록

이들 근대 초기의 매체 이외에 1920-30년대 대만의 잡지와 신문, 개인 문집에도 조선 여행기가 실렸다. 먼저, 위청덕(魏淸德, 1887-1964)은 대만 북부 지역의 중요한 전통 시사(詩社)인 영사(瀛社)의 일원이며 동시에 근대 신문인 『대만일일신보(臺灣日日新報)』의 기자이기도 하여 고전소양과 근대지식을 겸비한 근대 초기 지식인인데 그는 대만총독부가 주선한 일본 식민지를 여행하고 시찰할 수 있는 기회를 얻어 만주와 조선을 여행한 후『만선음초(滿鮮吟草)』라는 시집을 냈다. 그 중 조선과 관련된 내용으로는 삼십여 수가 있다. 그의 시는 압록강, 기자릉(箕子陵), 평양, 구룡담(九龍潭), 별금강장(別金剛杖), 경성, 창경원, 비원 등 조선의 풍경에 대해 묘사하고 그 느낀 바를 쓴 것이 대부분이고 일부 인물과 관련된 내용도 나오는데, 가령 한학자이자 문인이었던 정만조(鄭萬朝, 1858-1936)의 별세 소식을 듣고 조의를 표하거나 동래성 부사의 충렬을 기리는 시작 등을 남겼다. 그러나 전통 한시(漢詩)의 형식적 제한으로 인해 대부분 경물(景物)에 대한 영탄에 그치거나 많지는 않지만 식민지 처지의 조선에 대한 동질감의 심정을 드러내는 시작도 남겼다. 그가 조선을 떠나면서 남긴 「명호여관에서 묵다(宿鳴戶旅館)」을 소개하면 아래와 같다.

載瞻金井山。停車東萊驛。湯泉是處佳。溫暖與身適。念我滿鮮遊。兼旬苦行役。人生命有定。當看幾兩展。罷尋佛國寺。來訪荒城跡。夜聞官妓歌。靡靡盪魂魄。鼓聲亦凄楚。舞罷來前席。壓觴顔為酡。漫浮數大白。樂比豈忘歸。四筵談笑劇。明宵昌慶丸。重冒風濤拍。

다음으로, 일제시기 대만의 정치운동가이며 문학운동에도 참여했던 지식인 엽영종(葉榮鐘, 1900-1978)이 조선의 지방자치제도 시행 상황의 고찰을 목적으로 조선을 유람한 뒤 남긴 기록을 보기로 하겠다. 엽영종은 1920년대초 첫 번째 일본 유학을 마치고 귀국한 후 당시의 자산가이며 민족운동을 지지한 임헌당(林獻堂, 1881-1956)을 따라 민족운동을 시작했으며 당시 대만인의 정치적 자치운동인 대만의회설치청원운동(臺灣議會設置請援運動)에 참여하여 적극적인 활동을 했다. 그러나 모두 15차례의 운동이 실패로 돌아가고 운동 노선의 변경이 필요해지자 비교적 민족우파의 입장에서 제도 내 개혁을 주장하는 지방자치운동을 전개했다. 1927년 민족운동의 좌우분열 이후 1930년 우익의 민중당(民衆黨)마저 좌경화하자 그는 다른 자산계급 민족주의자들과 함께 대만지방자치연맹(臺灣地方自治聯盟)을 결성하고 대만인에 대한 차별을 없애고자 지방자치제도의 개혁을 요구하게 되었다. 그의 조선행은 바로 이 운동을 관철시키기 위해 조선에서 실시되고 있는 지방자치제도를 시찰하고 이를 타산지석으로 삼고자 하여 이루어진 것이다. 당시 조선에서는 부산처럼 일본인이 다수 거주하는 도시가 있었으며 주로 이들 재조선일본인들의 정치적 권리를 보장해 주기 위해 제한적인 지방자치제도가 실시되고 있었다.

그의 조선행은 지방자치연맹의 파견으로 이루어졌으며 양조가(楊肇嘉, 1892-1976), 엽청요(葉清耀, 1880-1942)와 함께 1933년 10월 4일부터 21일까지 조선에 체류했다. 노선은 기륭(基隆)에서 배를 타고 조선에 도착해 부산, 대구, 경주, 경성 등지의 지방정치조직을 둘러보고 금강산과 평양의 명승을 유람한 뒤 중국 봉천(奉天), 신경(新京, 지금의 長春), 하얼빈, 대련(大連) 등지를 거쳐 나가사키와 도쿄로 갔다가 대만으로 돌아왔고 조선에서의 유람을 기록한 일기와 시찰한 내용을 담은 「조선지방제도시찰보고서(朝鮮地方制度視察報告書)」를 남겼다. 이 시찰보고서는 「조선 현행 지방자치제도(朝鮮現行地方自治制度)」, 「조선의 경제 상황(朝鮮之經濟狀態)」, 「조선의 교육 상황(朝鮮之教育狀態)」, 「조선인의 정치적 관심(朝鮮人之政治的關心)」, 「신제도 실시의 경과(新制度實施之經過)」

등 항목으로 나누어 자세하게 기술되어 있다. 그의 조선에서의 활동은 매우 긴박하게 이루어졌는데 각 지역의 일본인 행정관과 면담을 진행했으며, 각지의 사회 조직과 시설을 참관하고 지방선거상황을 모두 조사했다. 또한 박물관, 인삼 제조 공장 등도 둘러보고 중앙고등보통학교(中央高等普通學校)와 조선인이 경영하는 경성방직주식회사(京城紡織株式會社)도 방문하였으며 평양 근처의 일본 농가, 원산의 조선인 시장 등을 구경하기도 했다. 그 외 『오사카 아사히(大阪朝日)』, 『오사카 마이니치(大阪每日)』 지국과 『경성일보(京城日報)』, 『평양일일신문(平壤日日新聞)』 등을 방문하고 독립운동가 송진우(宋鎭禹, 1890-1945), 김병로(金炳魯, 1887-1964), 『조선신보(朝鮮新報)』 발행인 김제영(金濟榮), 친일인사 김사인(金思演)과 문인 주요섭(朱耀燮, 1902-1972)을 만나는 등 광범위하게 조선에 대한 견문을 넓혔던 것으로 파악된다. 주요 목적인 지방자치제도를 시행하기 위한 조선 시찰의 내용은 기본적으로 조선이 대만에 비해 조건이 월등히 좋은 편이 되지 못한데도 불구하고 이미 지방선거가 치러지고 있다면서 대만에서도 바로 시행해야 한다는 결론을 내리고 있다. 구체적인 내용을 보면, 조선의 경제 상황이 어렵고 사회가 피폐해 있으며, 교육열도 낮고 조선인들은 정치적으로 무관심하다고 매우 부정적으로 묘사하였다. 또한 조선이 이렇게 가난하고 생기가 없는 이유는 서민들이 이조(李朝)시기에 착취를 당했기 때문이라고 하여 일본과 동일한 제국주의 담론의 시각을 보여주고 있다. 또한 엽영종은 지방제도 시찰 이외에도 금강산을 유람한 후에 『조선유초(朝鮮遊草)』 열여섯 수를 남기기도 했는데, 자연풍광에 대한 묘사와 고향에 대한 그리움, 망국의 한과 가을에 느끼는 감회가 주로 묘사되어 있다.

1930년대 대만 문단과 문화계에 조선이 널리 알려지게 된 계기는 무용가 최승희(崔承喜, 1911-1969)의 대만공연이었다. 최승희는 일본 이시히 바쿠(石井漠) 무용단원으로 조선의 전통색채와 현대무용을 결합시킨 것으로 잘 알려져 있는데, 당시 '반도의 무희(半島的舞姬)'라는 별칭으로 불렸다. 1934년 대만문예연맹(臺灣文藝聯盟)의 문화기획 일환으로 그녀의 대만공연이 이루어졌는데 1936년 7월 3일 타이베이대세계관(臺北大世界館)에서의 공연은 매우 높은 평가와 찬사를 받았으며 당시 공연을 관람한 대만 지식인들이 남긴 소감이 여러 잡지에 실렸다. 대만 지식인들은 그녀의 무용에서 짙은 애수와 아름다움, 그러면서도 역동적인 힘을 느꼈으며 힘은 서양에서, 그리고 아름다움은 조선의 문화에서 왔다고 평가하였다. 그녀는 대만에서 뿐만 아니라 유럽 전역에서 순회공연을 하기도 했다.

이외에도, 국제적인 사회주의 사조와 프로문학, 무정부주의 사조가 동아시아로 확산되면서 대만과 한국의 좌익문단과 지식인들간 상호교류의 기회가 많아졌다. 1910년대부터 대만과 조선의 좌익청년들은 일본, 중국 등 제3국에서 접촉, 공동으로 일본 제국주의에 대항해 왔다. 예를 들어 1916년 대만과 조선의 무정부주의자들이 공동으로 신아동맹당(新亞同盟黨)을 설립하였으며, 1922-3년 사이에 대만의 무정부주의자 범본량(范本梁, 1897-1945)과 조선 무정부주의자 이우관(李又觀, 1987-1984), 이회영(李會榮, 1867-1932), 신채호(申采浩, 1880-1936) 등이 북경에서 여러 차례 비밀회동을 가졌다. 또한, 1923년 11월에 대만, 중국, 일본, 조선 등지의 급진주의 사상의 청년들이 상해에서 평사(平社)를 조직하고 『평평순간(平平旬刊)』을 발행했으며, 1924년 6월 29일에는 대한동지회(臺韓同志會)가 상해(上海)에서 결성되었다. 이렇듯 식민지 상황을 타개하고자 하는 각 지역의 지식인들이 사회주의 사조를 받아들이고 이를 토대로 조직적인 모임을 통해 교류했음을 알 수 있다. 또한 조선에서는 1920년대 초기부터 사회주의 사조를 받아들이고 공산당을 창당하려는 움직임이 있었으며 국내외 좌익단체들의 통폐합과 부침을 거쳐 1925년 조선공산당이 성립되었고, 대만에서는 일본의 감시로 여의치 못하다가 1928년 코민테른(Communist International)의 지원과 조선 공산주의자의 협조로 상해(上海)에서 대만공산당이 성립되었다. 이들은 농민조합운동과 노동자연맹의 파업 당시 서로 성원을 보내는 등 당시 대만과 조선의 지식 청년들이 민족주의와 사회주의의 입장에서 일본제국주의의 압박에 대응하여 긴밀하게 협조하고 단결하며 합작하는 연대 관계를 형성하였음을 알 수 있다.

1930년대 대만문단에서는 조선 문인 장혁주(張赫宙, 1905-1998)의 이름이 자주 등장하는데 대만 작가 여혁약(呂赫若, 1914-1951)이 장혁주 이름을 따와 필명으로 썼다고 전해진다. 그의 소설 「우차(牛車)」(1935)와 장혁주의 소설 「산령(山靈)」은 중국 작가 호풍(胡風, 1902-1985)이 번역 출간한 『산령－조선 대만단편집(山靈－朝鮮臺灣短篇集)』에 실리기도 했다. 장혁주는 초기소설의 좌익적 성향과 1930년대 중반 일본의 식민지 외지문학 개척의 기류와 관련되어 대만문단에서 자주 언급되었다. 이 밖에도 좌익문예 이론가인 류첩(劉捷, 1911-2004)은 1934년 「대만문학조감(臺灣文學鳥瞰)」(『臺灣文藝』1:1, 1934.11.5.)이란 문장에서 최근 문학운동의 상황을 설명하면서 "조선도 역시 중국과 일본 양측에서 새로운 시대의 조류에 자극을 받아 문학 운동이 대만보다 활발하게 이루어지고 있다."라고 조선 문단을 언급한 바 있다.

2.3. 전쟁시기(1937-1945) 문단의 조선에 대한 언급

1937년 중일전쟁 발발 이후 이차대전 종전까지 일본과 각 식민지의 관계는 제국과 식민지에서 내지와 외지로 급격한 변동과 재조정이 진행되었다. 특히 1940년을 전후해 신체제운동이 실시, 적용되면서 일본은 외지인 식민지를 체제 내부로 끌어들이는데 전력을 기울였고 문학 분야에서 그동안 홀시되었던 식민지 문학을 외지문단으로 재편하는 기획이 이루어졌다. 이를 통해 대만문학은 일본문학이라는 절대 중심의 포용성과 다양성을 예증하는 하나의 지방문학으로 자리매김하게 되고 동아신질서와 대동아공영의 정치논리를 문학적 차원에서 정당화, 구체화하는 양상을 드러내게 된다. 신체제 담론의 등장과 대동아전쟁의 발발 등 전쟁의 확대는 대만문단과 문학에 대해 서구문학과 문화의 여독에서 벗어나 일본정신과 전통을 담아내야 함을 요구했고 결전기인 1943년 이후에는 불리한 전세를 만회하기 위해 군인정신의 문학화는 물론 작가를 직접 증산현장으로 파견하는 문학인의 실제적 동원으로 이어졌다. 이러한 과정을 거치며 대만문단은 점차 전쟁시국에 호응하는 일본 지방문학의 역할을 담당하게 되었다. 1940년 이후 대만문단 추이와 각종 좌담회 혹은 문학잡지의 문예시평 등을 통해 이러한 요구에 어떻게 대응해 나갔는지를 살펴볼 수 있는데 이 과정에서 같은 처지인 조선의 문단, 문학, 문인들에 대한 언급이 간간히 보인다. 이에 전쟁기 대만 문단에서 제기된 조선 문단과 문학 관련 언급의 맥락과 시각을 소개하면 다음과 같다.

노구교(盧溝橋)사건이 일어난 다음 달인 1937년 8월부터 대만사회는 전시체제에 돌입하게 되는데 그 이전 4월부터 이미 삼대신문(臺灣日日新報, 臺灣新聞, 臺南新報)의 한문란(漢文欄)이 폐지되고 6월에는 좌익작가 양규(楊逵, 1906-1985)가 발행하던 『대만신문학(臺灣新文學)』이 정간되는 등 대만인의 문단은 소위 침체기로 접어들었다. 이러한 상황의 타개는 흔히 1939년 9월 재대만일본인 작가인 니시가와 미쓰루(西川滿)가 주도하여 결성한 대만시인협회(臺灣詩人協會)의 성립이 시작점이 되었다고 여겨지고 있다. 1939년 9월 1일자 『대만시보(臺灣時報)』에 실린 기사를 통해 당시의 인식을 살펴볼 수 있는데, 굴월생(堀越生)이 쓴 「문예시평(文藝時評)」(『臺灣時報』237號, 1939.9.1.)에서 『대만일일신보(臺灣日日新報)』와 『신민보(新民報)』의 보도내용을 인용하여 대만시인협회 성립이 "게으른 본도문단에 활력을 불어넣은 일"이라고 평가하고 있다. 즉 노구교 사변 후 일본문단의 대륙묘사 열기로 인해 작가들이 조선과 만주로 나간 결과 조선과 만주의 문예운동이 활발해졌다면서 이에 비해 대만문단은 너무 게으르고 무력하여 문화의 퇴화까지 우려된다는 점을 제기했다. 때문에 이번 협회의 결성과 문예 강연회, 연구회의 개최 나아가 대만시집(『화려도(華

麗島)』를 말함)의 간행계획은 "오랫동안 일어나지 못했던 게으름"을 타개할 계기인 "암흑세계의 대만에 비친 한 줄기 신문화의 광채"가 되리라는 기대를 한다는 것이다. 이를 통해 우선 전쟁기 대만문단의 소생으로 여겨지는 1939년의 대만시인협회의 결성과 활동은 사변이라는 역사적 계기가 가져온 일본제국의 팽창, 그와 맞물려 확대된 일본문학의 영역, 특히 조선과 만주문학의 발전에 자극 받은바 크다는 점을 확인할 수 있다. 즉 일본문단의 시국색채, 확장된 문학지형, 조선과 만주문단의 자극이 1940년대 대만문단의 소생의 한 이유라는 점이다.

1940년을 전후해 일본문단의 하야시 후사오(林房雄, 1903-1975), 유리코 미야모토(宮本百合子, 1899-1951), 기쿠치 간(菊池寬, 1888-1948) 등이 제기한 외지와 지방을 둘러싼 새로운 인식은 전쟁을 통한 일본영토의 확장과 더불어 외지붐과 외지문단에 대한 관심을 촉발시켰고 일본문단의 주류 문학상도 외지에 관한 내용을 형상화한 작품이 수상작과 후보작으로 채택하였다. 즉 중일전쟁 이후의 대륙붐이 식민지를 외지로 편입시키는 주요원인이었고 외지문단이 활성화된 계기였던 것이다. 당시 대만의 작가들은 이 점을 분명하게 인식하고 있었다. 가령 장문환(張文環, 1909-1978)은 당시문단에서 지방색채를 중시하는 기류가 "흥아(興亞)의 대업 아래 중앙도 과거처럼 제한을 두지는 않게 될 것이다. 문단을 확충하기 위해 중앙도 자연스럽게 지방풍격을 받아들이게 될 것이다. … 이러한 중앙의 기류 영향을 받아 대만문단이 새로시작하게 된 것은 매우 다행한 일이다. 일종의 전환기라고 생각한다."(「關於臺灣文學的將來」, 『臺灣藝術』1:1, 1940.3.4.)라고 했고, 서경이(徐瓊二, 1912-1950) 역시 "지금의 문학운동은 총독부의 지나(支那)에 대한 선무(宣撫)공작이 크게 작용하고 있다. 이는 모두 총독부 당국의 지령 하에 진행되고 있는 것이다."(「邁向臺灣文化之路」, 『臺灣藝術』1:2, 1940.4.1.)라고 하여 지방특색을 가진 외지문단으로서의 대만문단의 소생과 문학에 대한 시국요구를 인식하고 있었다.

전쟁이 가져온 대륙붐에 의한 외지와 외지문학에 대한 관심은 만주와 조선을 대상으로 시작되었다. 가령 몽강문학간화회(蒙疆文學懇話會)의 성립이나 개조사(改造社)에서 발행한 『대륙(大陸)』잡지, 일본잡지 『문예(文藝)』와 『모던 니뽄』 등이 마련한 조선특집 등에서 잘 드러나는데 이러한 소위 외지붐, 그중에서도 조선 문단의 상황이 대만문단에 큰 자극제가 되었던 것이다. 다시 굴월생의 앞 문장으로 돌아가면, 그는 구체적으로 조선과 만주에서 간행 중인 『조선문예연감(朝鮮文藝年鑑)』과 『만주문예연감(滿洲文藝年鑑)』을 들면서 이 두 지역의 문단이 내지문단과 대응 가능한 세력으로 형성되어 가고 있는데 대만문단만 침체되어 있기 때문에 이제 시인협회를 계기로 "향토에 대한 사랑, 흥아(興亞)의 희망, 배영(排英)을 시작"하는 문학을 발전시켜야 한다는 점을 강조하고 있다. 여기서 말하는 『조선문예연감』은 1939년과 1940년 두 해에 걸쳐 인문사(人文社)에서 펴낸 것으로 조선의 문학, 예술, 출판 등에 관한 제반 사항을 정리한 책자이다. 이 연감에 의하면 1939년에 나온 문학 단행본으로 소설 35종, 시집 23종, 수필집 3종, 평론집 2종, 희곡집 1종이 나와 있으며, 그 밖의 연구서나 자료집까지 포함해 모두 80여 종에 이른다고 한다. 1940년도 연감에 실린 문인은 모두 156명인데 그중 소설가는 68인, 문학평론가 25인, 극작가 3인, 아동문학가 1인으로 나와 있어 당시 조선 문단의 규모를 짐작케 한다. 그리고 1937년에서 39년까지 만주문화회(滿洲文話會)에서 편찬한 『만주문예연감』은 만주지역의 문학 활동에 대한 자료를 자세하게 기록하고 있다. 이렇게 두 지역의 문단규모와 상황을 일목요연하게 보여주는 문예연감의 편찬과 내지문단의 두 지역에 대한 주목은 같은 외지로서 대만문단에 상당한 자극이 되었음을 알 수 있다. 굴월생은 문장의 마지막에서 "문예면에서 조선과 만주는 창륭흥성(昌隆興盛)한데 대만은 회복할 수 없는 지경에 빠지게"될까 우려하고 있다.

이러한 시각은 1939년 12월 대만시인협회가 원래의 30명의 회원에서 두

배 이상 성장한 62명의 회원을 두고 대만문예가협회(臺灣文藝家協會)로 확대개편하고 문예지 『문예대만(文藝臺灣)』을 발행했으며 동시에 『대만예술(臺灣藝術)』의 창간과 니시가와 미쓰루의 남방문학(南方文學) 주장 등으로 대만의 외지문학이 활기를 띠기 시작했다는 평가가 나온 뒤에도 이어진다. 동사(胴蛇)가 쓴 「대만예술 평가(臺藝評壇)」에서는 조선에서 『조선문학선집(朝鮮文學選集)』, 『조선대표소설집(朝鮮代表小說集)』이 나왔고 만주에서 『원야(原野)』가 발간된 점을 들어 대만문단의 활동은 여전히 미흡하다는 입장을 피력하고 있다.(「臺藝評壇」, 『臺灣藝術』1:3, 1940.5.1.) 이들 선집과 잡지에 대한 자세한 소개는 없지만 조선과 만주문학이 내지문단에서 주목을 받고 있음을 인지하고 있음을 알 수 있다. 『조선문학선집』은 조선 문학붐이 일어나던 1940년 일본의 아카츠카(赤塚)서점에서 펴낸 것으로 안회남(安懷南)의 「겸허(謙虛)」, 염상섭(廉想涉)의 「자살미수(自殺未遂)」, 이석훈(李石薰)의 「람(嵐)」, 김사량(金史良)의 「무궁일가(無窮一家)」, 최명익(崔明翊)의 「심문(心紋)」과 한식(韓植)이 쓴 후기가 실려 있다. 『조선대표소설집』은 『조선소설대표작집』(敎材社, 1940)을 잘못 쓴 것이 아닐까 하는데 신건(申建)이 편역한 이 소설집에는 김남천(金南天)의 「소년행(少年行)」, 이기영(李箕永)의 「묘목(苗木)」, 이효석(李孝石)의 「돈(豚)」, 유진오(兪鎭午)의 「창랑정기(滄浪亭記)」, 채만식(蔡萬植)의 「동화(童話)」, 박태원(朴泰遠)의 「최노인전초록(崔老人傳抄錄)」, 안회남(安懷南)의 「군계(軍鷄)」, 김동리(金東里)의 「찔레꽃」, 최명익(崔明翊)의 「역설(逆說)」, 김동인(金東仁)의 「붉은 산」, 이광수(李光洙)의 「가실(嘉實)」, 이상(李箱)의 「날개」, 이태준(李泰俊)의 「농군(農軍)」 등이 실려 있다. 조선문단을 직접 이해한 데서 나온 발언은 아니고 대륙열이 촉발한 내지문단의 조선붐을 통해 조선문학에 대해 언급한 것이다.

조선문단에 대한 언급은 1940년말 한 해의 대만문단을 회고하는 『대만예술』 좌담회에서도 나왔다. 당시 문단의 주요인사 16명이 참석한 가운데 사변 이후의 대만문단 상황과 작품에 대한 의견을 개진했는데 이 자리에서 장성건

(張星建, 1905-1949)은 사변발생 이래 창작, 전쟁문학, 평론, 번역문학 혹은 구작품의 개사(改寫) 등 중앙문단의 성황과 반도문단(半島文壇)의 중앙 진출을 눈에 띄는 현상으로 꼽았고 니가키 고이치(新垣宏一, 1913-2002) 역시 대만작가들이 "신체제하 가야할 길"을 사고하여 최대한의 노력을 발휘해야 한다고 하면서 조선작가보다 못해서는 안 된다고 했다.(『臺灣藝術』編輯部, 「回顧昭和十五年度的臺灣文壇」, 『臺灣藝術』, 1940.12.20.) 황득시(黃得時, 1909-1999) 역시 대만문화가 여전히 유년기를 벗어나지 못한 점을 반성하면서 "늦게 태어난 동생 조선이 형을 뛰어 넘어 벌써 어른이 되었는데 우리를 생각해 보면 참 창피한 일이다."이라고 지적했다. 그는 식민지로의 편입이 대만보다 늦은 조선이 문학에서 앞서 나가는 것에 자극을 받아 대만의 독특한 생활과 사회를 문화에 적용시켜 신체제하 사명을 다해야 한다는 의견을 제시했다.(龍瑛宗, 長崎浩, 黃得時, 「新體制與文化」, 『臺灣文藝』2:1, 1941.3.1.) 이로써 1940년을 전후해 침체된 대만문단을 자극하고 신체제운동에 부합되는 외지문학의 건설에 조선 문단이 지속적으로 언급되었음을 알 수 있다.

1937년 이후 대만문단의 주요 의제는 소위 식민지/외지문학의 내용과 경향에 대한 두 가지 의견의 대립이라고 할 수 있다. 니시가와 미쓰루는 자신의 창작을 기반으로 한 이국정조와 낭만주의 경향을, 시마다 겐지(島田謹二, 1901-1993)은 외지풍토와 현실주의 경향을 중시했다. 앞서 본 바 전쟁에 따른 외지문학붐이 대만으로 확산되고 조선과 만주문단의 동향이 주목을 받으면서 기존의 이 두 경향 중 전자는 주로 기존 대만문학의 연구와 이해에, 후자는 미래의 지향으로 파악하는 경향이 생겨났다. 이 과정에서도 조선문학은 외지문학의 모범적인 모델로 언급되었다. 1940년 『대만문예(臺灣文藝)』에 「외지문학의 과제」를 발표한 나카무라 아키라(中村哲)은 니시가와의 작품경향을 비판하는 입장에서 외지문학의 출발점이 "외지 거주자가 외지의 풍물, 기후와 인정(人情) 속에서 생활"하는 데 있으며 따라서 외지문학의 방향은 "우선 외지문화의 제한을 받을 수밖에 없다"고 했다. 즉 외지에서 살아가는 실제 생활인의 눈, 귀와 신체로 느끼는 것을 그려야 한다는 것이다. 그는 외지문학의 전례로 메리메(Prosper Mérimée, 1803-1870)의 「콜롱바(Colomba)」, 사토 하루오(佐藤春夫, 1892-1964)의 「여계선기담(女誡扇綺談)」 같은 이국정조와 고골(Nikolai Gogol, 1809-1852)의 「코」, 지드(Andre Gide, 1869-1951)의 「콩고기행」 같은 현실풍자의 두 경향으로 나눌 수 있다고 하면서 이는 모두 여행자의 눈으로 본 외향인(外鄕人)문학이므로 진정한 외지문학은 외지인 제2세대 같은 외지생활자의 문학이어야 한다고 주장했다. 이를 외지인문학이라고 정의했는데 "외지에 대한 관찰의 눈, 감각신경과 의식정신", 즉 외지인의식으로 생활실정(生活實情)을 그리는 사실문학(寫實文學)을 강조하고 있다. 그 예로 자신이 최근 읽은 두 편의 아쿠타가와상(芥川龍之介賞) 작품을 들었는데 사무가와 고타로(寒川光太郞, 1908-)의 소설은 메리메와 같이 이국정조의 작품으로 비록 눈에는 띄지만 생활의 실감이 결핍되어 공허함을 느끼게 한다면서 이러한 허구적 인물의 기록은 외지문학이 취해야할 방향이 아니라고 했다. 반면 외지의 이족 혼혈아의 심리를 그린 김사량(金史良, 1914-1950)의 소설이야말로 외지문학이 가야할 방향이라고 평가했다. 특히 그는 김사량의 지성관점(知性觀點)이 작품의 수준을 높인 최대공신이라는 점을 강조하고 이 소설에서 외지의 풍부한 제재, 즉 풍토, 기후, 산업의 문제 그리고 이족간의 도덕, 애정, 습속, 심리, 인정 등 요소가 잘 활용되었다는 점을 특기했다. 「빛 속으로」(1939)에 대한 당시 일본문단의 논평은 민족감정, 반도인의 심정, 휴머니즘, 일선융화 등의 소재를 중시하면서 외지문학으로서는 대체로 합격이지만 일본문학으로서는 표현양식에서 결함을 가진 것으로 보았다. 나카무라(中村哲)가 이러한 내지문단의 평가를 보았는지는 알 수 없지만 김사량의 소설이 가진 외지의 특유한 요소들과 이를 구성해낸 작가의 지성적 시각을 높이 산 것으로 보인다. 이는 그가 강조하는 "문학은 현실 중의 인류가 생활을 탐구하는 데서 나온 산물이며 현대인의 지성의 두 눈이야말로 그 탐구의 눈이다"는 견해에 부합되는 것으로 이러한 지성의 눈은 내지에서 외지로 옮겨가서 생활하거나 혹은 외지를 떠나 교육을 받은 경우와 외지를 여행하는 사람이 외지인의 생활실황을 파악했을 때 가능한 것이라고 했다. 기본적으로 내지인 작가를 상정한 것인데 김사량의 「빛 속으로」가 이러한 요건을 충족했다는 것이다. 문장의 말미에서 그는 다시 한 번 조선과 만주의 문단을 예로 들고 조선의 작품들을 읽어보지는 못했으나 조선어문학은 일본문학의 또 다른 일파라고 해서 김사량의 소설로부터 출발해 조선어로 쓰여진 조선문학을 인식하는 데까지 나아가고 있다.(中村哲,「外地文學的課題」,『臺灣文藝』1:5, 1940. 7.10.)

실제로 나카무라가 조선어로 된 문학을 어느 정도 이해하고 있었는지는 모르지만 그는 김사량 이외에도 이광수(李光洙, 1892-1950)와 장혁주를 들어 그가 구축하려던 외지현실과 지성관점을 겸비한 외지문학의 예로 조선문학을 언급했다. 내지인의 호기심을 만족시키는 문학이 아니라 대만 현실생활의 건강함을 반영하는 작품을 창작하자는 황득시의 의견(黃得時,「臺灣文壇建設論」,『臺灣文學』1:2, 1941.9.1.)에 동의하면서 다시 한 번 이국정조와 여행자의 시점으로 창작한 소설을 비판하고 외지의 현실에 기초한 외지문학론을 강조하고 있다. 당시 대만문단에서 상당히 높은 관심을 받던 쇼지 쇼이치(庄司總一, 1906-1961)의 「진부인(陳夫人)」에 대해 비록 그 중요성과 인도주의 정신은 인정하나 소재가 간단하고 수법도 너무 전통적이어서 중국의 가정비극영화와 비슷한 유형이라고 하면서 대만판『대지(大地)』혹은『경화연운(京華煙雲)』이라고 보았다. 니시가와 미쓰루의 소설은 현상(玄想)적 특색과 문자의 시각적인 배열로 인한 독특한 분위기, 필력의 풍부성이 장점이지만 유미주의 경향을 가지며 그에 비해 웅혼(雄渾)한 힘을 가진 문인으로 장문환을 들었는데 그 필력의 강경(剛勁)과 인경(靭勁)을 계속 연마해 간다면 대만문단에서 유일하게 조선의 이광수, 장혁주와 대항 가능한 다시없는 인재가 될 것이라고 했다. 이광수나 장혁주의 작품에 대한 진일보한 언급은 없지만 그가 일관되게 주장하는 외지문학의 내용과 방향에 비추어 볼 때 내선통혼, 만주개척 등 외지현실을 다룬 이들의 소설을 모범적인 외지문학으로 상정했음을 알 수 있다.(中村哲,「論今日的臺灣文學」,『臺灣文學』2:1, 1942.2.1.)

다케시 다케무라(竹村猛) 역시 지방문학을 어떻게 할 것인지에 대한 문장에서 외지인 대만의 지방문학에 대해 이국정조와 현실주의 두 경향이 있다고하면서 대만의 풍토와 민속을 재제로 하여 그리되 여행안내서나 관광포스터가 아닌 실질적 생활의 문제를 그리라는 주문을 하고 있다. 그 예로 "최근반도작가들이 우리의 시야에 들어오고 있다. 이는 반도의 풍토, 민속 혹은민화(民話) 등에 흥미를 가지게 되었고 마침 그들이 우리의 이러한 요구를만족시켰기 때문이다. 그들이 남대문이나 금강산을 소개했기 때문이겠나?이런 것을 생각할 시간이 없다. 말하자면 우리는 그들이 진실하게 바라는바를 느끼고 싶을 뿐이다. 그중 대부분은 내선관계를 묘사한 것이다. 바로내선융합 문제이다. 이런 면에서 성과가 있었다. 주로 작가의 내재적 진실상태가 어떤지 하는 것이다. 작가의 진실과 외부와의 교류 혹은 괴리 문제가우리의 주목을 끌고 있다."(竹村猛,「作家的態度」,『臺灣公論』7:9, 1942.9.1.)라고하여 조선의 특수한 상황과 조선민속의 성분이 포함된 반도문학을 바람직한외지/지방문학으로 언급하고 있다.

조선 문단과 작가, 작품에 대한 언급은 1942년 11월 개최된 제1회 대동아문학자대회(大東亞文學者大會) 이후 조선작가들의 태도에 대한 언급으로 이어진다. 참가자들은 동경에서의 회의참가 뿐 아니라 함께 오사카, 나라, 교토등을 참관했고 특히 대만과 조선대표는 회의 전 시모노세키에서 합류했으며다른 지역 참가자와 다른 호텔에 머무는 등 접촉의 시간이 많았을 것으로추정된다. 대만대표 중 한 사람이었던 용영종(龍瑛宗, 1911-1999)은 돌아온

후 기고한 문장에서 아시아 신문화의 전사가 되자는 취지를 피력함과 동시에 가장 인상 깊었던 일로 다른 외지에서 온 문학자들을 언급했다. "대회석상에서 만주국의 고정(古丁), 조선의 가마야 고로(香山光郎, 이광수) 등 인사들이 위대한 신념과 의견을 토로했다. 나는 스스로의 빈곤함에 내심 매우 부끄러웠다."(龍瑛宗, 「豊碩的成果」, 『臺灣藝術』4:1, 1943.1.1.) 열정과 두려움을 동시에 보여준 것으로 알려진 이광수의 연설은 대만 작가들에게 깊은 인상을 남긴 듯한데 니시가와(西川滿) 역시 "나는 어제 조선의 가야마 고로(香山光郎)의 연설을 듣고 상당히 감동한 사람 중의 하나이다. 가야마씨의 그 강렬한 신념은 그가 국어에 정통했기 때문에 그 같은 경지에 도달할 수 있었다고 생각한다. 조선의 유진오(兪鎭午) 역시 조선의 국어보급에 대해 담화를 발표했다."(龍瑛宗,西川滿,濱田隼雄,張文環, 「大東亞文學者大會速記抄」, 『臺灣文學』3:1, 1943.1.31.) 이광수나 유진오의 발언내용과 태도 뿐 아니라 줄곧 조선어로 문학하던 이들이 일본어로 창작을 하겠다는 포부와 마음가짐에 큰 감명을 받은 듯하다.

니시가와는 특히 『대만문학(臺灣文學)』에 기고한 문장에서 「조선의 사람들」이란 소제목을 붙이고 여러 지역에서 많은 사람들이 대회에 참가했지만 특히 조선에서 온 문인들에 대해 인상이 깊었다고 했다. "대회에서 얻은 수확은 너무 많지만 그중에서 나는 조선의 사람들에게서 너무나 강렬한 인상을 받았다. 그들의 수양의 깊이나 철학적인 사유, 그리고 아름답고, 정확하고 유창한 일본어에 정말 감복했다. 오사카역까지 배웅해 주면서 그들은 특별히 플랫폼까지 내려와서 우리와 굳은 악수로 이별을 나누었다. 비록 다시 만나자고 기약했지만 헤어지기가 너무 애석했다. 마치 문학에서 진정한 지기(知己)를 만난 것 같았다. 그들과의 이야기를 나눈 며칠간을 아마도 평생 잊지 못할 것 같다." 뿐만 아니라 니시가와는 대만으로 돌아온 후 유진오로부터 편지를 받았다고 하면서 편지에서 "『올해 마침내 국어를 문학용어로 사용하기 시작했고 현재 국어로 전환 중이다』라고 했는데 가야마 고로(이광수)와 유진오가 과거 조선어로 창작을 했다고 한다. 하지만 주목할 점은 그들이 조선어로 창작을 했더라도 아름답고 정확하고 유창한 국어를 말하고 쓸 수 있는 능력을 갖추고 있다는 점이다."(西川滿,「自文學者大會歸來」,『臺灣文學』3:1, 1943.1.31.)라고 하여 조선 문인들의 일본어 창작능력에 특별한 관심을 보이고 있다.

알려진 대로 문학어로써 일본어 사용에 자각을 보인 이는 김사량이라고 할 수 있다. 김사량에 대한 언급은 1943년초 『대만시보(臺灣時報)』에서 마련한 나카무라(中村哲)와 용영종(龍瑛宗)의 좌담에서도 보인다. 용영종은 우리가 쓴 문학은 내지인보다 본도인(本島人, 즉 대만인)이 더 잘 이해한다고 했고 이에 대해 나카무라가 "내 생각에는 이게 가장 큰 이유인 것 같은데 조선의 김사량과 매우 유사한 거지요. 김군의 소설은 조선문학이라기 보다는 내지문학의 하나라고 보아야겠지요. 그런데 생각해 보면 사실 대만에서 대만의 일을 쓴다고 해서 굳이 대만문학이라고 해야 할 필요가 있을까요?"(中村哲, 龍瑛宗,「中村哲、龍瑛宗之座談會-關於臺灣的文化」,『臺灣時報』4:2, 1943.2.1.)라고 하여 용영종의 고민을 이해하지 못한 것으로 보인다. 잘 알려진 대로 동일하게 일본잡지 『문예수도(文藝首都)』의 동인이었던 용영종과 김사량은 1941년초 서신왕래를 통해 각자의 소설 「초저녁 달(宵月)」(1940)과 「빛 속으로」(1939)에 대한 의견, 식민지 작가로서의 고민 등을 교환했는데 내지문단에서 어떻게 식민지 현실을 드러낼 지에 대한 공통된 고뇌를 가지고 있었던 것으로 보인다. 이들에 비해 나카무라(中村哲)은 식민지 작가들의 고민과는 달리 대만문학과 조선문학을 따로 표방할 필요가 없다는 의견을 보이고 있다. 용영종에게는 김사량이 가진 일본어 사용과 관련된 생각은 찾아볼 수 없지만 김사량을 통해 내지문단에서 어떻게 식민지 현실을 그릴지에 대한 고민을 공유하고 그를 참고와 비교의 대상으로 삼았음을 알 수 있다.

1940년의 신체제운동과 문예총후운동의 실시에 이어 1941년 태평양 전쟁의 도발, 1942년부터 대동아문학자대회 개최 등 일본발 전쟁 이데올로기의 주입과 식민지문단에 대한 통제가 심화되면서 대만과 조선에서도 동시적으로 문학과 문인들의 전쟁동원이 진행되었다. 대만총독부 정보과의 책동으로 성립한 대만문예가협회(臺灣文藝家協會, 1941), 대만문학봉공회(臺灣文學奉公會, 1943), 조선총독부 학무국의 알선으로 성립한 조선문인협회(朝鮮文人協會, 1939)와 조선문인보국회(朝鮮文人輔國會, 1943) 등 조직에 의해 전황의 추이에 따른 문학의 전쟁논리 주입과 문학인의 전쟁동원이 진행되었다. 내대융합(臺內融合), 내선일체(內鮮一體) 논리는 물론이고 양국 문단은 동일하게 대동아성전의 찬양, 국체와 일본성의 강조, 증산보국에의 참여 등 강도 높은 전쟁이데올로기에 대응해야만 했다. 이런 가운데 외지문학의 방향성은 전쟁문학으로 수렴되어갔고 급기야 대만문인들은 증산현장에 파견되어 총독부가 요구하는 산업전사의 사기진작을 담당했다. 이 시기 『대만공론(臺灣公論)』잡지는 조선특집(朝鮮特輯)을 마련하고 「전환기의 성립과 조선통치」(石田穰), 「조선의 황민화운동」(津田剛), 「조선작가와 국어문제」(白石潔), 「조선작가에게」(張文環) 등 문장을 실었는데 조선의 전반적인 산업경제, 정치의식, 문단상황을 조망하여 대만의 전쟁동원에 참고자료로 삼고자 했음을 알 수 있다. 장문환은 조선이 대만보다 먼저 징병제를 실시하는 것에 유감을 표시하고 공동의 적인 영미(英美)를 격퇴하여 세계평화를 건설하는 일본용사가 되자고 하면서 이러한 때 대만과 조선은 문학을 통한 상호격려와 보조일치가 필요하다고 쓰고 있다.(張文環, 「寄給朝鮮作家」, 『臺灣公論』, 1943.12.) 장문환은 또 한식(韓植)의 시집 『고려촌(高麗村)』(汎東洋社, 1942)을 후지노 기쿠지(藤野菊治, 1908-1970)에게 추천했다고 하는데 후지노는 시집을 읽고 천 여 년 전에 고향인 부여(扶餘)를 버리고 일본 무사시(武藏)로 건너와 우수한 일본인이 되려한 고려인들의 이야기는 민족동화(民族同化)의 표본으로 매우 감동을 받았으며 동시에 시집의 서문을 쓴 다카무라 고타로(高村光太郎, 1883-1956)의 말을 빌려 "이 청년은 일본어의 아름다움에 대한 민감한 감각을 가지고 있다. 가끔 일어에 맞지 않는 용어를 사용하기는 하나 그것이 오히려 홍미를 유발시켜 새로운 일본어의 아름다움을 만들기도 한다."(藤野菊治, 「讀《高麗村》有感」, 『臺灣文學』3:3, 1943.7.31.)라고 언급하고 있다. 이렇게 결전기의 대만문단에서 한식의 시는 일본어 범위의 확대나 팔굉일우(八紘一宇)의 동원논리에 부합되는 등 언어와 내용에서 소위 충량한 일본신민(臣民)의 양성이란 황민연성(皇民鍊成)의 요구에 부응한다고 여겨졌음을 알 수 있다.

1945년 종전 이전에 마지막으로 언급된 조선작가는 장혁주이다. 앞에서 보았듯이 장혁주는 일본어 창작과 프로문학 내용으로 인해 대만문단에서 가장 많이 알려진 조선인 작가이다. 다카미 쥰(高見順, 1907-1965)은 1943년 상반기의 대만문단을 총평해 달라는 부탁을 받고 쓴 글에서 "여혁약(呂赫若)은 조선작가 장혁주를 연상시킨다. 그를 연상하는 것은 장군이 내 친구여서기도 하지만 장(張)과 여(呂)두 사람의 스타일이 비슷하기 때문이다."(高見順, 「小說總評-昭和十八年上半的臺灣文學」, 『臺灣公論』8:8, 1943.8.1.) 비록 더 구체적인 언급은 없지만 전쟁이 이미 백열화의 단계에 접어들었고 대만문단에 대해 문학보국(文學報國) 같은 말을 할 필요가 없다는 전제에서 기술적인 평론을 했다는 말을 하고 있는 것으로 보아 두 작가를 동시에 언급한 숨겨진 의도를 짐작할 수 있다.

이상 1937년 이후 전쟁의 확대와 더불어 외지문학에서 전쟁문학으로 식민지문학의 방향성이 정해지던 시기 대만문단의 조선문학 관련 언급과 그 맥락을 살펴보았다. 주요논점은 우선 중일개전 이후 생겨난 대륙열에 따른 외지문학붐에서 만주문학과 더불어 조선문학이 대만문단의 시야에 들어왔다는 점과 아쿠타가와상 후보작 지명으로 김사량의 소설 「빛 속으로」가 외지문학의 모범적인 모델로 언급되었다는 점, 그리고 제1회 대동아문학자대회 이후 이광수의 열렬한 태도와 유진오의 일본어로의 전환 문제가 니시가와 미쓰루(西川滿), 용영종(龍瑛宗) 등 대만대표들에게 상당히 깊은 인상을 남겼다는 점,

그 외 결전기에 들어서 식민지 민족의 완전한 포섭을 보여주는 한식(韓植)의 시집 『고려촌』이 전쟁문학의 참고작으로 언급되었다는 점 등이다. 특히 김사량 소설이 일종의 모범이 되면서 내대공혼(內台共婚) 문제를 다룬 「진부인(陳夫人)」이나 식민지 교육현장을 그린 용영종의 「초저녁 달」 등이 창작되기도 했다. 그러나 1943년 후반기 이후 증산과 산업문제가 전쟁의 가장 중요한 관건이 되었고 대만작가들은 증산의 현장으로 파견되어 정해준 주제와 의도에 맞는 국책문학에 종사하게 되면서 조선문학과 작가에 대한 언급은 더 이상 대만의 문학잡지에 등장하지 않게 되었다.

3. 해방 후 한국과의 관계 및 한국 인식

1948년 8월 대한민국정부는 수립 후 대만과 외교관계를 건립했다. 이승만 초대 대통령이 중화민국을 방문하였고 남경에서 장개석 총통과 만남을 가졌다. 1949년 1월 4일 서울에 정식으로 중화민국대사관이 설치되었고, 같은 해 8월 이승만 대통령의 초청으로 장개석(蔣介石, 1887-1975) 총통이 한국을 방문하게 되었다. 1953년에는 이승만 대통령이 대만을 방문하였고, 중화민국이 오랫동안 한국독립운동을 지원한 데 대한 감사의 표시로 대한민국 건국훈장을 장총통에게 수여하였다. 또한, 1954년 1월 23일 한국전쟁 포로 14,000여 명이 대만에 도착하였다. 이들은 원래 항미원조(抗美援朝)를 외치며 중국정부에서 차출한 인민군들이었으나 석방된 후 자유중국 대만을 선택했는데 대만은 이 날을 자유의 날로 제정하고, 중화민국의 우월함을 보여주는 것이라고 반공선전을 하였다. 이러한 일련의 과정을 겪으며 광복 후부터 대만과 한국은 긴밀한 관계를 유지했다. 또한 1966년 2월 17일에 박정희 대통령이 중화민국을 방문했으며, 냉전과 반공의 시기인 1950, 60년대 대만과 한국은 반공맹우(反共盟友)의 외교관계를 유지하였다. 그러나 1980년대 이후 한국이 북경당국과 접촉하면서 외교 관계에 급격한 변화가 일어나게 된다.

그 발단은 1983년 5월 5일 소위 육의사(六義士) 여객기 납치사건으로 이를 계기로 한국과 중국대륙 관방 사이에 처음으로 정식 접촉이 시작되었다. 쌍방 간에 대한민국(大韓民國)과 중화인민공화국(中華人民共和國)의 정식 국가 호칭으로 불려 졌으며 이 사건을 기점으로 양국 간의 관계 정상화가 시작되었다고 보는 것이 일반적인 견해이다. 동시에 중화민국인 대만과의 관계가 악화되기 시작했다. 또한, 1984년 3월 서울에서 개최된 아시아 청소년 농구 경기에서 대만이 '중화민국' 명의로 참가하는 것을 한국측이 거부하면서 대만 대표들이 서울 도착 후 곧 바로 귀국함으로써 항의를 표시했으며 이후 쌍방 간의 관계악화가 노골화되기 시작했다. 이윽고 1992년에는 한국이 중국 대륙과 정식 국교관계를 체결함으로써 오랜 기간 지속되었던 중화민국과의 외교관계는 단절되었다. 향후 10년간 양국 국적의 항공기가 단절되고 민간교류만이 있었다. 특히 각종 운동경기에서 불공평한 판정이나 선수들 간의 충돌이 있을 때마다 대만에서 한국에 대한 비판이 거세졌다. 이렇듯 대만과 한국의 관계는 한동안 악화되었지만, 1990년대말 한류(韓流)로 불리는 한국 대중문화가 대만으로 대량으로 그리고 지속적으로 유입되면서 대만인의 한국에 대한 새로운 인식이 형성되기 시작했다.

4. 맺음말

　해방후 시기 대만 매체의 한국보도와 그에 따른 한국인식을 정리하면, 1945년에서 49년까지는 전쟁의 종결과 새로운 세계질서의 재편에 초점을 두고 한국의 정치적 상황에 주의를 기울였고, 1950년대 초에는 한국전쟁에 대한 상황이 많이 보도되었는데 주로 이 기회를 틈타 중국으로의 반공수복의 기회를 찾을 수 있는지를 타진하는 내용이 많았다. 1960-70년대에는 반공과 냉전의 동일한 토대에서 정치, 문화, 교육 부문의 상호 교류가 많았고 동시에 경제교류와 교역이 증대되면서 '아시아의 네 마리 용'으로 대만과 한국은 서로 협력하기도 하고, 경쟁자로도 인식되었다. 1990년대 초 국교가 단절된 이후로는 운동 경기를 위주로 교류가 이루어졌으며, 21세기에 접어들면서 본격적인 한류의 영향으로 한국에 대한 비교적 호의적인 인식이 형성되었다. 한국 드라마, 영화, 예능프로그램과 K-POP에 이르기까지 한국대중문화가 대만의 안방을 점령했으며 최근에는 넷플릭스, 디즈니플러스 같은 OTT를 통해 한국과 동시적으로 각종 문화컨텐츠를 소비하고 있다. 여기서 그치지 않고 한국문학도 큰 관심을 받아 해마다 많은 량의 소설, 산문, 회화본 등이 번역, 출간되었다. 한국에서 주목을 받은 「불편한 편의점」, 「여인들과 진화하는 적들」, 「레몬」, 「검은 꽃」, 「빛의 제국」, 「댓글부대」, 「쇼코의 미소」, 「살인자의 기억법」, 「82년생 김지영」, 「한 명」, 「헬프 미 시스터」, 「채식주의자」, 「소지」, 「은교」, 「녹천에는 똥이 많다」, 「고산자」, 「파도가 바다의 일이라면」, 「달려라 아비」, 「엄마를 부탁해」, 「현남 오빠에게」, 「빛의 제국」, 「소년이 온다」, 「내 심장을 쏴라」 등의 번역과 출판을 대표적인 예로 들 수 있다.

　이렇듯 양국 간의 역사적, 문화적 관련성과 세계정세, 지역안보에 대응하는 참고대상으로서의 상호인식이 필요한 만큼 대만인의 한국에 대한 관심은 앞으로도 지속될 것으로 보인다.

참고문헌

김남이, 하상복(2010), 「최남선의 자조론(自助論) 번역과 重譯된 '자조'의 의미－새뮤얼 스마일즈(Samuel Smiles)의 『자조』(Self-Help), 나카무라 마사나오(中村正直)의 『서국입지편』(西國立志編)과의 관련을 중심으로」, 『語文研究』 65, 241-270쪽.

최말순(2011), 「1930년대 대만문학 맥락 중의 장혁주」, 『사이間SAI』 11호, 61-92쪽.

최말순(2012), 「대만의 한류현상과 이를 통해 본 대만사회」, 『대만을 보는 눈』, 서울: 창비, 235-252쪽.

崔末順(2012), 「日據時期台灣左翼刊物的朝鮮報導: 以《台灣大眾時報》和《新台灣大眾時報》為觀察對象」, 『中國言語文化』 第二輯, 71-95쪽.

최말순(2014), 「대만의 한국문학 번역, 출판현황과 전망」, 『번역공간으로서의 동아시아』, 파주: 출판도시문화재단, 552-561쪽.

최말순(2018), 「식민지 자치론과 엽영종의 조선행」, 『한국근현대문학과 중국 그리고 동아시아』, 서울: 역락, 117-147쪽.

曾天富(2018), 「반공과 민주의 시금석－대만잡지 『자유중국(自由中國)』의 1950년대 한국보도와 인식」, 『동방문학비교연구』 제8집, 99-132쪽.

곽형덕(2017), 『김사량과 일제 말 식민지문학』, 서울: 소명출판.

최말순(2019), 『식민과 냉전하의 대만문학』, 서울: 글누림출판사.

許俊雅(2011), 「朝鮮作家朴潤元在臺作品及其臺灣紀行析論」, 『成大中文學報』 34, 21-61쪽.

下村作次郎(2012), 「論龍瑛宗的「宵月」」, 『中心到邊陲的重軌與分軌』(上), 臺北: 臺大出版中心, 172-198쪽.

崔末順(2015), 「日據時期的臺灣文壇與韓國」, 『跨國·跨語·跨視界: 臺灣文學史料集刊』 第五輯, 臺南:國立臺灣文學館, 109-122쪽.

崔末順(2018), 「心的戰爭: 蕭金堆〈命運的洋娃娃〉中的戰爭記憶與台韓友誼」, 『東亞文學場: 台灣、朝鮮、滿洲的殖民主義與文化交涉』, 臺北: 聯經出版社, 437-460쪽.

崔末順(2021), 『殖民與冷戰的東亞視野: 對臺韓文學的一個觀察』, 臺北: 遠景出版社.

曾天富(2022), 「전후초기 대만잡지의 한국보도와 세계인식」, 『韓國學報』 第38期, 145-185쪽.

崔末順(2022), 「1940年代臺灣文壇提及「朝鮮」的脈絡及其理由」, 『文學臺灣』 122, 197-

213쪽.

崔末順(2023),「由『臺灣出版警察報』觀察殖民地臺灣的言論檢閱與朝鮮問題」,『文學臺灣』
127, 109-117쪽.

王向遠(2005),『筆部隊和侵華戰爭: 對日本侵華文學的研究與批判』, 北京: 昆侖出版社.

공자(孔子)
-사랑을 묻다-

박영진(용인대)

1. 들어가는 말

1992년 한국과 중국의 수교 이후 한중관계의 중요성은 높아지고 있다. 물론 정치적, 외교적 역학관계에 따라 우호적이거나 경색된 사례는 빈번하게 있었으나 양국 관계의 중요성에는 이견이 없다. 그런데 우리나라의 최대 교역국이자 유구한 역사적 관계를 이어온 중국에 대해 우리는 얼마나 알고 있을까?

우리처럼 배타적인 민족도 없는 것 같다. 솔직히 단일민족의 개념이 사라지고 있는 지금, 타민족이나 외지인에게 전통적(?)으로 배타적이었던 것이 사실이다. 우리는 서양인들에게 '양코배기'라고 했으며, 흑인에게는 '깜둥이', 일본인에게는 '쪽바리', 중국인에게는 '짱깨' 등의 비속어를 거침없이 사용해 왔다. 물론, 이러한 습성이 양단의 끝으로 사대주의적 양상을 초래하기도 했으며, 지나쳐 민족 감정으로 남아 있는 것이 사실이다.

필자는 중국을 알아야 아시아의 정서를 알 수 있고, 공자를 알아야 그로부터 영향을 받은 인류, 국가, 민족 등을 이해할 수 있다고 생각한다. 그리고 그의 사상과 주장이 오늘날에도 의미 있게 적용되어야 한다고 믿는다. 최소한 2천 5백년 동안 존중되어 온 공자의 학문에는 무엇인가 특별한 것이 있을 것이라고 생각해야 하지 않을까?

이 글에서는 과거 필자가 출간했던 『공자에서 노신까지 중국교육사상가 21』, 『중국교육사상가』 등의 저서와 논문, 그리고 현대차그룹에서 1년 간 특강을 했던 원고의 일부가 포함되어 있음을 밝힌다. 그리고 과거의 축적된 연구와 강의가 쉽게 이 글에 담겨지기 바라는 마음에서 가급적 쉬운 용어를 채택하여 기술했다.

이제 다시 한번 공자를 돌아보고, 그가 생각했던 사랑은 어떤 개념인지와 우리가 놓치고 있는 것은 무엇인지 살펴보자. 아마도 AI의 확산과 초전도체가 운운되는 오늘날에도 적절한 의미가 있을 것이다. 그 의미를 찾기 위해 먼저 그의 구구절절한 생애를 간단히 살펴보자.

2. 생애

공자처럼 드라마틱한 출생의 비밀을 가진 사람도 있을까? 어지간한 막장 드라마도 공자의 출생만큼 드라마틱하지 않다는 게 정설이다. 출생, 성장, 짧은 관직생활, 유객생활, 만년에 이르기까지 그에 대해 에피소드는 제법 사실적으로 기록되어 있다.

공자(기원전 551-479년)[1]는 중국의 유가를 창시한 사람으로 동방의 성인이

---

1   공자의 출생에 대해서는 대체적으로 두 가지 異見이 있다. 즉, 『公羊傳』이나 『穀梁傳』의

라고 불리고 있는 위대한 사상가이자 교육가이다. 그는 중국의 역사 이래로 영향을 받지 않은 학자가 없을 정도로 중요한 인물로서, 특히 한국, 중국, 일본 등 한자문화권에 많은 영향을 준 인물이라고 할 수 있다.

공자는 노나라魯國의 추읍陬邑[2]에서 부친 숙량흘叔梁紇과 모친 안징재顔徵在 사이에서 태어났다. 이름은 구丘, 자는 중니仲尼로, 가문에 대한 기록이 그리 분명하지 않은 것으로 보아 그리 좋은 가문은 아니었던 것 같다. 그의 조상은 원래 송나라 귀족 출신이었으나 정치적인 이유로 가세가 쇠락하여 노나라로 도망갔다고 한다. 공자의 부친은 60(혹은 70)이 넘도록 아들이 없어서 고민하다가 점쟁이 집안 안顔씨에게 점을 보다 그의 셋째 딸 사이에서 낳았다고 한다. 이때 안징재의 나이 16세! 아마도 공자의 어머니 안징재의 직업은 무당이었을 것이다. 물론, 이 출생의 비밀에 대한 학계의 의견과 위대한 사학자 사마천司馬遷의 기록은 구체적이지 않으나 양해해준다면 유추할 수 있는 정도의 논리는 가지고 있다. 어쨌든 지질이도 가난한 천민이었던 공자는 기구하게 태어난다.

공자는 나이 3세 때 부친을 여의고 편모슬하에서 자랐다. 그의 소년 시절은 매우 가난하여 여러 가지 잡일로 가계를 도와야 했기 때문에, 당시 귀족들이 받던 정규교육은 받지 못했다. 그러나 어릴 적부터 책읽기를 좋아하였고, 동네 아이들과 예禮를 갖추어 제사놀이를 하며 놀았다고 한다.

26,7세 때, 공자는 창고지기라고 할 수 있는 "위리委史"와 가축을 돌보는 "승전承田" 등의 낮은 관직에 있었다. 그의 사회적 지위는 비교적 낮은 편에 속했지만, 성실하고 다재다능했다고 한다. 그는 스스로 "내가 어릴 적에 비천

기록에 의해 襄公 21년(기원전 552년)이라는 견해와 『史記』에 근거한 襄公 22년(기원전 551년)이라는 견해이다. 이 책에서는 중국학자들 사이에 주류를 이루는 後者의 견해에 따른다.

2 오늘날 山東省의 曲阜로, 당시 노나라의 수도였다.

했기 때문에 여러 가지 기예를 배웠다"[3]라고 했는데, 이는 불우한 어린 시절이 학문 전반에 적지 않은 영향을 주었음을 알려 준다.

공자는 약 서른쯤 되었을 때부터 사학私學을 열어 교육활동을 시작하였다. 사학교육을 시작한 이후, 그의 명성은 나날이 높아져 곳곳에서 사람들이 찾아와 가르침을 구했다. 또한 50세에는 노나라의 "중도재中都宰"라는 관직을 맡았고 이어서 "사구司寇"로 승진하였다. 그러나 3개월도 못되어 강제로 노나라에서 쫓겨나 약 14년 동안 송宋, 위衛, 진陳, 제齊 나라 등을 유랑한다. 그때 그의 나이 56세(기원전 494년, 定公 13년)였다.

유랑생활을 마치고 노나라에 다시 돌아온 공자는 세상을 떠날 때까지 강학講學활동과 고대 문헌 정리에 매진했다. 이미 노년에 이른 공자는 "아침에 도를 깨우치면 저녁에 죽어도 좋다"[4]라고 할 정도로 학문 정진에 열심이었다.

공자의 제자는 삼천 명에 이르렀다고 하며, 그 중에 72명은 육예六藝를 통달한 직계제자라고 할 수 있다. 공자의 제자들은 후에 그가 가르친 내용과 학문을 중심으로 "유가"를 형성하게 된다. 때문에 공자에 관한 기록은 후세에 가감된 부분도 있으며, 모호한 부분도 적지 않다. 그러나 그가 훌륭한 스승이었고 위대한 교육자였다는 사실에는 이견이 없다.

공자가 후세에 미친 긍정적인 영향에는 크게 두 가지가 있다. 첫째는 고대 문서를 정리하고 보존하여 학술적 체계성을 후세에 전해 주었다는 점이고, 둘째는 관료적인 관학을 타파하고 사학을 열어 동양 고대교육의 정신적 지주가 되었다는 점이다. 본 연구는 이 두 가지 부분을 연결시키기 위해, 『논어論語』를 중심으로 한 고대문헌을 원전으로부터 정리·연구하여, 사학교육을 중심으로 한 공자의 인문학적 통찰을 종합하고자 했다.

---

3   『論語』, 子罕, "吾少也賤, 故多能鄙事".

4   『論語』, 里仁, "朝聞道, 夕可死".

3. 왜 공자의 인문학인가?

오늘날 학문들은 나름의 경계를 가지고 있다. 이를 전공이라고 일컫기도 하는데, 학문의 체계가 형성되는데 긍정적인 영향을 주기도 했다. 그런데 이러한 경계는 서양의 학문 분류체계가 주류인 것이 사실이다. 예를 들면, 고대 그리스의 학문조차 융합적이고 통합적이었으나 나름대로 전문분야, 즉 전공(?)이 있었다. 즉, 소크라테스는 철학이나 상담을, 피타고라스는 수학, 변증법, 문법을 히피아스는 역사와 수학을 전공으로 삼았다. 이러한 학풍은 중세시대까지 이어져 중등교육에 7가지 자유교과를 형성하게 했다. 즉, 3학인 변증법, 문법, 수사학을, 4과인 천문, 기하, 음악, 산술을 체계화하여 형성하게 한 것이다. 그러나 공자의 학문은 그 경계가 매우 모호했다. 문학, 역사, 철학 외에도 음악, 체육 등에도 조예가 깊었다. 사마천의 『사기史記』는 "공자는 시, 서, 예, 악을 가르쳤고, 제자가 삼천이나 되었다."[5]라고 기록했다. 물론 중국의 수리관은 독특한 점이 있다는 점을 감안해야 한다. '삼三'이라는 숫자는 '완벽하다', '많다', '좋다', '의미있다', '아름답다' 등의 함의를 가지고 있다. 즉, '일一'은 양의 수, 태양의 수, 밝은 수, 생산의 수, 남자의 수라면 '이二'는 음의 수, 달의 수, 어둠의 수, 소멸의 수, 여성의 수라고 할 수 있다. 이에 따라 음과 양이 합해진 '삼三'은 음과 양이 조화된 아름다운 수, 완벽한 수, 좋은 수라는 것이다. 그러므로 공자의 제자가 3천명이었다는 것은 정말 3천명이 아니었을 수도 있다. 제자의 수가 '참 많았다' 정도로 해석해도 무방할 것이다. 어쨌든 공자는 인문학이라고 할 수 있는 문학, 역사, 철학 외에도 예체능을 가르치며 학교를 운영했다. "(인간의 수양은) 시에서 시작하고, 예를 통해 서며, 악에서 완성된다."[6]라고 하였다. 또한 그가 대표적인 체육활동인

5 　『史記』, 孔子世家, "孔子以詩, 書, 禮, 樂教, 弟子蓋三千焉".

말타기御에 대해 "내가 무엇을 잡을 것인가? 말고삐를 잡을 것인가? 활을 잡을 것인가? 말고삐를 잡겠다."[7]라고 한 것은, 그가 체육활동에 매우 능숙했음을 짐작하게 해 준다. 공자가 72세에 생을 마칠 때까지 심하게 병들었다는 기록이 없는 것으로 보아, 그는 매우 건강한 사람이었을 것이라고 추측할 수 있다. 특히 공자는 자주 체육활동을 했는데, 이는 제자들과의 교육과정 중에 자주 나타난다. 또한 공자는 체육활동을 좋아한 것뿐만 아니라 체격이 건장했으며 체력도 매우 강했다고 한다.[8]

이러한 공자의 인문학은 '인仁'으로 대표할 수 있다. 한자 사전의 의미로 인은 '어질다'는 뜻을 가지고 있으나 사실상 인을 오늘날의 언어로 표현하자면 '사랑'이라고 해야 하지 않을까? 수 많은 학자들이 인의 의미를 사랑이라고 해석했기에 설문해자에서의 의미는 뒤로 미루자. 중요한 것은 인을 통해 대표되는 공자의 학문은 숫자로 환산되는 가치가 아니라 무형의 가치만 가진다는 것이다. 그런데 AI가 활용되고, 로봇이 일을 하는 오늘날에도 공자의 사랑은 왜 학문으로 남아 있는 것일까?

공자의 인은 다음과 같은 의미를 통해 해석되어 왔다. 대부분 우리 인류가 갖춰야 할 유의미한 관계성을 축약해서 포함한 것이라고 할 수 있다.

첫째, 극기복례이다. 공자는 "자기를 이겨 예로 돌아가는 것(克己復禮)이 인이요, 하루 극기복례하면 천하가 인에 돌아올 것이니, 인은 자기로부터 나온 것인데 어찌 다른 사람으로부터 말미암겠는가?"[9]라고 했다. 이는 모든 사람이 극기복례를 실천한다면 세상이 인으로 돌아갈 것이라는 의미로, 주나

---

6   『論語』, 泰伯, "興於詩, 立於禮, 成於樂".

7   『論語』, 子罕, "吾何執, 執御乎, 執射乎, 吾執御矣".

8   『史記』, 孔子世家, "子之於軍旅, 學之乎, 性之乎…學之於孔子"와 『呂氏春秋』의 "孔子之勁力, 擧國門之關" 등에서 알 수 있다.

9   『論語』, 顏淵, "克己復禮爲仁. 一日克己復禮, 天下歸仁焉. 爲仁由己, 而由人乎哉".

라의 예제도를 계승한 것뿐만 아니라 인간관계를 한층 발전시킨 것이라고 할 수 있다. 즉 공자는 개인이 극기복례로써 사회의 기풍氣風을 정화시키면, 세상을 인으로 되돌릴 수 있다는 새로운 시대적 지표를 제시한 것이다. 이러한 그의 희망은 시대적인 조류에 부응해서 후세에 높이 평가받게 되었다.

둘째, 애인愛人으로 표현할 수 있다. 번지樊遲가 공자에게 인을 물었을 때, 그는 "사람을 사랑하는 것이다"[10]라고 대답했다. 그러므로 공자에게 있어서 인의 함의는 곧 "애인"이라고 할 수 있다. 이 부분은 공자의 사상 중 교육적인 면이 가장 적절히 나타난 부분이라고 할 수 있다.[11] 또한 공자는 인에 대해, "널리 민중을 사랑하는 것"[12]이라고 했다. 이는 그의 인사상이 인본주의에서 비롯되었음을 나타내 준다. 여기서 "범애중汎愛衆"이라는 말은, 시기적 상황을 고려할 때 매우 개혁적이었다고 할 수 있다. 즉 노예제 사회에서 민중을 널리 사랑해야 한다는 주장은 곧 당시의 통치자들에게는 치명적이었을 것이다. 이러한 공자의 사상은 집권자들이 인으로 백성을 대하고 나라를 다스려야 한다는 인정사상仁政思想으로 발전되었다. 『논어』에는 다음 일화를 들어 공자의 "애인"사상을 설명하였다. "마구간에 불이 났는데, 공자가 조정에서 돌아와 말씀하시기를 '사람이 다쳤는가?'만 묻고, 말에 대해서는 묻지 않았다."[13] 그러므로 공자는 인의 실천을 애인이라고 생각하였고, 애인이 곧 모든 정치의 근본이라고 생각했다.

셋째, 효이다. 효는 공자의 인에 있어서 극기복례, 애인과 더불어 매우 중요한 개념이다. 그는 "제자는 들어오면 효도하고 나가서는 공손해야 한다."[14]라고 했다. 이는 공자가 제자들에게 부모에게 효도하고 어른에게 공경

---

10   『論語』, 顏淵, "問仁, 子曰, 愛人".

11   曲士培, 『中國大學敎育發展史』, 山西: 山西敎育出版社, 1993, p.33 참조.

12   『論語』, 學而, "汎愛衆".

13   『論語』, 鄕黨, "廏焚, 子退朝曰, 傷人乎, 不問馬".

공자(孔子)-사랑을 묻다 191

할 것, 즉 사회적 인간관계의 기초를 직접적으로 가르친 것이다. 그러므로 효는 인의 근본이며 필수적인 덕목이라고 할 수 있다. 이는 그의 제자 유자有子의 "효도와 공손함은 인의 근본이다."[15]라는 말에도 잘 나타나 있다. 공자에게 있어서 효의 범위는 개인과 가정에 국한된 것이 아니라, 사회적 규범으로까지 영향을 미치는 포괄적인 개념이다. 그는 "효도하고 공손하면서 위로 범하기를 좋아하는 자가 적고, 윗사람을 범하는 것을 좋아하지 않으면서 난을 일으키기 좋아하는 자가 없다."[16]라고 했다. 이는 국가와 사회의 규범이 가정의 효에서 비롯됨을 설명한 것으로, 곧 효자는 선한 백성과 충성스러운 신하가 되기 쉽다는 것이다. 그러므로 공자가 주장한 효는 노예제와 왕권을 유지시켜 주는 이데올로기적 역할에도 일조했다고 할 수 있다. 공자는 인 외에도 의義, 충忠, 신信, 용勇, 양良, 공恭, 겸謙, 화和, 민敏, 혜惠, 중용中庸 등의 개념들을 덕육을 위해 제시하였다. 이 모두는 인을 중심으로 종합되어 아시아의 전통 윤리사상에 초석이 되었다. 이 점이 바로 공자가 중국 고대문화에 끼친 학문적 공헌이라고 할 수 있다.

흥미로운 것은 공자는 인문학을 음악에도 담아 체계화했다는 사실이다. 공자는 음악에 심취해 고기 맛도 몰랐다고 하고, 직접 악기를 연주하며 풍류를 즐겼다고 한다. 이러한 조예는 고대의 음계라고 할 수 있는 궁, 상, 각, 치, 우에 오행을 접목시켜 사회와 학문의 질서를 추구했다는 점에서 알 수 있다.

---

14   『論語』, 學而, "弟子, 入則孝, 出則弟".

15   『論語』, 學而, "孝弟也者, 其爲仁之本與".

16   『論語』, 學而, "孝弟, 而好犯上者, 鮮矣, 不好犯上, 而好作亂者".

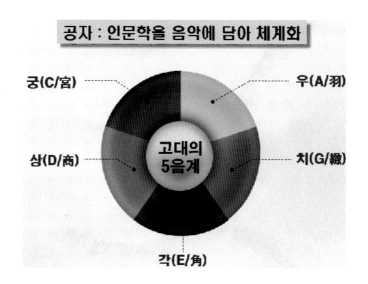

공자 : 인문학을 음악에 담아 체계화

궁(C/宮) ─ 우(A/羽)

고대의
5음계

상(D/商) ─ 치(G/緻)

각(E/角)

세상을 가치 있게 조화시킨 체계 → **음과 양의 조화**

오행	토	목	금	화	수
	청	홍	황	백	흑
	신맛	쓴맛	단맛	매운맛	짠맛
	양	닭	소	개	돼지
	동	남	중앙	서	북
	군신	부자	장유	부부	붕우
음계	궁(C/宮)	상(D/商)	각(E/角)	치(G/緻)	우(A/羽)

오늘날 우리가 잊고 지내고 사는 것은 이런 것이 아닐까? 공자는 인을 통해서 인류의 근본적인 존재에 화두를 던졌다. 우리는 무엇을 위해 사는가? 우리는 조화롭게 살고 있는가? 악기의 각 선율이 조화하여 하나의 화음을

만들어 음악의 요소를 메우듯이 서로 사랑하며 살고 있는가에 대해 공자는 2천 5백년 동안 질문해 왔다.

융합적이나 공자의 학문을 학술적으로 깊이 있게 연구하는 학문을 우리는 '철학'이라고 분류한다. 특히 유학을 중심으로 한 공자의 학문은 세상의 현상과 이치를 볼 수 있는 관점을 제공해 준다. 이를 세계관이라고 한다면 공자의 학문은 철학으로 집대성되어 세계관을 공급해 주어 왔다. 특히 자신의 주체적인 세계관을 통해 타인에게 보편적인 시각을 제공한 사람, 즉 철인哲人 중 한 사람이다.

공자의 세계관은 그의 교육기관을 통해 확산되어 아시아 사회에 많은 영향을 주었다. 특히 동북아시아 3국에는 지대한 영향을 미쳤다. 공자의 학교를 보통 최초의 사립교육기관이라고 일컫는데, 제자들과 함께 생활을 하면 가르쳤던 도제식 교육의 모범이었다. 공자의 학교는 선한 습관, 학문증진, 상호작용에 대해서 연구하고 교학했다는 것은 많이 알려져 있다. 이때 선한 습관을 읽히는 것을 '수양'이라고 하고, 학문을 연구하는 것을 '계발'이라고 하며, 상호작용하는 것을 '처세'라고 한다. 즉, 인성과 지식과 사회성을 모두 익혀야 하는 공자의 학교는 서양의 그것과는 차이가 있을 것이다. 즉, 플라톤의 '아카데이아'나 아리스토텔레스의 '리케이온', 이소크라테스의 '수사학교'와는 다른 시스템이었다. 인을 세계관으로, 조화와 사랑의 의미를 전파하고 싶었던 공자의 철학은 다음과 같은 3가지 경험을 통해 형성되었다고 볼 수 있다.

첫째, 출생의 비밀이다. 앞서 언급한 것처럼 막장 드라마에 가까운 출생을 말한다. 3세에 무장 출신이었던 아버지를 여의고, 무당 어머니 손에 자랐다. 정규 교육은 받은 적 없으며, 먹고 살기 위해서 안 해본 아르바이트가 없었다. 종종 어머니에게서 배운, 혹은 어머니를 추억하며 제사놀이를 하며 지냈다. 그래서 공자는 '내가 어릴 적에 비천했기 때문에 여러 가지 기예를 배웠다'(吾

少也賤, 故多能鄙事/子罕)고 했다.

둘째, 유객(遊客) 생활을 했던 경험이다. 공자는 제자가 3천명에 이를 만큼 존경을 받았다. 그리고 천하를 경영해도 될만큼 축적된 지식도 있었다. 그러나 제대로 마음에 맞는 군주를 도와 세상을 통치할 기회가 없었다. 세상이 무도해지고, 인간의 이기심이 극도로 고조된 춘추시대에 사랑을 외치고, 전통적 도의를 따져 묻는 공자가 인정받는 것은 불가능했을지도 모른다. 그러니까 공자는 어디에도 인정받지 못한 성인이라고 할 수 있다.

셋째, 공자의 이별은 그의 철학을 형성하는 데 깊은 영향을 주었을 것이다. 특히 논어에 기록된 이별은 제자 안연顔淵의 죽음이 대표적이다. 제자 안연이 죽자 공자는 다음과 같았다고 한다.

슬프다, 하늘이 나를 버리시구나. 하늘이 나를 버리시는구나(噫天喪予天喪予)
안연이 죽자, 공자가 곡哭을 하다가 마침내 통곡을 하였다(顔淵死子哭之慟)

아끼는 제자의 죽음 앞에서 초연할 스승이 어딨겠는가? 공자는 예법이고 뭐고 따지지 않고 눈물, 콧물을 흘리며 슬피 울었을 것이다. 또 하나는 아들 리鯉의 죽음이었다. 70세에 겪은 아들의 죽음은 그 어떤 애통함보다 아팠으리라. 특히 평생 인간의 사회성과 학문의 발전성을 고민해 왔던 철인에게도 단순한 성찰의 기회만은 아니었으리라. 흥미로운 것은 공자가 평소에 아들에게 강조해서 가르치고자 했던 내용이다. 그는 '시를 배우지 않으면 말할 수 없다'(不學詩, 無以言 / 李氏)고 했다. 즉, 시를 통해 비유하고, 수사하며, 타인을 설득하고, 자신의 의견을 피력하는 활동을 중시했다는 것이다.

이러한 그가 생을 마감해 가면서 인생을 정리한 글을 새겨보는 것은 의미가 있다. 그가 연령별로 어떻게 살았으며, 무엇을 강조했는지 알 수 있는 글이다. 공자는 스스로의 성장과정을 다음과 같이 기술하였다.

나는 15세에 학문에 뜻을 두었고, 30세가 되어 자립하였으며, 40세에 모든 것으로부터 미혹되지 않았고, 50세에 천명을 알게 되었으며, 60세에 모든 일을 들어 저절로 알게 되어 거스름이 없었고, 70세에 마음이 하고자 하는 것을 좇아도 법도에 벗어나지 않았다.[17]

솔직히 우리는 15세에는 아무 생각이 없었으며, 30세에도 생각이 스스로 서 있지 않아 갈팡질팡했고, 40세에도 로또복권이나 사며 미혹되었으며, 50세에도 세상의 이치는커녕 부동산이 오를지 내릴지도 몰랐고, 60세에도 자주 분노하고, 70세에도 욕망에 사로잡혀 있지 않은가?

춘추시대 강호의 도의가 바닥을 친 현실을 깨닫고 인간의 모습을 잘 파악하고 있었던 공자는 이를 극복하기 위해 인재상, 혹은 인간상을 제시한다. 이를 '성인聖人'이라고 하지만, 성인은 너무 되기 어려워서 '군자君子'라는 인재상을 제시한다. 군자는 3가지 능한 것이 있는데, 이 능한 것은 다음과 같았다. 첫째, 인자는 타인에게 인자하게 대했기 때문에 남이 해코지하지 않을까 근심하지 않는다. 둘째, 지자는 지혜롭기 때문에 세상에 현혹되지 않으며, 셋째, 용자는 남을 겁박하는 사람이 아니라 단지 두려워하지 않는 사람이라고 했다. 즉, 인자, 지자, 용자의 모습을 모두 갖췄을 때 군자라고 할 수 있다.

---

17 『論語』, 爲政, "吾十有五而志於學, 三十而立, 四十而不惑, 五十而知天命, 六十而耳順, 七十而從心所欲不踰矩".

4. 공자의 사랑을 적용해 보자

현대 사회는 사랑이 메말라가고 있다. 세상에는 충분한 식량과 물이 있는데, 지구의 한편에는 굶어주는 사람이 속출한다. 그리고 인류는 끝없이 정의나 종교의 명분을 들어 전쟁을 일으키고 있으며, 인간의 존엄성을 말살하는 정책에 찬사를 보내기도 한다. 인간의 이기심은 끝이 없다고 봐야 하지 않을까?

그러니까 우리는 불가능할지라도 공자의 인을 사랑이라는 이름으로 적용해 볼 필요가 있다. 공자가 동방의 성인이라고 일컬어질 때는 동서고금을 초월한 진리를 주장했기 때문 아닐까? 혹자는 사랑이 없어지고 있는 현대사회에 사랑을 적용하자고 하면 철없다고 웃을지 모른다. 또한 너무 추상적이거나 비현실적이라는 비판을 받을지도 모른다. 그래도 우리는 그의 교육기관처럼 대학에서 학문을 가르치고 배우는 사람이기에 한번 해보자고 주장은 해야 할 것 같다.

현대사회에 인을 적용하면?

극기복례

타인에게 공손

집에서 공손 밖에서 경건 타인과 진솔

仁

하기싫은 것 남에게 베풀지 않기

득실 따지지 말고 사람으로서 마땅한 일 하기

겸손 너그러움

위의 그림에서 언급한 것과 같이 인은 곧 우리가 살고 있는 사회를 지켜주는 최소한의 관계성에서 출발한 것이라고 할 수 있다. 역지사지易地思之와 같이 내가 싫은 것은 남도 싫은 것이고, 내가 소중하듯 타인도 소중하다는 인식만으로도 참 많은 것을 해결할 수 있다. 무엇보다 인을 사랑이라고 번역할 수 있는 근거는 '타인의 존재를 아끼고, 나와 같이 소중히 하라는 것'이었다. 그래서 공자는 인이 무엇이냐는 질문에 '사람을 사랑하는 것이다'라고 했다. 부연하여 공자는 인에 대해 '널리 사람을 사랑하는 것(汎愛衆 / 學而)'이라고 했다. 대표적인 일화로 마구간에 불이 났는데 공자가 조정에서 돌아와 말하기를 '사람이 다쳤는가'만 물으시고 말에 대해 묻지 않았다는 기록에서 가치관을 엿볼 수 있다. 당시의 말 한 마리는 고급 자동차와 맞먹을 만큼 귀했다고 한다. 그런데 마구간에 불이라니 정말 낭패가 아닐 수 없다. 이러한 상황에서 인간을 사랑하는 애인을 통해 공자가 주는 메시지는 단순하다. '인간이 소중한가 아니면 물질이 소중한가? 알면 그대로 실천하자.'라고 일깨우는 것이다. 그런데 우리는 아직도 물질 때문에 인간을 죽이고, 인간을 기만하며, 인간을 하찮게 보는 게 사실이다. 무엇으로도 비할 수 없는 인간의 생명과 존엄성을 가장 빨리 포기하기도 한다.

5. 공자－사랑을 묻다!

공자의 인, 즉 사랑은 도덕적인 사회를 실현하기 위한 것이었다고 할 수 있다. 특히 형이상학적인 부분이라고 할 수 있는 예와 인, 의와 충, 효와 애 등은 사회구성원들 간의 도덕적 "관계"를 설정하는데 초석이 되었다. 여기서 "관계"라는 말은 사회구성원들이 연결, 교류, 조절, 통합될 수 있는 이데올로기적 기능을 가지고 있음을 나타내 준다.

공자가 살았던 춘추시대는 전쟁과 부조리로 혼란함을 면치 못했던 시기이다. 그는 도덕적 "관계"를 사회의 이데올로기로 제공함으로써 병들어 가는 사회를 신화와도 같은 시대(성인 즉, 성왕이 통치하여 평화로웠다는 중국의 선사시대)로 회복하고 싶었다. 즉, 공자는 혼란기의 도덕적 타락과 사회의 부조리에 대한 상처에 "도덕성 회복"이라는 처방을 내렸으며, 이를 통해 인류가 서로 사랑하는 가운데 안정과 평화를 되찾기를 갈망했다.

과학문명을 바탕으로 경제 제일주의, 합리주의, 생산 우선주의에 치중했던 20세기는 결국 도덕성 붕괴, 혹은 도덕 불감증 등의 사회적 문제를 야기했다. 중요한 것은 이러한 문제들의 핵심에 애인을 간과할 수 없다는 것이다. 즉 21세기는 "지난 세기에 대한 도덕적 반성"이라는 숙제를 완성하지 못한 채 시작되었으며, 우리는 각종 사회문제로부터 그 책임을 면할 수 없게 되었다는 것이다. 이러한 시기에 25세기 전의 공자의 인문학은 "구태의연"하다는 선입견을 잠식시켜주기에 충분하다. 왜냐하면 공자는 현재 21세기에 들어선 우리에게 도덕적 인간관계를 교육활동을 통해 몸소 보여주었기 때문이다.

물론 공자의 철학은 그 이론적 의미만으로도 가치가 있겠지만, 교육이라는 일련의 활동을 통하지 않고서는 실천적 의미를 가질 수 없다. 즉 공자의 철학은 교육활동을 통해 실천적 의미를 가질 수 있었으며, 교육은 철학이라는 이론적 범주에 근거하고 있는 것이다. 이때 철학과 교육을 각각의 독립 영역으로 두지 않고 연결해 준 매개자가 바로 도덕이다. 도덕은 공자의 철학(이론)과 교육(실천) 사이에서 다리 역할을 하면서 서로를 보완해 주는 역할을 했다. 이러한 점은 현재의 우리에게도 시사하는 바가 크다. 20세기적 합리주의, 구조주의와 더불어 발생한 도덕적 문제들을 해결할 수 있는 방안으로는 도덕을 매개로한 교육적 패러다임의 전환을 들 수 있다. 즉 공자가 도덕을 매개로 철학과 교육, 이론과 실천을 분리시키지 않았던 것처럼, 21세기의 우리도 도덕성 회복을 매개로 각종 사회문제와 교육을 연결시켜야 한다는 것이다. 또한 공자가 도덕을 통해 모든 사회 부조리의 "관계"를 회복하려 했던 것처럼, 우리는 교육과 제반 사회문제들과의 "관계"를 다시 확인해 볼 필요가 있다. 이처럼 공자의 교육사상은 구태의연함에 국한된 것이 아니라 현실적 실천 방안으로까지 전개될 수 있다. 또한 오늘날 도덕을 매개로 한 공자의 철학과 교육이 새롭게 주목받고 있다는 것은, 아직도 그의 도덕적 가르침이 우리에게 결핍되어 있음을 나타내 준다.

'공자-사랑을 묻다'는 사랑을 '질문하다'와 '사랑을 묻어 버리는 것'을 모두 고려한 중의적 표현이다. 이를 실천하기 위해 필자는 오늘의 우리가 최소한 다음과 같은 것을 적용할 수 있으리라고 생각한다.

첫째, 공자의 인으로 세계관을 정립해 보자. 사랑이 눈에 보이지 않아도 실천하다 보면 그 의미를 깨달을 수 있을 것이다. 버스 안에 노인이 서 있고, 건강한 젊은이가 앉아 있는 것은 아름답지도 않으며, 조화롭지도 않다. 세계관이 실천을 위한 나의 주체적 관점이라면 자신의 가치관을 정립할 때 인을 반영해 보면 어떨까?

둘째, 자신을 계발하고, 수양하는데 공자의 인을 적용해 보았으면 한다. 인간은 죽을 때까지 학습하는 인간이고, 요즘은 평생교육의 시대이다. 원하는 학습은 유튜브만 열어도 가능하고, 유형·무형의 교육기관이 다수 존재한다. 중요한 것은 인간이 내적으로 계발되고 수양할 때 필요한 내용도 갖추고 있는가이다. 혹시 내면의 계발은 자격증보다 필요 없는 것이고, 수양하는 태도는 불필요한 것이라고 생각한다면 부디 공자의 인을 적용해 보기 바란다.

셋째, 작은 사랑이라도 인간을 아끼고 소중히 여기는 일을 실천해 보자. 기회가 있어 나는 제법 많은 국가를 관찰할 기회가 있었다. 그때마다 느낀 소회는 후진국일수록 인간을 소중히 여기지 않으며, 인건비가 싸고, 존엄성이 부족하다는 점이었다. 선진국은 최소한 겉으로라도 인간을 아끼는 정책을 펼치며, 인간 노동에 대한 인건비 책정도 높은 편이다. 우리가 선진국 운운하며 내세우는 것은 소득 수준만이 아니다. 천박한 경제 논리보다 멋진 것은 도덕성을 기반으로 한 타인에 대한 존중이 아닐까? 그것이 매너나 에티켓이든, 시민의식이나 예의범절이든 아주 작은 것부터 타인을 존중하며 실천하는 자세가 필요하다고 공자의 인은 스며들 듯 가르쳐주는 것은 아닐까?

"민첩하고 배우기를 좋아하며, 아랫사람에게 묻는 것을 부끄러워하지 않는다."[18]라는 말은 공자가 위衛나라의 공문자孔文子를 가리켜 한 말이다. 곧 그의 말인 것 같다.

---

18 『論語』, 公冶長, "敏而好學, 不恥下問".

참고문헌

김태길(1998), 공자사상과 현대사회, 서울: 철학과 현실사.

박영진(1998), 공자에서 노신까지 중국교육사상가21, 서울: 삼경.

박영진(2015), 교육철학 및 교육사, 파주: 정민사.

박영진(2005), 중국교육사상가, 서울: 장서원.

박영진(1999), 공자에서 노신까지, 서울: 중국교육사.

박영진(2001), 주희의 교육목적과 도덕적 뉴패러다임, 철학비평, 통권 제6호, 161-178.

천웨이핑(2002), 공자평전, 신창호 옮김, 서울: 미다스북스.

蔡仁厚(2000), 공자의 철학, 천병돈 옮김, 서울: 예문서원, 2000.

任繼愈(1995), 中國哲學史, 北京: 人民出版社.

周桂鈿(1996), 中國傳統哲學, 北京: 北京師大學出版社.

陣超群(2000), 中國敎育哲學史(第一卷), 濟南: 山東敎育出版社.

梅汝莉(1995), 「儒家德育思想的現代價値」, 『敎育史研究』. 1995年12月 第4期.

蒙培元(2000), 「漫談孔子學說與市場經濟」, 『北京社會科學』. 2000年 第57期. 24-35.

朴泳珍(2001), 「朱熹與李珥的敎育思想比較」, 北京師範大學 博士學位論文.

* 기타 원전 및 강의자료 생략

한일관계와 아시아 공동체

김향숙(日本大)

1. 들어가는 말

　2024년은 한일국교정상화(1965년)로부터 59년째가 된다. 그리고 일본이 과거 식민지 지배 관련하여 사과한 「고노 담화」 발표로부터 31년이 되는 해이다. 선린 우호 관계가 외교의 기본이지만 그동안 한일관계는 악화된 시기가 더 많았다. 현재의 한일관계는 그다지 양호하다고 할 수 없다. 관계 악화 요인으로는 종래에는 주로 식민지 지배와 관련한 역사문제, 영토 문제, 한반도를 둘러싼 안전 보장 문제 등이었다. 그런데 2018년 초계기 사건, 2019년 일본의 대 한국 수출규제 조치와 같은 군사, 경제 분야로 확산하였다. 최근에는 후쿠시마 원전의 오염수 해양 방류 등의 환경문제로까지 확산되는 양상을 보이고 있다. 한일관계가 현재와 같이 복잡한 양상이 된 요인으로는 이 외에도 소위 잃어버린 30년으로 명명되는 장기간의 일본 경제의 침체와 더불어 일본 경제를 위협하는 한국의 경제 성장과 국제사회에서의 격상된 한국의 위상 등을 들 수 있다.

이 글은 용인대학교의 문화융합시대의 아시아라는 강좌에서 구두로 강의한 내용을 정리, 가필한 것이다. 한일관계를 아시아 공동체의 관점에서 살펴보는 것을 목적으로, 한일관계의 악화 요인과 미래지향적인 한일관계에 대해서 살펴보고자 한다. 이해를 돕기 위해 먼저 일본의 역사와 경제, 외교 등에 대해서 간략하게 살펴보기로 한다.

2. 일본의 역사

일본의 역사를 연표와 시대 구분 중심으로 간략하게 살펴보면 다음과 같다.

> 원시시대: 구석기시대, 조몬시대, 야요이시대.
>
> 고대: 아스카시대(538-710), 나라시대(710-783), 헤이안시대(794-1192).
>
> 중세: 가마쿠라시대(1192-1334), 무로마치시대(1338-1582), 쇼쿠호시대(1582-1603).
>
> 근세: 에도시대(1603-1867). 에도 막부의 창립(1603년)부터 메이지 유신에 의한 도쿄 천도(1869년)까지, 혹은 세키가하라의 싸움(1600년)부터 다이세이 봉환(1867년)에 이르는 기간.
>
> 근대: 메이지시대(1868-1911), 다이쇼시대(1912-1926), 쇼와시대(1926-1988). 봉건제 폐지부터 메이지 유신에서 현대에 이르는 기간.
>
> 현대: 쇼와 시대(1945-1989), 헤이세이시대(1988-2019), 레이와시대(2019-현재).

조몬시대와 고분시대 사이에 한반도로부터 문물이 전래되고, 벼농사가 시작되면서 생활은 크게 변했다. 벼농사에는 가족 단위를 넘어 효과적인 리더십 아래 공동의 노동이 필요했기 때문에 벼농사가 시작된 후 마을 규모가 커지고 사회 질서가 확립되었다. 이후 대륙과 한반도로부터 불교가 전래되었다. 이로 인해 일본에서는 일본 문화의 근원은 한국과 중국이라고 여기는 사람들이 많다. 나라, 헤이안시대가 되면서 한반도와 밀접한 관계를 맺게 되고, 중세와 근세, 근현대로 갈수록 한반도와의 접점은 더 광범하고 깊어졌다.

3. 일본의 경제

일본은 제2차 대전 이후 평화와 경제 재건을 최우선 과제로 삼아 비서양 국가로서 최초로 급속한 근대적 경제 성장을 1960년대에 달성했다. 이후 일본의 경제 성장은 장기간 지속되어, 1980년대 말에는 유럽 주요국을 능가하는 인구 1인당 GDP를 달성, 기적적인 세계 2위의 경제로 성장시켰다. 이후에도 일본은 계속해서 첨단기술, 도시화, 산업 사회로 변모하면서, 선도적인 경제 선진국으로 나아가 결국 세계 경제발전의 3대 축의 하나가 되었다.

잃어버린 10년(30년)이라고 불리는 장기적인 침체에도 불구하고 일본은 현재 여전히 세계 4위의 GDP를 보유하는 경제 대국이다. 이러한 번영의 토대는 19세기 후반에 이루어진 근대화의 성공에 있다고 할 수 있다. 이런 선구적인 일본의 경제 성장이 아시아의 4마리 호랑이로 불리는 싱가포르, 한국, 대만, 홍콩 등의 경제에도 호영향을 끼쳤다. 현재 홍콩과 싱가포르는 세계에서 가장 유명한 금융 중심지 중 하나이며, 한국과 대만은 자동차, 전자부품, IT와 테크놀로지 분야의 글로벌 제조의 중추적 역할을 하고 있다.

그런데 어떻게 패전국인 일본이 경이적인 경제 성장을 달성 할 수 있었을까? 1960년 대의 경이로운 일본의 경제발전은 세계 경제사 중에서도 특히 흥미로운 사례로서 많은 연구자들의 관심사이지만 이에 대해 이렇다 할 정확한 대답을 제시한 사람은 없다.

일본의 산업화 경로는 다음과 같다.

> 1603-1868(에도 시대): 상업적인 농업과 농촌의 장인 제조업이 정치적 안정 속에서 번성
>
> 1868-1890(메이지 초기): 본격적인 산업화 초기
>
> 1890-1920(메이지 후기 포함): 수입 기계와 노동 집약적인 섬유 제품의 수출에 의존하는 섬유 대량 생산을 기반으로 한 1차 산업혁명
>
> 1900-1930: 산업 삼위일체의 호황(예: 철도)
>
> 1920-1941: 2차 산업혁명의 시작
>
> 1945-1980: 2차 산업혁명의 지속, 미국 점령 하의 민주적 개혁, 복지국가 진입
>
> 1980-1990: 자산 버블 붕괴
>
> 1990-현재: 경기침체, 아베노믹스(2013-2020)

4. 일본의 외교

앞서 일본의 역사와 급속한 달성을 보인 경제 성장에 대해서 살펴보았다. 비서양국가로서는 유일한 일본의 발 빠른 근대화와 급속한 경제 성장의 발판은 19세기 후반에 이루어진 폭넓은 외교, 즉 해외 파견 사절단이라고 할 수 있다.

정치적으로 보수적이고 관료주의적이었던 사무라이 (무사) 정권인 에도 막부는 200년 이상 국제적으로 고립되어 있었다. 이 기간 동안 에도 막부는 외국과의 접촉이나 사적인 거래를 금지했고, 대외 무역은 전적으로 에도 막부가 독점했다. 서양인들은 일본에 대해 개방을 요구했다. 먼저 러시아인들이 그다음 다른 유럽인들이 왔다. 그러나 막부는 쇄국을 고집했다. 마침내 미국의 페리 제독이 강력한 대포를 실은 4척의 "검은 배"(기선)를 끌고 들이닥쳤다(1853-54). 혼란에 빠진 막부는 반대 의견을 무시하고 개항을 결정했다. 막부에 대한 비판이 격화되고 막부 내의 정치적 투쟁이 이어진 결과 1967년 에도 막부가 무너지고 메이지 유신(1868)을 거쳐 메이지 정부가 탄생하게 된다.

새로운 메이지 정부는 오랫동안 실권이 없었던 천황을 국가의 상징으로 옹립하고 서구 열강과의 불평등조약을 해소하기 위해 사절단을 구미로 파견하는 등 급속한 서구화, 근대화, 군사화 정책을 채택했다. 정치적으로는 최초의 헌법 초안이 작성되고 의회 정치가 확립되었다(1889-90). 경제적으로는 서구 기술의 흡수와 국내 산업의 창출이 국가의 주요 목표였다.

4.1. 빠른 근대화: 해외 파견 사절단

일본의 빠른 근대화의 발판을 만들어 준 것은 해외 파견 사절단이다. 분큐견유럽사절단 「文久遣欧使節団」(1862-1863), 이와쿠라사절단 「岩倉使節団」(1871-1873)과, 이보다 앞선 텐쇼견유럽소년사절 「天正遣欧少年使節」(1582-1590)이다.

이 두 번의 공식적인 해외 파견 사절단과 한 번의 비공식적인 사절단이, 구미와 아시아의 제국을 순방하면서 보고 배운 것들이 후일 일본의 근대적 군사화와 경제 성장에 큰 밑거름이 되었고, 일본의 한반도 식민지 지배 과정에도 중추적인 역할을 하게 된다.

이 세 차례의 사절단 중, 「덴쇼견유럽소년사절」은 규슈지방의 기리시단다이묘(에도 시대의 1만석 이상을 소유한 대부호인 막부 직속 무사)가 로마 교황 알현을 위해 사적으로 파견한 것이었다.

도쿠가와막부가 파견한 「분큐견유럽사절단」은 1862년(文久元年) 1월부터 다음 해에 걸쳐 당시 일본과 수호통상조약을 맺고 있던 유럽의 6개국(영국, 프랑스, 네덜란드, 프로이센, 러시아, 포르투갈)에 파견되었다. 파견 당시의 연호를 따서 「분큐견유럽사절단」이라고도 불린다. 파견 목적은, 상기 각국과의 조약으로 정해진 開港(兵庫·新潟), 開市(江戸·大阪)의 실시 연기나, 러시아와의 국경 문제를 협상하는 것이었다.

지면이 제한된 관계로 일본의 근대화에 가장 큰 영향을 끼친 「이와쿠라사절단」을 중심으로 살펴보겠다.

4.1.1. 「이와쿠라 사절단(岩倉使節団)」

이와쿠라 사절단을 파견하기 전에 일본에서는 260년간 이어진 도쿠가와막부(德川幕府)의 봉건 체제를 해체하는 거대한 변혁, 즉 메이지 유신(1868년)이 있었다.

메이지 유신으로 수립된 메이지 정부의 주요 목표는 도쿠가와막부가 무너지기 직전에 서구 열강과 체결한 불평등 조약의 개정을 하여 진정한 독립을 달성하는 것이었다. 이 목표 달성 위하여 메이지 유신 4개월 후인 1871년 11월 메이지 유신의 설계자인 이와쿠라(岩倉具視)를 전권 대사로 하여, 이토(伊藤博文), 기도(木戸孝允), 오쿠보(大久保利通)를 비롯한 약 150여 명의 구미 사절단이 18개월간의 여정으로 요코하마항을 출발했다. 이를 이와쿠라 사절단 파견이라 한다.

사절단은 12개국 120개 도시와 정착촌을 방문하여 정치, 행정, 군사, 외교,

경제, 산업교육, 종교, 교통, 통신, 문화, 외교 등 서구 문명의 모든 측면을 관찰했다. 방문 각지에서 그곳의 군주, 총리, 경제인, 학자들과도 면담했다. 베를린에서는 독일의 새 지도자인 비스마르크(Otto von Bismarck)와도 면담했다. 특히 영국의 많은 곳을 방문하여 철도와 통신 시설, 탄광, 제철소, 기계 공장, 심지어 맥주와 비스킷 공장까지 방문했다. 사절단은 일련의 방문 과정에서 산업 혁명이 초래한 여러 가지 변화를 목도하였고, 영국이 불과 40~50년 전에 이런 과정을 겪었다는 것을 알게 되었다. 일본으로 귀국하는 길에 사절단은 지중해와 수에즈 운하, 홍해를 거쳐 아시아 각지에 있는 유럽 열강의 식민지(실론, 싱가포르, 사이공, 홍콩, 상하이 등)도 방문했다. 아시아 지역 체류 시간은 짧았지만, 유럽 열강의 식민지하에서 고통받는 아시아 국가들의 비참한 실상도 생생하게 목도하였다.

유럽과 아시아 각지를 살펴보고 일본의 발전 수준이 뒤쳐진 것을 알게 된 사절단은 각국의 다양한 정치 체제를 비교하여 일본에 가장 적합한 모델을 모색하고자 했다. 미국의 넓은 영토와 상대적으로 짧은 역사로 인해 부적절하고, 러시아는 절대군주제로 다른 국가들에 비해 뒤쳐졌다고, 벨기에, 네덜란드, 스위스는 너무 작다고 평가했다. 결과적으로 일본은 영국을 모델로 하되, 처음에는 독일 체제를 따르기로 하였다.

귀국 후의 사절단은 새로운 정책의 근간으로 일본 정신과 서양 학문을 활용하는 和魂洋才, 국토를 부유하게 하고 군대를 강화하는 富国強兵, 생산을 늘리고 산업을 촉진시키는 殖産興業 등의 슬로건으로 요약되는 정책을 추진했다. 이러한 정책들은 이후의 메이지 정부의 주요 정책이 되었다.

이상과 같은 세 차례의 해외 파견 사절단들이 미국과 유럽, 아시아의 여러 나라를 방문하여 얻은 지식과 경험, 거기서 나온 정책들은 이후 일본의 근대화 과정에서 중추적인 역할을 했다.

4.2. 사절단과 한반도 식민지 지배

필자는 이 세 차례의 해외 파견 사절단에 대해 정리하면서, 역사의 명암을 느끼지 않을 수 없었다. 그 이유는 바로 일본의 한반도 식민지 지배에서 빼놓을 수 없는 인물들(후쿠자와를 비롯한 이토 히로부미 등 다수)이 이 사절 단원에 포함되어 있기 때문이다.

특히 이토는 1905년 12월에 설치된 한국 초대 통감부의 통감으로 부임하여 한반도 식민지 과정에서 중요한 역할을 한 인물이다. 초대 통감으로 부임한 이토는 한국의 외교권 장악과 자치 권한을 수탈하고, 군대마저 해산시켜 버리는 강권적인 통치로 식민지화를 강행시켰다. 1909년 통감을 사임하고, 같은 해 10월 26일 러일 관계를 조정하기 위해 중국의 하얼빈 역에 도착했을 때, 한국의 독립운동가 안중근 열사에 의해 암살당했다.

이토는 야마구치현 출신으로 22세인 1863년에 런던으로 유학을 가 능통한 영어를 구사하게 되었다. 유학 가기 전 1862년 12월 12일에 이토는 외세를 배척하는 존왕양이 운동에 심취해 영국 공사관을 불태우는 방화 사건에 중심적 역할을 했다. 그러나 유학을 계기로 이후 일본 정부를 대표해 여러 차례 구미 각국을 방문하여 정책 협의를 하는 등 정부를 대표하는 국제통으로서 일본의 국내외 정책에 중요한 역할을 했다. 또한 메이지 천황의 두터운 신임 하에 일본의 근대화를 적극적으로 추진하는 한편 한반도와 중국 정책의 면에서는 강경 자세를 취해, 철저하게 일본의 이익 실현을 위해 강압적 교섭을 추진했다.

능통한 영어 실력을 인정받아 이와쿠라 사절단의 부대표가 된 이토는 사절단원에 다수의 학생들을 포함시켰다. 이 때 사절 단원에 포함된 학생들은 이후 일본이 산업 기반과 법률 시스템을 갖춘 근대 국가로 이행해가는 과정에서 혁혁한 공헌을 했다. 사절단원 중에는 1902년 영일동맹 체결에 힘썼고 영국 주재 초대 일본 대사가 된 하야시(林董, 당시 10세), 1919년 「베르사유조약」에서 일본을 대표한 마키노(牧野伸顕), 최연소 사절단원인 츠다(津田梅子, 당시 6세) 등이 있었다. 이토의 추천으로 사절단원이 된 츠다는 그 후 일본 여성 교육의 선구자로서, 츠다 대학(Tsuda University, 일본 최초 국제관계학과 개설)을 설립하는 등, 후학 양성에 매진하였다. 츠다는 이런 공로를 인정받아 2024년 7월부터 새로 인쇄되는 5000엔짜리 화폐의 인물로 선정되었다. 이토와 후쿠자와는 이 보다 일찍 화폐의 인물로 선정된 적이 있다. 이토는1963년 1월 1일부터 1986년 1월 4일까지 유통된 1000엔짜리 화폐의 인물로, 후쿠자와는 1984년 1월 1일부터 1000엔짜리 화폐의 인물로 선정되어 유통되어 현재에 이르고 있다.

4.3. 일본의 국제 협력과 대외 원조

일본은 일찍부터 아시아와 아프리카 등의 개발도상국을 지원하는 국제협력에 적극적이었다. 이를 통해서 자국의 경제발전을 도모하고, 국제적 위상과 발언권을 키워 온 것은 널리 알려진 사실이다. 당초 일본의 국제협력은 전후 배상으로서의 의미가 컸다. 그래서 초기 국제 원조는 자연스럽게 아시아가 중심이었다. 이후 아프리카와 남미 지역으로 확대하여 그동안 전 세계 곳곳에 원조를 해 왔다. 그동안의 일본의 국제협력으로서의 ODA는 세계적으로도 큰 규모로, 1991년부터 10년간 세계 1위의 원조국이었다. 특히 아시아와 아프리카, 남미 지역은 일본의 ODA 원조를 받지 않은 국가와 지역이 없을 정도이다.

1994년 6월부터 2000년 7월까지 약 4년 여간 일본의 외교 장관이었던 고노(河野 洋平) 씨의 일본 정부의 ODA 관련 인터뷰 기록이 2023년 12월 27일에 공개되었다. 「고노 담화」로도 유명한 고노 씨는 1967년에 중의원

국회의원에 첫 당선 후, 42년 동안 14회 당선했다. 이 기간 동안 내각관방장관, 외교장관 등을 역임하고, 2005년에는 중의원 국회의장에 당선, 2019년에 퇴임할 때까지 당시 역대 최장의 2,029일간의 재임을 기록한 일본 정치계의 원로이다.

일본의 중의원 사무국이 주관하는 「정부의장 경험자에 대한 오럴·히스토리 사업」의 첫 번째 주인공이 된 고노 씨는 2019년 10월부터 2022년 6월까지 전 31회의 인터뷰를 했다. 이 31회의 인터뷰 중에서, 고노 씨는 자신이 외교장관 시절(1994-1995)에 실시한 일본 정부의 ODA 관련하여 일본의 ODA가 세계 2위를 기록할 정도로 활발했고, 유엔의 분담금 지출 등 국제 원조에 있어서 일본의 역할이나 존재감이 상당히 컸다. 그러나 점점 일본의 ODA 규모가 줄어들면서 국제사회에서의 일본의 발언력이나 영향력 또한 줄어들었고, 이로 인해 특히 아시아 지역 국가들에 대한 일본의 영향력이 줄어든 것에 대해 상당히 우려하고 있다고 밝혔다.

이와 같은 고노 씨의 인터뷰처럼 일본은 종전 이후 현재에 이르기까지 ODA를 통해서 일본의 경제를 발전시키고 일본의 평화와 안전을 도모해 왔다. 장기간 일본의 외교, 정치, 경제의 중요한 근간이 된 일본의 ODA에 대해 조금 더 자세히 살펴보기로 한다.

4.3.1. 일본의 개발도상국 지원 역사

일본은 1954년 10월 6일 콜롬보 계획에 가입했다. 일본과 개발도상국과의 정부 간 경제협력의 중요한 시작이었다. 콜롬보 계획은 처음에는 영국 영연방 회원국 간의 경제적, 기술적 협력을 촉진하기 위해 1950년에 시작되어 이후 원조 대상 지역이 확대되었다.

일본은 이 콜롬보 계획에 가입 이후 아시아 국가들에 대한 지원을 확대하였다. 1954년은 일본이 버마와 평화 조약, 배상 및 경제협력에 관한 협정을 체결하고 배상금을 지급하기 시작한 해이기도 하다. 일본은 점차 다른 아시아 국가들에 배상금을 지불하기 시작했다. 1976년에 배상이 완료될 때까지 이 배상금 지불이 일본의 대 아시아 경제 대외정책의 핵심이었다. 1958년 일본은 인도에 최초로 엔차관을 확대해 일본의 본격적인 경제협력의 출발점이 됐다.

이 같은 일본의 초기 배상금과 그와 관련한 엔차관 등은 아시아 국가들과의 우호 관계 증진을 목적으로 한 것이었다. 1960년대 후반 이후 일본의 경제가 성장하고 국제적 위상이 향상되면서 대외원조 규모도 확대되고 지원 형태도 다양해졌다. 또한 일본은 1969년부터 시작된 일반 무상원조와 더불어 원조 자원의 효율적 이용이라는 관점에서 ODA 차관의 연계 조건을 점차 완화했다.

4.3.2. 일본의 정부개발원조, ODA

이미 지적한 대로 1954년부터 시작한 일본의 ODA 규모는 해를 거듭할수록 증가했다. ODA의 질도 눈에 띄게 향상되었다. 일본은 1960년대 후반부터 공여국의 재화 및 서비스 구매에만 국한되지 않는 원조 비율을 개선하기 위한 노력의 결과, 일본의 원조율은 1960년대 후반부터 1991년에는 83.3%로 OECD의 DAC 국가 중 4번째로 높았다. 1992년에는 일본은 무상원조액 65억 2900만 달러(동유럽 제외)를 제공해 DAC 국가 중 2번째로 많았고, 1993년에는 77억 1400만 달러를 지원해 4위인 독일의 ODA 총액(68억 4700만 달러)보다 많았다.

1993년 일본은 아시아개발은행(ADB)과 유엔인구기금(UNFPA)에 최대 기여국이었다. 이 외에도 일본은 세계은행(WB), 유엔개발계획(UNDP), 세계보건기구(WHO), 유엔난민기구(UNHCR)에 두 번째로 큰 기여를 했다.

2001년의 일본 외무성의 자료에 따르면, 일본은 지난 40년 이상 아시아

(56.6%), 아프리카(11.4%) 등의 개발도상국에 제공한 ODA가 특히 경제 인프라 및 서비스(34.9%), 사회 인프라 및 서비스(17.1%), 생산 센터(14.1%) 등에 지원한 것으로 되어 있다.

이 같은 자료는 일본의 ODA가 아시아와 아프리카의 많은 개도국들의 경제 및 사회적 인프라 환경 개선과 향상에 기여한 것을 시사한다.

4.3.3. 일본의 적극적 ODA 실시 계기

일본이 아시아와 아프리카 등의 개발도상국에 대한 ODA를 적극적으로 실시한 중요한 계기는 다음과 같다. 첫째는 1969년 경제협력개발기구(OECD)에 DAC와 ODA 개념이 도입되고 1970년 유엔 총회에서는 공여국들에게 국민총생산(GNP)의 0.7%를 ODA에 할당하도록 제안한 것이다. 둘째는 1973년에 발생한 1차 석유파동으로 에너지가 부족한 일본이 큰 타격을 입게 되자, 일본은 이 1차 석유파동을 계기로 1975년부터 중동 국가에 대한 원조를 확대하게 된 것이다. 셋째는 1974년 1월 초부터 다나카 총리가 10일간 동남아시아의 필리핀, 태국, 싱가포르, 말레이시아, 인도네시아를 방문했을 때 각국에서 발생한 반일 폭동이다.

당시 보도된 뉴욕타임스에 의하면, 태국, 말레이시아, 인도네시아 등에서 반일을 외치는 큰 소란이 발생, 학생들은 일본인들이 "경제제국주의자들", "착취자들"이라고 큰 소리로 불평했으며, 특히 인도네시아에서는 반일 폭동으로 일장기가 찢어지고, 10명의 사망자와 수백 대의 일본산 자동차와 제품이 파괴되거나 불태워지고, 5만 개 이상의 상점이 피해를 본 것 외에도 대학생들의 폭력시위를 저지하기 위해 인도네시아 군대가 대학을 점거하는 일까지 발생했다고 한다.

당시 말레이시아에서 열린 기자회견에서 한 기자가 다나카 총리에게 반일 폭동의 근본적인 원인에 대해서 묻자 다나카 총리는 "섬나라 사람인 일본인은 국제교류 경험이 부족하다. 그러나 (이번 방문을 계기로) 동남아시아인들이 일본에 대한 불만을 토로하고 있다는 것을 알게 되었으니, 일본인들이 해외의 친구들에게 신뢰를 받을 수 있도록 최선을 다하겠다."라는 답변을 했다. 이 다나카 총리의 답변으로 이후 대외원조가 확대해 갔다. 실제로 일본은 1976년 필리핀에 대한 배상금 지급을 완료하고, ODA 규모를 단계적으로 확대해 갔다. 원조 분야도 다양화시키고, 아시아 외에 중동, 아프리카, 라틴 아메리카, 태평양 지역으로 다각화했다.

이상과 같이 일본은 안정적인 에너지 공급 확보와 경제발전의 중요한 요소인 원자재와 시장을 확보를 위해 동남아시아에서의 반일본 민심을 완화시켜 안정적으로 일본 경제를 성장 시키려는 의도로 대외원조를 확대 추진했던 것을 알 수 있다.

4.3.4. 일본의 대 한국 ODA

일본 정부의 ODA Loan Project DATA에 따르면, 일본의 대 한국 ODA는 1966년 6월 8일자의 철도시설 개선사업 차관을 시작으로 1990년 10월 31일자의 낙농시설 개선사업 (2)에 대한 차관까지 총 92건의 ODA 차관이 이루어진 것으로 되어 있다.

한편 일본국 외무성의 동북아시아과는 2018년 3월자로 「주요 대 한국 경제협력」이라는 제목으로 다음과 같은 내용이 공개되어 있다.

1. 국교 정상화 시의 협정에 따른 경제협력
· 일본의 한국에 대한 경제협력은, 1965년 국교정상화 시에 체결된 일한 청구권 / 경제협력협정에 따라 유상 2억 달러, 무상 3억 달러로 시작됐다. 동 협정에 따른 경제협력은 1975년까지 10년간에 걸쳐 실시.
➡ 경부고속도로 건설 사업 및 포항제철소 건설 사업, 소양강댐 건설 사업을

비롯한 대규모 인프라 사업으로 한국의 고도 경제성장에 크게 공헌.

2. 기타 경제협력(유상 약 5,778억엔, 무상 약 47억엔, 기술 협력 약 244억엔)

· 상기 협정에 따른 지원 외에도, 한국측의 요청으로 신규 엔차관 및 무상자
금협력, 기술협력을 병행 실시.

➡ 서울 지하철 건설 사업(1971년 엔차관). 서울대학교에 공학부용 실험 기자
재 지원(1974년-1976년, 무상자금협력) 등

· 그 후 한국의 경제발전과 더불어 1970년대 후반 이후에는 규모가 줄었지만,
1983년 나카소네 총리(당시)의 방한 시에, 신규로 7년 간 40억 달러 규모의
엔 차관 공여를 표명.

➡ 중소기업 근대화, 교육 시설 확충, 의료시설 확충 등

· 무상자금협력으로 태풍 및 홍수 시에 재해 긴급 원조도 실시.

※한국에 대한 엔차관 무상자금협력은 1990년도, 기술 협력은 2001년도에
종료.

이와 같은 일본의 대 한국 경제협력은, 식민지 지배 관련한 배상으로서의
성격이 크다. 이 자료에 따르면, 한국에 대한 경제협력 명목으로 1966년부터
2001년까지 유상, 무상의 엔차관, 기술 협력 등이 실시되었던 것이다. 한국에
서는 「주요 대 한국 경제협력」이 식민지 지배의 배상금적 원조라는 인식이
희박하지만, 일본에서는 식민지 지배 배상금으로서의 원조라는 인식이 강하
다. 이런 인식의 차가 한일 양국의 관계 악화에 영향을 미치는 요인이 되고
있는 것이 사실이다.

4.3.5. 일본의 대 아프리카 ODA

일본은 1993년부터 아프리카 개발에 관한 도쿄국제회의(TICAD: Tokyo

International Conference on African Development)를 통해 아프리카 개발 지원에 앞장서 왔다. 일본은 전 세계의 평화와 안정을 달성하기 위한 글로벌 책임의 일환이자 아프리카 국가의 다양한 문제 해결에 기여하기 위해 사하라 이남 아프리카에 경제적 지원을 제공하는 데 최우선 순위를 두고 있다고 공언하고 있다.

TICAD는 아프리카의 개발을 주제로 하는 국제회의이다. 1993년 이후 일본 정부가 주도하여, UN, 유엔개발계획(UNDP), IMF, 아프리카연합위원회(AUC)와 공동 개최하고 있다. 2019년 8월 28일-30일에 일본 요코하마에서 개최된 TICAD Ⅶ에서는 전 세계 42명의 정상급 외에, 아프리카 53개국, 52개국의 개발 파트너 국가, 108개 국제기구 및 지역 기구 대표 및 민간 부문과 NGO 등 시민사회 대표 등 10,000명 이상이 참여했다.

1988년 이후 일본의 대 아프리카 ODA는, 아시아를 제외하면 최대 규모이다. 1994년에는 일본의 대 아프리카 원조는 OECD 회원국의 DAC 중 프랑스 다음으로 2위였다. 이는 기본적으로 독일, 미국에 비견되는 수준이다.

주목되는 것은 일본 정치가들의 "아프리카에는 유엔 회원국의 약 28%에 해당하는 53개국이 있어, 그 강한 지지를 얻는 것은 아베 정권이 진행하는 일본의 유엔 안보리의 상임이사국 선출을 위해서는 불가결하다는 지적 있다", "일본의 아프리카 국가에 대한 국제적 영향력의 확대는 아베 총리가 강하게 바라는 일본 유엔 안보리의 상임이사국가를 염두에 두는 것이 아닌가?"와 같은 발언이다. 이것은 2016년 11월에 일본의 야당 국회의원 오사카(逢坂誠二)씨가 국회에서 정부의 견해를 묻는 질문 내용이다.

오사카 씨의 질문 내용은 일본이 아시아에 한하지 않고, 아프리카의 개발 도상국에 대한 ODA 역시 일본의 경제적 이익은 물론이고 국제사회에서의 일본의 영향력과 발언력을 키우는데 활용했다는 것을 시사한다.

5. 한일 관계 악화 요인

앞서 언급한 대로 2024년은 한일국교정상화(1965년)로부터 50년째가 되지만, 현재의 한일관계는 그다지 양호하다고 할 수 없다. 한일관계가 현재와 같이 악화된 주된 요인은 식민지 관련 사과와 야스쿠니 신사 참배, 독도 문제등이라고 할 수 있다.

일본의 식민지 관련 사과 문제는 1972년 9월 29일 다나카 총리를 시작으로 2007년 아베 총리, 그리고 현재의 기시다 총리에 이르기까지 역대 대부분의 총리와 외교장관 및 관방장관이 전쟁 관련 사과 발언을 했다. 그럼에도 불구하고 한국에서는 일본 정치가들이 제대로 된 사과를 하지도 않았다, 진정성이 없거나 부족하다는 인식이 많다. 한국인들이 이렇게 인식하는 것은 일본의 정치가들이 반성과 사과를 표명하는 한편, 그에 못지않게 식민지 관련 실언이 반복되기 때문이다. 또한 독도 문제, 일본의 역사교과서 기술 문제, 야스쿠니 신사 참배 문제, 일본의 군사대국화 및 대외정책 등도 영향을 미친다.

일본이 군사대국화 및 대외정책은 한반도와 미중러를 포함한 국제정세와도 연관이 있기 때문에 단순히 일본에게만 책임을 묻는 데는 쉽지 않은 측면도 있다. 그리고 일본 정부가 공식적으로 발출하는 사과와 반성 관련 성명이나, 정치가들의 실언, 야스쿠니 신사 참배 문제 등은 일본어의 특성이라든지 일본 문화와도 연관시켜 이해할 필요가 있을 것이다.

5.1. 일본의 식민지 지배와 사과

일본의 식민지 지배 관련하여 일본 정부는 그동안 「고노 담화」(1993년 8월 4일), 「무라야마 담화」(1995년 8월 15일), 고이즈미 총리의 「내각총리대신 담화」(2005년 8월 15일), 아베 총리의 「내각총리대신 담화」(2015년 8월 14일) 등을 통해 공식적으로 반성과 사과를 표명했다. 이 중 「무라야마 담화」, 고이즈미 「내각총리대신 담화」, 아베 「내각총리대신 담화」는 주대한민국일본국 대사관 홈페이지에 각각 한국어로도 공개되어 있다.

이 외에도 고이즈미 총리의 「일조평양선언」(2002년 9월 17일)이라든가 일본 총리의 한국 공식 방문 시에 사과 입장을 표명하기도 했다.

여기서는 「고노 담화」, 「무라야마 담화」와 「일조평양선언」을 중심으로 일본 정부의 반성과 사과에 대해 살펴보고자 한다. 이하 「일조평양선언」과 「고노 담화」는 한국어로 번역한 것을 발췌 인용, 「무라야마 담화」는 일본 정부가 한국어로도 발표하였기 때문에 이것을 발췌 인용한다.

「일조평양선언」(2002년 9월 17일)

일본 측은 과거 식민지 지배로 조선인들에게 대단한 손해와 고통을 주었다는 역사의 사실을 겸손하게 받아들여 통절한 반성과 진심으로 사과의 마음을 표명했다.

「위안부 관계 조사 결과 발표에 관한 고노(河野洋平) 내각 관방장관 담화」 (1993년 8월 4일)

또한 전쟁터로 이송된 위안부의 출신지에 대해서는, 일본을 제외하면, 한반도가 큰 비중을 차지하고 있었지만, 당시의 한반도는 우리나라(일본)의 통치하에 있어, 그 모집, 이송, 관리 등도 감언, 강압에 의한 등, 종합적으로 본인들의 의사에 반하여 행해졌다.

여하간 본건은, 당시의 군의 관여하에, 다수의 여성의 명예와 존엄을 깊게 손상시킨 문제이다. 정부는 이 기회에 다시 한번 그 출신지의 여하를 불문하고 이른바 종군위안부로서 수많은 고통을 경험하고 심신에 걸쳐 치유하기 어려운 상처를 입은 모든 분들에게 진심으로 사과와 반성의 마음을 말씀드린다. 또, 그러한 마음을 우리나라(일본)로서 어떻게 나타내는가에 대해서는, 유식자의 의견 등도 수렴하면서, 앞으로도 진지하게 검토해야 할 것이라고 생각한다. 우리는 이러한 역사의 진실을 회피하지 않고 오히려 이것을 역사의 교훈으로 직시해 나가고 싶다.

「내각총리대신(村山富市) 담화」(1995년 8월 15일)

우리나라는 멀지 않은 과거의 한 시기, 국가정책을 그르치고 전쟁에의 길로 나아가 국민을 존망의 위기에 빠뜨렸으며 식민지 지배와 침략으로 많은 나라들 특히 아시아 제국의 여러분들에게 다대한 손해와 고통을 주었습니다. (중략) 저는 미래에 잘못이 없도록 하기 위하여 의심할 여지도 없는 이와 같은 역사의 사실을 겸허하게 받아들이고 여기서 다시 한번 통절한 반성의 뜻을 표하며 진심으로 사죄의 마음을 표명합니다. 또 이 역사로 인한 내외의 모든 희생자 여러분에게 깊은 애도의 뜻을 바칩니다.

이상의 3가지 자료 중, 「일조평양선언」에서는 사과 대상자가 조선인, 「무라야마 담화」에서는 대상자가 식민지 지배로 인해 다대한 손해와 고통을 준 특히 아시아 제국의 여러분으로 되어 있다.

「일조평양선언」은 2002년 9월 17일 동북아의 평화와 안정을 도모하고, 북한과 일본의 관계의 타개를 목적으로 고이즈미(小泉純一郞) 총리가 방북하여, 김정일 국방위원장과 일본인 납치 문제와 핵 개발과 미사일 발사 등의 문제에 대해서 정상회담을 했을 때 발표된 선언문이다. 그래서 반성과 사과의 대상을 조선인으로 한 것이다.

「무라야마 담화」는 일본의 패전 50주년에 맞춰서 발표한 것으로 한반도를 포함한 일본의 전쟁 책임에 대한 반성과 사과를 표명한 것이다.

「고노 담화」는 대상자를 특정해서, 즉 과거 강제 연행되어 일본군의 위안부가 된 사람들에게 사과와 반성을 표명하고 있다. 고노 씨는 최근의 공개된 인터뷰에서 「고노 담화라는 것은 1992년 미야자와 총리의 방한이 계기가 된 것이지만, 한국만을 대상으로 발표된 것이 아니라, 태평양 전쟁 당시 일본이 군이 관여한 필리핀, 대만, 인도네시아 등에도 위안부가 있었기 때문에, 그 사람들, 그 나라들에 대한 담화문이었다. 한국이 계기가 되었고, 한국이 가장 비판이 강했기 때문에, 한국을 대상을 한 문구가 있지만, 고노 담화는 위안부 문제 전체에 대한 담화문이다」라고 말했다. 고노 씨의 말대로 이 담화 내용은, 한국만을 특정해서 사과한 것이 아니라 과거 강제 연행되어 일본군의 위안부가 되었던 모든 사람들을 대상으로 한 것이다.

이와 같은 일본 정부가 공식적으로 발표한 선언문과 담화문을 통해 알 수 있는 것은, 일본은 과거의 전쟁으로 피해를 입은 한국을 포함한 아시아 제국에 대해 사과와 반성을 표명했다는 것이다.

5.2. 일본 정치가들의 실언

이런 반성과 사과를 표명한 담화문이 있는데도 불구하고 다수의 한국인들이 다르게 생각하는 이유는 무엇일까? 그 이유는 이런 담화문 내용을 부정하거나 식민지 지배를 부정고 미화하는 실언을 하는 일본 정치가들의 언행 때문이라고 할 수 있다.

실제로 지금까지 많은 일본의 정치가들이 식민지 지배와 침략 행위 등을 정당화하는 발언을 했다. 현재도 정치가들의 야스쿠니 신사 참배가 반복되고 있다. 시대와 함께 발언 내용도 달라진 정치가들의 실언을 되살펴 보자.

5.2.1. 매파 의원들의 발언

자민당 소속 중의원이었던 오쿠노(奥野誠亮) 씨와 후지오(藤尾正行) 씨는 대표적 매파 의원이다. 후지오 씨는 나카소네(中曽根康弘) 내각의 문교부 장관시절 1986년 9월, 『文藝春秋』 10호(9월 10일 발매)에서, 한일병합에 대해 "한국 측에도 일말의 책임이라든가, 고려해야 할 점은 있다고 생각한다"라고 말했다. 이 발언 후 후지오 씨는 사표 제출을 요구받았지만 계속 거부했다. 그러자 나카소네 총리가 파면을 결정, 결국 파면당했다. 이 파면은 일본 내각에서는 33년 만의 일로, 당시 중국과 한국을 배려한 나카소네 총리의 결단이었다.

나카소네 총리는 그동안의 관행을 깨고, 1983년 1월 12일에 총리 취임후 첫 방문지로 미국이 아닌 한국을 방문하였다. 미국과 소련이 대치하는 냉전 시대의 엄중한 상황 하에서 한국과의 관계 개선을 통해 미국의 환심을 사고, 일본의 대아시아 정책의 첫걸음으로 삼으려고 했다. 이런 나카소네 총리도 당시 한국 방문시 발표한 한일공동성명이나 공개 석상에는 직접적인 사과의 뜻을 표명하지는 않았다. 비공개 수뇌회담에서 「우리는 과거를 반성하고 한국 국민에게 나는 어디까지나 겸손하고 정직해야 한다고 생각한다」라는 사과를 표명하는데 머물렀다.

한편 오쿠노 씨는 국토청 장관이었던 1988년 5월, 국회에서 "도쿄 재판은 승자가 패자에 가한 징벌이다", "그 당시 일본에는 그러한 (침략의) 의도는 없었다고 생각하고 있다"라고 발언했다. 오쿠노 씨는 이 발언이 문제가 되어 결국 장관을 사임했다.

오쿠노 씨와 후지오 씨 같은 경우 단순한 실언이 아니라 평소의 소신에 따라 발언한 것이라는 지적이 많았다. 강성적인 매파의 정치가들의 문제 발언은 1990년대 중반 비둘기파정권이 이어지자 그 빈도가 늘어나게 된다. 1994년 5월 나가노(永野茂門) 법무부 장관이 일간 신문 인터뷰에서 태평양

전쟁을 "침략 전쟁이라고 하는 정의는 지금도 잘못되었다고 생각한다", "전쟁 목적 그 자체는 당시로서는 기본적으로 허용되는 정당한 것이었다", 또 난징 사건에 대해서도 "그것은 날조된 것이라고 생각한다"라고 말했다. 이 발언이 큰 문제가 되어 5월 6일에는 일본변호사연합회가 「나가노 법무 장관의 발언에 관한 성명」을 발표해 사임을 촉구하는 등 사회적으로 큰 파장을 일으켰다. 나가노 씨는 취임한 지 불과 11일 만에 사임하고 말았다.

1994년 8월에는 사쿠라이(桜井新)환경청 장관이 기자 회견에서 "일본도 침략 전쟁을 하려고 싸웠던 것이 아니었다", "너무 뭔가 일본만이 압도적으로 나쁜 짓을 했다는 생각으로 대처해서는 안 된다"라고 말해, 이 발언의 책임을 지고 사임했다.

1995년 11월에는 에토(江藤隆美) 총무청 장관은 기자와의 비공개 간담에서 "식민지 시대에 일본은 한국에 좋은 일도 했다"라고 발언했다. 이 발언이 한국 언론에 보도되자 바로 외교 문제로 비화했다. 에토 씨는 비공개 간담의 발언임을 강변하면서 사임을 거부하다가, 결국은 사임했다.

이 외에도 열거할 수 없는 정도로 정치가들의 실언은 많다. 일본의 정치학자 야쿠시지(薬師寺克行) 씨는 「정치가에게 고전 도덕의 정직이나 청결 등의 덕목을 요구하는 것은, 야채 가게에서 생선을 달라는 것과 같다」는 발언을 소개하며, 일반 시민들조차 하지 않을 비상식적인 발언을 하는 일본 정치가들에게 상식을 기대하기는 어려운 일이라고 자조 섞인 평가를 했다.

5.3. 야스쿠니 신사(靖国神社)와 A급 전범

일본의 패전일(1945년 8월 15일)인, 8월 15일에 일본의 정치가들은 매년 집단으로 혹은 개인 자격으로 야스쿠니 신사를 참배한다. 한국과 중국과의 관계 긴장을 고려해 현직 총리와 장관들이 참석을 하지 않고, 사비로 공물만

받치는 경우도 있다. 아베 전 총리처럼 재임 시절 자신은 참배하지 않으나 장관들의 야스쿠니 참배에는 간섭하지 않는다고 명언하는 경우도 있었다.

야스쿠니 신사는 메이지 2년(1869) 6월 29일, 메이지 천황의 뜻에 따라 창건된 도쿄의 초혼사(招魂社)를 시초로, 메이지 12년(1879)에 「야스쿠니 신사(靖国神社)」로 개칭되어 오늘에 이르고 있다. 야스쿠니 신사의 창건 목적은 "국가를 위해 목숨을 바치신 분들의 영을 위로하고 그 사적을 후세에게 전하는 것"으로, 1868년에 시작된 보신전쟁(戊辰戦争)부터 2차 세계대전까지 수많은 전쟁으로 목숨을 잃은 246만 6천여의 영령들이 봉안되어 있다.

문제는 이 야스쿠니 신사에 A급 전범이 합사 되어 있다는 것이다. A급 전범이란 전쟁 범죄인의 처벌을 규정한 포츠담 선언에 근거해, 도쿄 재판(극동 국제 군사 재판, 1946년 5월 3일에 개정되어 1948년 11월 12일에 형이 선고됨)으로 처벌된 일본의 침략 전쟁의 중심적 지도자이다. 일반 장병 등(B, C급 전범)과 구별해 A급 전범이라고 부른다. 이 A급 전범이 봉안되어 있는 야스쿠니 신사에 매년 정치가들이 참배를 하기 때문에 한국과 중국에서는 일본이 군국주의적 행태를 보인다는 비판이 끊이지 않고 있다.

5.4. 정치가들의 야스쿠니 신사 참배

1946년 야스쿠니 신사가 종교법인이 된 이후 최초로 참배(1951년)한 총리는 요시다(吉田茂) 총리이다. 그 후 다나카(田中角栄) 총리까지 4명의 각 총리는 모두 봄 가을에 참배했다. 8월 15일에 야스쿠니 신사를 참배(1975년)한 총리는 미키(三木武夫) 씨가 최초이다. 「공물은 사비로 지불한다」, 「공용차를 사용하지 않는다」 등 사적 참배를 강조했으나 헌법이 정하는 정교분리와의 관계로, 사적인가 공식인가의 참배 형식이 문제가 되었다. 이후 8월 15일에 현직 총리의 야스쿠니 신사 참배가 한동안 이어졌다.

그러나 전후 40년에 해당하는 1985년에 나카소네 씨가 총리로서의 참배를 공언할 때까지 외교 문제가 되지는 않았다. 1985년 8월 15일에 야스쿠니 신사를 공식 참배한 나카소네 총리가 내각 총리 대신으로서의 자격으로 참배했다고 설명하자, 이에 중국과 한국 등에서 반발했다. 이 반발로 나카소네 총리는 이듬해부터는 참배를 단념했다. 그 후 하시모토(橋本龍太郎) 씨까지 총리의 참배는 없었다.

1993년부터 2012년까지 20년간 총리 재임 중 8월 15일에 야스쿠니 신사를 참배한 것은 고이즈미(小泉純一郎) 씨뿐이다. 고이즈미 씨는 총리 취임 직후 2012년 8월 13일에 야스쿠니 신사 참배를 했다. 그럼에도 중국과 한국 등의 반발은 물론이고 일본 내에서도 비판을 받자 고이즈미 총리는 입장문을 발표하고 8월 15일 보다 이틀 앞당겨 참배를 한 이유에 대해 "전쟁을 배제하고 평화를 거듭한다는 우리나라의 기본적 사고방식에 의심을 품을 수 있다는 것이라면, 내가 원하는 바가 아니다."라고 설명했다. 고이즈미 씨는 2001년 자민당 총재 선거에서 종전기념일인 8월 15일에 야스쿠니 신사를 참배하겠다는 공약을 내걸었다. 당선 후 고이즈미 씨는 2006년 8월 15일 아침 현직 총리로는 21년 만에 종전기념일에 야스쿠니 신사 참배를 단행했다. 고이즈미 씨는 같은 해 9월 총리 퇴임 후 2007년부터 2009년까지 3년 연속 참배했다.

이 밖에 총리 경험자인 아베(安倍晋三), 모리(森喜朗), 하시모토(橋本龍太郎), 하타(羽田孜) 씨도 참배한 적이 있다. 이 중 가장 횟수가 많은 것은 아베 씨다. 아베 씨는 제1차 아베 내각(2006-2007년) 종료 후, 2008년부터 5년간 매년 8월 15일에 참배했다. 모리 씨는 2회, 하시모토 씨는 1회, 하타 씨는 1회 참배했다.

1981년에는 일본 초당파 국회의원들이 「다 함께 야스쿠니 신사에 참배하는 국회의원의 모임」이란 단체를 결성하여, 매년 다수의 국회의원들이 참배하고 있다. 2021년 8월 15일에는 자민당 소속 국회의원 87명을 비롯한 초당파 국회의원 약 100여 명이 야스쿠니 신사를 참배하였다.

5.5. 야스쿠니 신사 참배에 관한 일본 정부의 기본 입장

일본 정치가들의 거듭되는 야스쿠니 신사 참배에 대한 중국과 한국의 반발과 책임 추궁이 이어지자, 2005년 10월에 고이즈미 당시 총리는 「야스쿠니 신사 참배에 관한 정부의 기본 입장」을 발표하였다.

이 입장문에서 고이즈미 총리는 「일본국 총리로서 오늘날의 일본의 평화와 번영이 전몰자의 소중한 희생 위에 이루어졌다고 생각한다. 그리고 조국을 위해 부득이하게 전쟁터에 가서 목숨을 잃어야 했던 분들에 대한 진심의 애도와 경의, 감사의 마음을 바치기 위해, 또 다시 전쟁을 하지 않겠다는 맹세의 의미로, 총리의 직무로서가 아니라 일개 국민으로서의 입장에서 야스쿠니 신사 참배를 하고 있다」라고 참배 이유를 설명했다. 그리고 「군국주의를 미화하려는 시도나 A급 전범을 위해 참배하고 있는 것이 아니다」라고 강조하였다.

앞서 언급한 대로 고이즈미 총리는 2002년 9월 평양을 방문해 김정일 국방위원장과 북일 조기 국교 수립을 위해 「일조평양선언문」을 조인했다. 이 선언문에서 고이즈미 총리는 「식민지 지배에 의해 조선 사람들에게 다대한 손해와 고통을 주었다는 역사적 사실을 겸손하게 받아들여 통절한 반성과 진심으로 사과의 마음을 표명하고, 김정일 위원장은 일본 국민의 생명과 안전에 관련된 현안 문제에 대해 유감스러운 문제가 앞으로 다시 일어나지 않도록 적절한 조치를 취할 것을 확인했다」라고 밝혔다.

그런데 이후 북한에 대한 일본 국내 여론이 나빠지자 고이즈미 총리는 평양에 동행한 아베 관방부장관에게 대 북한 강경 대처를 하도록 하여, 「일조평양선언」의 후속 조치가 지지부진됐다. 고이즈미 총리는 자민당 총재 선거

공약을 지키기 위해 야스쿠니 신사 참배를 계속해 중국, 한국과의 관계를 결정적으로 악화시켰다.

한편, 고이즈미 총리는 2005년 1월 20일 통상 국회 개회 시의 소신 연설 중, 「다양성을 존중하고 경제적 번영을 공유하는 열린 "동아시아 공동체"의 구축에 적극적인 역할을 다하겠다」라고 선언했다. 그런데 고이즈미 총리는 이러한 자신의 정치적 소신을 국민에게 설명하려는 노력을 적극적으로 하지 않았다. 오히려 중국과 한국에서 반발이 심해지자 중국과 한국과의 관계 개선의 노력을 하기보다는 동남아 국가와의 긴밀한 관계를 추구하였다. 국회 소신 표명 연설에서 「동아시아 공동체를 목표로 한다」라고 발언하는 한편, 한국과 중국과는 관계 개선의 의지를 보이지 않고, 북한과의 수교 협상을 완수하지 않은 채 동남아시아 국가와 친밀해지려고 하는 정치적 행보를 보인 것이다.

이런 정치적 행보를 보인 고이즈미 총리가 거듭 야스쿠니 참배를 하면서 「군국주의 미화가 아니다, A급 전범을 위해 참배하는 것이 아니다, 두 번 다시 전쟁을 하지 않겠다는 맹세의 행위로써 참배한다」라고 강조하는 입장 문을 발표해도, 한국과 중국의 반발을 줄일 수는 없었다. 그리고 자신의 정치적 소신인 동아시아 공동체라는 목표를 달성하는 것도 불가능했다.

5.6. 현재 일본 정부의 인식

이와 같이 정치가들의 망언이 반복되고 있으나, 현재도 여전히 일본 정부는 공식적으로는 고노 담화와 무라야마 담화를 계승하고 있다는 입장을 피력하고 있다. 한때 고노 담화를 부정하는 듯한 입장을 취했던 아베 전 총리조차, 2015년 4월 27일 미국을 방문하여 미일 정상회담 직후에 열린 기자회견에서, 종군 위안부 문제에 대해 "인신매매의 희생이 되어 필설로 다하기 어려운 고통을 당하신 분을 생각하면 매우 마음이 아프다"라고 강조했다. 그리고 구 일본군의 관여를 인정하고 사과한 「고노 담화」를 계승하고, 재검토할 생각은 없다는 입장을 명확히 했다.

기시다 총리는 2023년 3월 6일 오전, 참의원 예산위원회에서 한일 관계를 둘러싼 역사 인식에 대해 "정부로서 역대 내각의 입장, 역사 인식에 관하여 전체적으로 계승하고 있으며, 앞으로도 적절히 표현하고 발신하겠다. 이것은 앞으로도 중요한 일이 아닐까"라고 말하며, 일본의 역대 내각 등이 제시해 온 식민지 지배에 대한 '반성과 사과'의 입장을 계승한다는 것을 명확히 하였다. 3월 6일은 시기적으로 한국 정부가 징용공 문제의 '해결책'을 발표하기 전이었지만, 자민당 국회의원인 사토(佐藤正久) 씨가 한일관계에 관한 질문으로 "아베 전 총리는 무라야마 담화를 포함해 역사인식에 관한 역대 일본 내각의 입장을 전체적으로 계승한다고 말했다"라고 언급하면서 기시다 총리의 생각을 묻자 위와 같은 답변을 하였다.

한편 일본은 2019년 7월에 반도체 재료 3가지 품목의 대 한국 수출 규제를 강화하는 정책을 강행했다. 바로 이어 8월에는 수출 수속 간략화 혜택이 있는 '화이트국' 리스트에서 한국을 제외하기까지 했다. 한국의 요청에 따라 세계무역기구(WTO)가 2020년 7월 분쟁 처리 소위원회를 설치한 경위가 있다. 이런 일본의 갑작스러운 정책 변경은 식민지 시대의 강제노동 문제 관련하여 한국에 대해 '보복 조치'를 취했다는 인식이 많았다.

일본은 2023년 6월 27일 '화이트국' 리스트 복원 개정안을 각의 결정했다. 이로써 수출규제를 둘러싼 약 4년간의 한일 간의 대립이 이전 수준으로 복원될 전망이다. 일본 정부는 여전히 '화이트국' 리스트에서 한국을 제외한 대 한국 수출 규제 강화 조치는 과거사 문제와는 무관하고, 안전보장 관점에서 수출 관리를 적절히 하기 위해 실시한 것이다라고 주장하고 있다. 그러나 구체적으로 어떤 안전보장 관점의 문제점이 해소되어 복원 조치를 취했는지에 대해서는 현재까지 언급이 없다.

6. 김대중 대통령과 동아시아 공동체

2024년은 김대중 대통령이 일본을 공식 방문하여 공동 선언문 「한일공동 선언-21세기를 향한 새로운 한일 파트너십」(10월 8일)을 발표한 지 26년째 가 되는 해이다. 김대중 대통령은 한일관계 개선을 비롯하여 전통적인 4강 외교를 넘어 동아시아 지역을 중심으로 한 지역협력과 지역 공동체(Regional community) 구축에 대해 적극적이었다. 김대중 대통령은 1998년 12월 하노이 에서 개최된 제2회 ASEAN Plus Three(ASEAN+한중일) 정상회의에서 경제, 정치, 안보, 사회, 문화 분야에서 동아시아 국가 간 협력을 증진하기 위해 ASEAN과 한중일의 저명한 지식인을 중심으로 한 동아시아비전그룹(East Asia Vision Group) 설립을 제안했다. 이 제안으로 설립된 동아시아비전그룹 은 2001년 11월 쿠알라룸푸르에서 개최된 제5회 ASEAN Plus Three 정상회 의 회의에서 "동아시아 공동체를 향하여-평화, 번영, 진보의 지역"이란 보 고서를 제출했다. 이 보고서에는 동아시아의 평화와 번영과 진보를 위해서 지역 간의 경제협력, 금융협력, 정치와 안보 협력, 환경협력, 사회와 문화협 력, 기관협력 등이 필요하다는 내용이 담겨있다. 이 동아시아 비전 그룹의 보고서가 ASEAN 회원국의 각 정상들에게 영감을 주고, 그 결과 2003년 인도네시아 발리에서 열린 제9차 ASEAN 정상회담에서 다음과 같이 3개의 ASEAN 공동체, 즉 ASEAN 정치안보공동체(ASC), ASEAN 경제공동체 (AEC), 아세안 사회문화공동체(ASCC) 설립 합의에 이른 것은 주지의 사실이 다.

이처럼 김대중 대통령은 취임 직후부터 동아시아 공동체 논의를 주도하여 아시아의 정치 지도자들에게 아시아를 위한 아시아의 지역협력과 지역 공동체가 필요성과 중요성을 각성시키고, 아시아가 나아가야 할 방향성을 제시했다. 이 시기는 한국을 비롯한 아시아의 많은 국가는 금융위기에 고통받는 때였다. 김대중 대통령의 지역협력 관련한 일련의 비전과 역할은 경제적 측면에만 국한되지 않는 동아시아 지역협력과 공동체 구축 논의의 중요한 이정표로 평가받고 있다. 그러나 김대중 전 대통령의 주도적인 제안과 역할에도 불구하고 동아시아 공동체는 아직 실현되지 못했다.

김대중 전 대통령의 동아시아 지역협력이나 동아시아 공동체 구상은 전 세계적인 추세였던 세계화(Globalization)와 지역주의(Regionalism)의 움직임과도 연관이 있다. 지역주의는 초기 단계에는 주로 경제 협력을 중점적으로 도모하였으나, 그다음 단계에서는 정치와 안전보장의 협력을 도모, 현재는 경제, 정치, 안전 보장면에서도 협력을 도모하는 것이 일반적이 되었다.

전 세계에서 지역주의나 지역 통합, 그리고 경제협력기구의 설립 움직임이 활발해진 배경에는, 1) 글로벌 리스크 및 지역협력 지향성 강화, 2) 경쟁주의 격화로 인한 지역 협력 중요, 3) 냉전 후 분쟁 다발화에 대한 위기관리 시스템 구축 필요, 4) 교통수단과 ICT 발달로 사람·돈·물건·서비스의 광범하고 신속한 이동, 5) 가속화된 글로벌리즘으로 인한 다층적 네트워크화와 공급망 구축, 6) 기후변화·자연재해·환경오염·범죄·마약 거래·감염증 등 국경을 초월한 연쇄적 문제에 대응하기 위한 지역 협력 증대를 들 수 있다.

6.1. 「한일공동선언」과 아시아 공동체

김대중 대통령은 1998년 10월 7일부터 10일까지 국빈으로 일본을 공식 방문하여 오부치(小渕恵三) 총리와 미래의 바람직한 양국 관계에 대한 의견을 교환한 회담 결과, 「한일공동선언-21세기를 향한 새로운 한일 파트너십」을 발표했다. 이 공동 선언문에서 양 정상은 1965년의 국교 정상화 이후 구축되어 온 양국 간의 긴밀한 우호 협력 관계를 보다 높은 차원으로 발전시키고, 양국이 21세기의 확고한 선린 우호 협력 관계를 구축해 나가기 위해서는 양국이 과거를 직시하고 상호이해와 신뢰에 근거한 관계를 발전시키는 것이 중요하다는 것을 표명했다.

한국의 제15대 대통령으로서 1998년 2월 25일에 취임한 김대중 대통령은, 취임 직전의 1997년 말에 닥친 외환위기 등으로 침체된 경제 문제를 해결하고, 한국 정부가 IMF를 비롯한 세계 금융 기관으로부터 빌린 막대한 국가부채를 갚는 것이 시급한 과제였다. 취임 직후 일본을 공식 방문하여 한국이 안고 있는 경제적 난제를 해결하기 위한 노력을 설명하고, 도움을 요청했다. 또한 김대중 대통령은 당시 국내에서 반대 여론이 높았던 한국에서의 일본의 대중문화를 개방할 방침을 전달하고, 한국을 비롯한 아시아 경제가 서구 경제권에 비해 불리한 구조 문제를 안고 있기 때문에 외환위기가 발생하였고, 그로 인해 어려움에 빠져있는 아시아경제의 재생을 위해서 한일 양국의 역할이 중요하다는 점을 설명했다.

김대중 대통령이 이런 정치적 행보와 전략은 시대를 앞서가는 진취적이고 과감한 발상의 전환이 있었기 때문에 가능했다. 국가 부도의 심각한 금융위기 상황에서 당시 세계적으로도 영향력이 컸던 일본의 대중문화를 국내에 개방하는 것은 다시 한번 일본의 문화식민지가 되는 잘못된 정책이라는 반대도 많았다. 그러나 결과적으로는 한국의 대중문화는 일본 시장을 발판 삼아 한류로 성장하여 이제는 전 세계의 대중문화를 선도하게 되었다.

6.2. 세계 지역주의와 공동체 구축의 흐름

김대중 대통령이 취임한 시기의 전 세계의 대부분의 국가와 정부의 우선순위는 무역과 경제 성장이었다. 세계화된 무역 시스템에 참여하여 수출입이 활발한 국가에서 생활하는 사람들의 생활수준은 향상되었고, 무역과 경제 성장이 그 국가의 GDP를 증가시키고, 사람들의 생활수준을 확실히 향상시킨다는 것이 역사적으로 입증됐기 때문이다.

이러한 이유로 국제 무역 시스템에 적극적으로 참여하는 것이 많은 국가와 정부의 우선순위가 되었고, 자국의 무역을 보다 활성화시켜 경제를 성장시키기 위해서 지리적으로 가까운 여러 나라가 협력하거나 통합하는 지역주의의 흐름이 전 세계에서 고조되었다.

이런 지역주의의 흐름은 그동안 유럽의 유럽연합(EU)을 비롯하여 북미(NAFTA→USMCA), 남미(CARICOM, UNASR), 중동(GCC), 아프리카(AU), 아시아(ASEAN, SAARC, SCO) 등, 각 지역에서 지역 통합이나 경제 협력을 중심으로 하는 지역협력의 집합체로 가시화되었다.

특히 동아시아지역에서는 1997년의 아시아 국가의 통화위기를 계기로 지역협력과 통합, 지역 공동체 그리고 경제협력기구 설립에 대한 관심과 필요성이 고조되었다. 김대중 대통령을 비롯한 다수의 아시아의 정치 지도자들이 EU나 NAFT를 모델로 한 동아시아 또는 동북아시아 공동체에 대한 제안을 했고 관련된 논의가 한동안 이어졌다.

이와 같은 논의를 하게 된 것은 아시아에는 근본적으로 공동으로 대응을 해야 하는 문제가 많기 때문이었다. 아시아에는 세계 인구의 약 60%의 많은 인구가 살고 있으며, 국가 간의 빈부 격차는 물론이고 국내에서의 각종 격차도 심하다. 또한 정치, 경제, 사회, 환경, 인권, 자연재해 등 많은 분야에서 하나의 국가 또는 일부 지역만의 대응으로는 해결이 안 되는 심각한 문제도 많다. 아시아 지역에서는 국경마다 갈등이나 분쟁이 있다. 이런 분쟁이 바로 전쟁으로 비화될 수 있는 지역이 많다고 해도 과언이 아니다.

그동안 많은 아시아 지역의 정치가들이 국가와 국경을 뛰어넘는 지역 통합과 지역 공동체를 구축하여, 지역적으로 가까운 여러 나라가 공통의 이해를 공유하면서, 경제, 정치, 안전 보장면에서의 협력 관계를 도모하는 지역협력이나 공동체를 만들 필요가 있다는 인식을 해 왔다. 그럼에도 불구하고 아직 아시아의 48개 국가와 3개 지역이 구성원이 되는 지역 통합이나 지역 공동체는 물론이고, 경제협력기구의 설립조차 실현되지 않고 있다. 앞으로도 실현을 위한 노력을 계속해야 할 것이다.

지역 공동체란 특정 지리적 공간에서 다양한 형태의 협력과 통합을 제도화한 지역 질서이다. 그리고 공통의 이익, 위협, 공통의 필요를 기반으로 구성원이 연대감을 품고 가치관을 공유할 수 있는 집합체를 말한다. 여기서 말하는 가치관이란 민주주의, 인권, 신념, 법 준수, 주권 존중 등이다. 그리고 지역 공동체에 필요한 것은, 국가와 특정 지역에 구속받는 국민이나 시민이 아닌, 국가와 지역을 뛰어 넘어 연대감을 가지고 가치관을 공유할 수 있는 구성원, 상호이익(Reciprocity)이 중요하다. 단기적인 이익이나 개별 이익 보다도 장기적이고 전체의 이익이 중시되어야 한다.

7. 나오는 말

그동안 한국은 비약적인 경제 발전을 이루고 유례없는 성숙한 민주주의 국가가 되었다. 한국의 국제적 위상과 영향력 또한 놀랄 만큼 높아졌다. 문화적으로도 한류 파워가 전 세계에 파급하고 있고 세계 굴지의 디지털 강국이 되었다. 앞서 살펴본 고노 씨의 인터뷰 발언에도 있듯이 한국은 이제 일본을 제치고 아시아를 대표하는 국가로 인식되고 있다. 그러나 한국은 세계 유일의 분단국가로서 현재도 북한과 대치하고 있다. 북한의 핵무기 개발과 미사일 발사 등 군사적인 위협은 한국은 물론이고 아시아와 전 세계의 평화와 안정과도 직결되어 있다. 이런 북한 리스크 관리 차원에서도 일본을 비롯한 다국가 간의 균형 잡힌 상호 협력을 강화해 나가는 것은 매우 중요하다.

반면 그동안 일본은 일본의 포괄적 안보를 확보하는데 필요한 국제적 환경 구축 비용이라는 인식하에, 적극적인 개발도상국에 대한 원조를 실시하고, 이를 통해서 아시아와 세계의 발전, 그리고 평화와 안정에 기여했다.

한국과 일본은 높은 1인당 GDP, 도시화 및 연결성이 뛰어나고, 경제와 산업 분야의 발달 수준이 비슷한 선진 아시아 국가로 분류된다. 우리는 흔히 한일관계를 이야기할 때 한국과 일본의 양국만의 문제로 생각하는 경향이 있다.

그러나 한일관계는 양국 차원만의 관계가 아니라, 아시아는 물론이고 전 세계와 연관된 국제관계 속에서 추이해 왔다. 미중을 비롯한 글로벌 동향의 영향을 받기 쉽고, 근자에는 한일 양국의 정치, 외교, 경제, 사회, 문화가 글로벌 세계에 큰 영향을 끼치고 있다. 그렇기 때문에 한일관계는 항상 국제 동향 속에서 살펴보아야 한다.

무엇보다도 한국과 가장 가까운 나라 일본과는 선린 우호 협력 관계를 구축할 필요가 있다. 선린 우호 협력은 외교의 기본이다. 가까운 나라와 좋은 관계를 유지하는 것이 먼 나라와의 관계에도 좋은 영향을 끼친다. 거리의 근원에 상관없이 다른 나라와 갈등이나 분쟁을 겪는 상태에서 또 다른 나라와 좋은 관계를 가지기는 어렵다. 필자는 실제로 동남아시아를 비롯한 다른 나라 사람들이 악화된 한일관계에 곤혹스러워하는 것을 자주 보아 왔다.

지금 우리는 기로에 서 있다. 코로나19, 전쟁, 경제 불황 및 인플레이션, 기후 위기로 인한 식량 부족, 강제 이주 등의 글로벌 문제가 심화되고 있다. 또한 우리는 세계 도처에서 심각한 혐오와 차별, 사회 분열을 조장하는 정치 행태를 목도하고 있다. 그동안 과학과 테크놀로지의 발달로 전 세계는 한층 더 가까워지고 연결되었다. 그러나 세계를 더 가깝게 연결시키는 힘을 지닌 디지털 혁신은 오히려 개인 간, 국가 간의 격차를 가속시키고 있다. 인접국 간의 갈등과 국경 분쟁, 절대 빈곤, 테러, 폭력, 박해, 강제 이주와 같은 글로벌 리스크는 특히 아시아 지역에 악영향을 끼치고 있다. 아시아는 세계 패권의 각축장이 되어 버린 지 오래이다. 지금까지 이런 위협들로부터 도망쳐 나온 모든 사람들의 절반 이상이 아시아 지역에서 발생하고 있다. 한국도 일본도 세계 어느 나라도 이러한 글로벌 리스크로부터 자유로울 수 없다.

이런 문제를 해결하기 위해서는 지역 간 및 국제 간 협력이 우선적으로 필요하다. 시대에 뒤떨어진 사고방식을 고수하거나 기존의 시스템만으로는 대처하면 해결이 불가능하다. 이제 우리는 다시 모두를 위한 공동의 미래를 생각하고 다음 단계를 준비해야 한다. 그러기 위해서는 번영과 자유를 전파 하고 평화와 이해를 증진해야 한다. 빈곤과 불평등을 퇴치하고 과학과 테크 놀로지의 발전을 가속 시켜야 한다.

아직 아시아에는 48개 국가와 3개 지역이 구성원이 되는 지역 통합이나 지역 공동체는 물론이고, 경제협력기구의 논의조차 가시화되지 않고 있다. 아시아의 모든 국가와 지역이 구성원이 되는 지역 통합이나 공동체는, 아시 아의 특성상 실현 가능성이 낮은 것이 사실이다. 그러나 김대중 전 대통령이 경제 위기의 어려움 속에서 시대를 앞서가는 과감한 결단력과 인식의 전환으 로 한국과 일본과의 관계를 일대일이 아닌, 아시아 속에서 더 나아가 세계 속에서 한일관계를 고민하고 동아시아 공동체 구축을 지향한 것처럼, 우리는 먼저 가장 가까운 이웃 나라인 일본과 한반도의 평화와 안정을 위한 양호하 고 협력적인 관계를 강화하는 노력을 해야 한다. 아시아에서 제 3차 세계 전쟁 발발의 리스크가 고조되는 지금이야말로 국가와 국경을 뛰어넘어 공통 의 이해를 공유하면서, 경제 협력을 시작으로 하여 정치, 안전 보장면에서의 협력 관계를 도모하는 아시아 공동체 구축에 매진해야 한다.

지역 공동체는 실현 가능성의 유무가 아닌 미래 방향성의 문제이며 누구와 함께 어떤 공동체를 지향하느냐가 관건이다. 현재 모든 갈등의 89%는 문화 간 대화가 부족한 국가에서 발생하고 있다. 한국과 일본은 오랫동안 문화를 공유해 왔으며 양국 간의 현안을 대화로 풀어 가려는 노력을 해 왔다. 무엇보다도 한국과 일본은 세계적으로도 높은 수준의 자유 민주주의 국가이자 지역 공동체 구축의 중요한 기반이 되는 가치관(자유, 민주주의, 법치, 인권, 신념 등)을 공유할 수 있는 아시아의 유일한 국가이다. 그렇기 때문에 한국과 일본은 상호 신뢰, 공통의 가치관, 공통의 전략적 이익, 우호를 기반으로 한 협력을 도모하여, 아시아를 공동의 번영과 평화와 안정된 지역 공동체로, 모두에게 이익이 되는 아시아 공동체로 견인할 최적임자이다.

참고문헌

모든 자료의 최종 열람일은 2024년 1월 7일이다.

「내각총리대신 담화」(2005년 6월 10일 게재), 주대한민국일본국대사관 홈페이지. https://www.kr.emb-japan.go.jp/relation/history_issues_20050609.html

Declaration of ASEAN Concord II. OCT. 8, 2003. The ASEAN Secretariat. https://asean.org/speechandstatement/declaration-of-asean-concord-ii-bali-concord-ii/

EAST ASIAN STRATEGIC REVIEW 2005(Last updated June 2, 2023). The National Institute for Defense Studies) p.42. https://www.nids.mod.go.jp/english/publication/east-asian/pdf/2005/east-asian_e2005_02.pdf

Japan's ODA Annual Report(Summary) 1994. (The 40th Anniversary of Japan's ODA: Accomplishments and Challenges). Ministry of Foreign Affairs of Japan. https://www.mofa.go.jp/policy/oda/summary/1994/index.html

SOLDIERS OCCUPY JAKARTA CAMPUS. Jan. 18, 1974. The New York Times. https://www.nytimes.com/1974/01/18/archives/soldiers-occupy-jakarta-campus-sent-in-after-tanaka-ends-a-visit.html

South Korean president secures second apology from Japanese. Sep. 7, 1984. UPI ARCHIVES. https://www.upi.com/Archives/1984/09/07/South-Korean-president-secures-second-apology-from-Japanese/6496463377600/

Tanaka's Explosive Trip. Jan. 21, 1974. The New York Times. https://www.nytimes.com/1974/01/21/archives/tanakas-explosive-trip-roots-of-the-antijapanese-outbursts-in.html

The History of Colombo Plan. The Colombo Plan Secretariat. https://colombo-plan.org/history/

TOWARDS AN EAST ASIAN COMMUNITY. Region of Peace, Prosperity and Progress. (EAST ASIA VISION GROUP REPORT 2001.). https://www.mofa.go.jp/region/asia-paci/report2001.pdf

UNESCO, Institute for Economics and Peace, *We need to talk: measuring intercultural dialogue for peace and inclusion*(2022), p.1. DOI: https://doi.org/10.54678/JKFI1098

Violent Crowds in Jakarta Protest the Visit by Tanaka. Jan. 16, 1974. The New York Times. https://www.nytimes.com/1974/01/16/archives/violent-crowds-in-jakarta-protest-the-visit-by-tanaka-thousands.html

When Japan Discovered Italy: Stories of Encounters (1585-1890). October 1, 2019 to February 22, 2020. International Network for Japanese Art. https://injart.org/exhibition/when-japan-discovered-italy-stories-of-encounters-1585-1890/

Yi Wen. *China's Rapid Rise: From Backward Agrarian Society to Industrial Powerhouse in Just 35 Years*. April11, 2016. Federal Reserve Bank of St. Louis home page. https://www.stlouisfed.org/publications/regional-economist/april-2016/chinas-rapid-rise-from-backward-agrarian-society-to-industrial-powerhouse-in-just-35-years

「安倍首相の「慰安婦」問題への認識に関する質問主意書」2007年3月8日、衆議院ホームページ。https://www.shugiin.go.jp/internet/itdb_shitsumon.nsf/html/shitsumon/a166110.htm

「安倍首相「河野談話見直す考えない」」『日本経済新聞』、2015年4月29日。https://www.nikkei.com/article/DGXLASFK28H6E_Y5A420C1000000/

「A級戦犯」『ブリタニカ国際大百科事典 小項目事典』。https://kotobank.jp/word/A%E7%B4%9A%E6%88%A6%E7%8A%AF-36229#goog_rewarded

『中高生のための幕末・明治の日本の歴史』、国立国会図書館、2014年。https://www.kodomo.go.jp/yareki/person/person_04.html

「第 71 代·72 代衆議院議長 河野 洋平」(正副議長経験者に対するオーラル・ヒストリー事業)、衆議院事務局、2023年。https://www.shugiin.go.jp/internet/itdb_annai.nsf/html/statics/shiryo/00_zenbun.pdf/$File/00_zenbun.pdf

「岸田首相、日韓めぐる歴史認識「引き継ぐ」」『朝日新聞』、2023年3月6日。https://www.asahi.com/articles/ASR363RCFR36UTFK008.html

「慰安婦関係調査結果発表に関する河野内閣官房長官談話」1993年8月4日、日本国外務省ホームページ。https://www.mofa.go.jp/mofaj/area/taisen/kono.html

「8月15日に靖国神社を参拝した日本の政治家(1993-2013)」『人民網日本語版-People's Daily Online』、2013年8月15日。http://j.people.com.cn/94474/8366003.html

服部龍二「中曽根康弘首相・全斗煥大統領会談録－1983年1月－」『中央大学論集』第36号、2015年 2月、52頁

「平成二十六年三月二十五日提出 質問第九一号 安倍政権の河野談話見直しに関する質問主意書」2014年、日本国衆議院ホームページ。https://www.shugiin.go.jp/internet/itdb_shitsumon.nsf/html/shitsumon/a186091.htm

平井治「記者たちの夏2006年: 小泉首相8・15靖国参拝長期政権最後の『劇場』」、『日本記者クラブ』2015年8月。https://www.jnpc.or.jp/journal/interviews/34760

「近代日本人の肖像」、国立国会図書館、2021。https://www.ndl.go.jp/portrait/datas/12/

児玉幸多編『日本史年表・地図』吉川弘文館、2011年、2-3頁。

「明治150年インターネット特別展岩倉使節団 - 海を越えた150人の軌跡 - 」国立公文書館アジア歴史資料センター。https://www.jacar.go.jp/iwakura/history/index.html

「村山内閣総理大臣談話「戦後50周年の終戦記念日にあたって」」(いわゆる村山談話)1995年8月15日、日本国外務省ホームページ。https://www.mofa.go.jp/mofaj/press/danwa/07/dmu_0815.html

「永野法務大臣の発言に関する声明」日本弁護士連合会、1994年5月6日。https://www.nichibenren.or.jp/document/statement/year/1994/1994_10.html

「日朝平壌宣言」2002年9月17日、日本国外務省ホームページ。https://www.mofa.go.jp/mofaj/kaidan/s_koi/n_korea_02/sengen.html

「日韓共同宣言-21世紀に向けた新たな日韓パートナーシップ-」1998年10月8日、日本国外務省ホームページ。https://www.mofa.go.jp/mofaj/a_o/na/kr/page1_001262.html

「日本の対韓国経済協力」2018年3月、日本国外務省ホームページ。https://www.mofa.go.jp/mofaj/files/000227035.pdf

「政治家の「失言の歴史」にも時代が表れている 確信犯的なものから軽薄なだけの発言まで」『東洋経済オンライン』2018年11月21日。https://toyokeizai.net/articles/-/250433?page=2

添谷芳秀「アジア外交の再編官邸外交を機能させるために」『国際問題』日本国防問題研究所、2007年1・2月号、7頁。https://www2.jiia.or.jp/kokusaimondai_archive/2000/2007-01_004.pdf?noprint

「天正遣欧少年使節として活躍した日本人」、国土交通省 九州圏広域地方計画推進室。https://oratio.jp/p_column/tenshokenoshisetsu-saigo

「特別展示「日英交流事始―幕末から明治へ―」開港開市延期問題と文久遣欧使節団派遣概説と主な展示史料」、日本国外務省ホームページ。https://www.mofa.go.jp/mofaj/

annai/honsho/shiryo/j_uk/02.html

「靖國神社の由緒」『靖国神社について』、靖国神社のホームページ。https://www. yasukuni.or.jp/history/

「靖国神社参拝に関する政府の基本的立場」2005年10月、日本国外務省ホームページ。 https://www.mofa.go.jp/mofaj/area/taisen/yasukuni/tachiba.html

「輸出貿易管理令の一部を改正する政令が閣議決定されました」2023年6月27日、日本 国経済産業省ホームページ。https://www.meti.go.jp/press/2023/06/20230627006/ 20230627006.html

새로운 공동체를 향하여
-그 필요성과 의미에 대해-

정준곤(유라시아 재단)

1. 들어가는 말 – 공동체를 생각하며

우리는 가족, 학교, 지역, 국가, 민족 등등 다양한 공동체에 소속되어 있고, 공동체를 떠나서 살 수 없으며, 또한 공동체 속에서 나를 설명하고 증명한다. 타인에게 자기소개를 할 때 이름, 나이와 더불어 소속을 밝히는 것처럼 내가 소속한 '공동체'는 나를 설명해주는 매우 중요한 요소 중의 하나이다. 한 생명의 시작과 마지막을 경험하고 기억하는 것은 본인이 아니라 공동체 속에서 경험되고 이해되는 것이다. 생명의 탄생을 기뻐하고 이별을 슬퍼하는 것도 자기 자신이 아니라 내가 속한 공동체이다. 이처럼 공동체 속에서 인간의 출생도, 그리고 죽음도 기억되고 경험되고 설명된다.

그런데 오늘날의 우리가 속한 공동체들의 모습은 어떠한가? 최근에는 개인 이기주의가 만연해 있고, 사람들은 감사와 겸손 배려보다 더욱 자기 중심적이 되어 공동체 내에는 분열과 대립과 갈등이 팽배해 있다. 이러한 불평과 불만으로 가득찬 공동체의 모습은 우리가 바라는 공동체의 본래의 모습은 아닐 것이다. 이러한 현실을 어떻게 보아야 할 것인가? 이것은 공동체의 본래의 모습을 생각하고, 새로운 차원의 공동체를 모색하라는 사인이며 고민해야 할 과제인 것이다. 공동체를 떠나 살 수 없는 우리는 고통스러운 공동체, 붕괴되어 가는 공동체가 아니라 새로운 공동체에 대해서 함께 고민하고 상상해 보아야 할 것이다.

미래의 공동체에 대해서 생각해보는 것은 나의 삶과 밀접하게 연결되어 있기 때문이다. 국가나 민족뿐만 아니라 내일 만날 사람들, 미래의 직장, 그리고 나중에 우리가 꾸릴 가정 등과 밀접하게 연결되어 있는 것이다. 미래의 공동체에 대해 상상해 보기 위해서는 과거에 대한 이해와 현재에 대한 분석이 필요하다. 우리는 과거를 통해 현재를 살아가고 미래를 계획할 수 있기 때문이다.

2. 기존의 장벽을 넘어 시대의 변화

지난 3년 동안 우리는 코로나를 겪으면서 많은 생명을 잃었으며, 경제는 침체되었고, 거짓 정보의 범람으로 사회는 더욱 분열되고 혼란스럽게 되고, 또한 자기중심적으로 되었다. 하지만 이 코로나를 통해 우리가 알게 된 정확한 사실이 하나 있다. 그것은 지구상 80억 모두가 구체적으로 연결되어 있다는 것이 증명되었다. 국가, 인종, 종교, 이념, 문화, 세대, 빈부의 벽을 넘어 지구상의 모든 사람들이 연결되어 있다는 사실이 확인되었다. 부자나 가난한 사람, 어린이나 노인, 미국의 대통령도, 모두 서로 연결되어 있으며, 이는 곧 세계가 하나의 운명공동체라는 사실을 알려주었다. 앞으로 또 어떤 바이러스가 등장하여 인류를 위협할지 모른다. 여기에 인류 모두가 함께 대처하지 않으면 안 될 것이다.

이번 러시아-우크라이나 전쟁이 발생했을 때, 일본에서는 전국적으로 우크라이나를 돕는 모금 활동도 있었다. 세계 각 지역에서 다양한 형태의 모금 운동, 구호 물품 및 기부 활동 등이 실시되고 있었다. 매일 우크라이나의 정보를 전하는 방송도 있었다. 우크라이나와 수천 키로 떨어진 나라라 할지라도 그들의 아픔과 고통을 함께 공유하고 있다는 것을 의미한다. 이는 국가 민족 이념이나 공간의 벽을 넘어 개인들은 서로 함께 공감하며 연결되어 가고 있다는 것을 증명해준다.

이러한 공감과 연결의 현상은 경제 분야에서도 볼 수 있다. 본래 경제에 있어서 최대의 자본은 물질과 기술이었다. 하지만 오늘날 경제의 가장 큰 자본은 공감과 신뢰이다. 소셜 미디어에서 한 사람이 '좋아요'를 누르는 것은 별것이 아니지만, 그것이 모여 십만, 백만, 천만, 억, 수십억의 공감을 얻게 되면 엄청난 힘을 발휘하게 될 것이다. 정치도 다수의 공감을 얻어야 한다. 다수의 지속적인 공감을 얻어야 결국에는 권력을 획득 유지할 수 있다. 문화, 예술, 문학에서도 역시 동일하다. 최근 세계 어느 곳에서도 한류(韓流)의 힘은 대단하다. 그것은 한국이라는 국가 민족의 벽을 넘어 세계의 많은 사람들로부터 공감을 얻고 있다는 것이다. 예술이나 문학의 독창적인 창작 활동들은 결국에는 국가, 민족, 이념, 인종 등의 장벽을 넘어 다수의 공감을 얻기 위한 활동이라고 할 수 있다. 오늘날 세계는 기존의 공동체 내의 분열과 대립에도 불구하고, 한편에서는 이처럼 많은 분야에 있어서 기존의 많은 장벽들을 넘어서 사람들간의 공감(연결)이 점점 더 강조되고 사람들은 연결되어 가고 있다.

3. 인간의 두 가지 삶(소유와 관계)의 조화

우리는 모두 인간다운 삶을 살기를 원한다. 인간은 인간다운 삶을 살기 위해 크게 두 가지의 삶을 살아간다. 그것은 '소유'와 '관계'로 나눌 수 있다.

소유를 위한 삶과 관계 속에서의 삶은 우리의 삶에서 빼놓을 수 없는 것이다. 먼저, 소유에 대해 살펴보자. 인간은 누구나 욕구와 욕망을 가지고 있다. 욕구와 욕망이 없는 사람은 없다. 욕구와 욕망을 억제하는 것도 일종의 욕구와 욕망이다. 인간이 가지고 있는 욕구와 욕망을 충족시키는 소유를 위한 삶은 부정적인 것만은 아니다. 인간의 욕구와 욕망은 인간의 자유를 확대시키고, 풍요로운 삶과 편리함을 가져다주었다. 즉, 소유를 위한 욕구와 욕망은 기술 문명의 발전의 원동력이 되었다. 여기서 자연과학이 매우 중요한 역할을 하였다. 특히 근대에 들어와 자연과학 분야와 국가와 기업이 손을 잡으면서, 자연과학의 역할은 매우 중요해졌다. 자연과학분야에는 많은 자본과 우수한 인력이 모이게 되고 앞으로도 소유를 위한 활동은 더욱 강력한 힘을 갖게 될 것이다.

하지만 인간은 소유만으로 살 수는 없다. 인간의 삶에서 또 하나 중요한 것이 '관계'이다. 인간은 다른 사람들과의 관계 속에서 살아가게 된다. 즉 사회적 존재로서 공동체를 만들어 살아간다는 것이다. 이러한 공동체는 일정한 질서와 조화를 필요로 한다. 질서와 조화를 이루기 위해 윤리, 도덕, 종교 등이 그 역할을 감당해왔고, 학문 분야에서는 인문과학, 사회과학이 그 역할을 해오고 있다. 이들을 통해 우리는 조화로운 공동체를 영위해왔다.

소유를 위한 삶과 관계를 위한 삶이 적절한 조화를 이루었을 때 그 공동체는 건강한 발전을 이룰 수 있다. 이 두 가지의 균형이 맞지 않을 때 그것은 공동체의 붕괴와 인류의 불행으로 연결된다. 오늘날 대부분의 사람들은 관계를 파괴해서라도 자신의 소유를 위한 선택, 즉 욕구와 욕망을 채우려는 사람들이 많아지고 있다. 이 두 가지의 불균형은 가족의 붕괴, 사회의 분열과 대립, 국가·민족 간의 분쟁으로 일어난다. 질서와 조화보다 소유를 위한 욕구와 욕망이 압도적으로 강조되고 우선시될 때 공동체는 위험해진다. '자본주의의 몰락', '민주주의의 한계', '역사의 종언'. 이런 말을 들어 보았을 것이다. 이런 것들이 바로 소유와 관계가 적절한 균형을 이루지 못해 생기는 것이다.

소유와 관계의 균형을 위해서는 소유에 관한 것보다, 관계에 관해서 깊이 생각하고 상상력을 발휘하지 않으면 안 된다. 왜냐하면 인간의 욕구와 욕망을 충족시키는 소유를 위한 활동은 없앨 수도 억제할 수도 없기 때문이다. 보다 나은 공동체를 위한 고민과 상상력이 필요하다.

예를 들어 국가와 민족도 상상력의 산물이라 할 수 있다. 베네딕트 엔더슨 (Benedict Anderson)이라는 정치학자는 "국가와 민족은 우리의 이미지로 만들어진 상상의 공동체이다."라고 하였다. 자본주의나 민주주의뿐만 아니라, 모두가 좋아하는 돈도 상상의 산물이라고 할 수 있다. 아인슈타인이 "우리 인류의 놀라운 상상력이 오늘날 우리를 여기까지 오게 했다."라고 한 것처럼 말이다.

4. 두 가지 장벽을 넘어서

그러나 미래를 향해 나아가는데 있어서 부딪히는 두 가지 장벽이 있다. 첫째는 내면적 장벽이고, 둘째, 제도적 장벽이다. 먼저, 내면적 장벽은 누구나 가지고 있는 지식, 정보, 가치관, 편견, 선입관 같은 것을 말한다. 10년 전의 나와 지금의 나는 다르다. 나는 습득한 지식, 정보, 그리고 만나는 사람, 환경 등의 영향으로 새로운 생각과 가치관을 가지며 끊임없이 변화하였다. 즉, 우리는 지금까지 수많은 내면적 장벽들을 넘어 온 것이다. 우리는 죽을 때까지 이런 장벽들을 넘어야 한다. 끊임없이 새로운 지식과 자극을 수용하며 나아가야 하는 존재이다. 우리는 학업을 통해서 이러한 장벽들을 넘어가는 훈련과 연습을 해나간다. 우리 앞에 마주한 장벽에 머물러있지 말고 이를 발판삼아 더 높은 단계로 나아가야 한다.

두 번째 장벽은 제도적 장벽이다. 우리는 다양한 공동체에 소속되어 있고, 그 공동체는 일정한 제도와 규칙을 가지고 있다. 하지만 그 제도와 규칙을 계속 고수해서는 안 된다. 제도와 규칙이 시대에 따라 변하지 않으면 우리의 삶이 고통스러워질 것이며, 우리의 다음 세대가 난관에 부딪힐 것이다. 우리는 이러한 제도와 장벽이 계속 변화할 필요가 있다는 것을 알고 받아들여야 한다. 그리고 우리 자신도 이러한 변화에 적응해야 한다. 우리에게 이러한 내면적 장벽과 제도적 장벽을 바라보는 두 가지 시점이 있다. 첫째, 개인에 초점을 둔 것이 내면적 장벽의 졸업을 위한 것이고, 둘째, 공동체에 초점을 둔 것이 제도적 장벽을 허무는데 초점을 둔 것이다.

5. 공동체를 이해하기 위한 시간(時間), 공간(空間), 인간(人間)에 관해

공동체는 넓은 의미로 정의하면 시간과 공간을 공유하는 사람들의 집단이다. 예를 들어, 가족은 가족이라는 시간과 공간 속에 서로를 공유하는 집단이다. 우리는 누구나 시간과 공간과 사람과의 관계 속에서 살아간다. 이 세 가지의 관계를 알아야 다양한 형태의 공동체를 이해할 수 있다. 좀 더 정확한 의미를 알려면 시간(時間), 공간(空間), 인간(人間)의 한자가 갖는 관계를 이해할 필요가 있다. 공통적으로 들어가는 '간(間)'은 '사이와 관계'를 의미한다.

'먼저 시간(時間)'은 영원히 연결-연속된 개념이다. 우리는 현재의 자기중심의 시점을 중심으로 과거, 현재, 미래를 구분하지만, 사실 시간은 연결되고 연속된 개념이다. 시간의 관계는 시간의 길이에 따라 공동체의 개념도 변한다. 예를 들어, 가족이라는 개념의 공동체는 길어야 백 년 정도 존재하는 공동체이다. 하지만 수 백 년의 시간이 흐르면 가족은 가족이 아니라 한 사회의 '시민'이나 '국민'으로, 수 천년이면 '민족'으로, 그리고 수 만년이 흐르면 '인류'라는 공동체의 개념으로 흡수된다. 하지만 흥미로운 사실은 우리는 특정 시점에 이러한 모든 공동체에 동시에 소속되어 있다는 것이다.

'장소'는 움직임이 없는 정지된 것이지만 '공간'은 이동이 가능하고 자유로운 개념이다. 공간은 원래 다 연결되어 있는 것이지만 그것을 인위적으로 구분해 국가나 지역을 구분한다. 국가는 공간을 전제로 한 개념이다. 따라서 우리는 영토라는 공간이 없으면 국민이 아니라 난민이 된다. 그리고 30년~100년 전에 비해 우리는 정말 다양하고 폭넓은 공간을 경험하고 있다. 다양한 교통수단이 발달하여 과거에는 갈 수 없었던 공간까지 가볼 수 있다. 그리고 인터넷상의 공간, 메타버스 같은 가상공간을 경험하고 있다. 과거보다 폭넓고 다양한 공간을 경험하기 때문에 우리는 새로운 세계관과 가치관을 형성하게 된다. 또 그것을 바탕으로 새로운 문화가 만들어지기도 한다.

마지막으로 '인간'이란 단어는 일본의 학자가 번역하여 만든 개념이다. 한국에서도 그대로 인간을 '사람'이라는 뜻으로 쓰고 있다. 인간은 원래 '사회', '세상', '공동체'를 의미한다. 즉 한 개인을 의미하는 것이 아니라 지구상의 80억 모두를 포함한 개념이다. 과거에 있었던 사람들도 그리고 미래의 우리의 후손들도 포함해서 '인간'인 것이다. 우리는 나중에는 없어지지만 '인간'이란 존재로 남을 것이다. 우리의 현재의 생각과 고민, 선택은 다음 세대에게 영향을 미칠 것이다. 우리는 과거의 영향을 받으며 또한 미래에 영향을 줄 현재의 주역이다. 그러한 연결을 위해 우리가 있는 것이다.

공동체는 이처럼 하나의 시간, 하나의 장소, 한 인간과 같이 구분된 개념이 아니라, 연속된 연결된 개념이다. 문학이나 철학에서 "인간은 혼자서는 살

수 없는 나약한 존재"라고 표현한다. 그럼에도 불구하고 인간은 위대한 문화와 위대한 문명을 이룰 수 있었다. 그것은 이간이 공동체로 존재했기 때문이다. 인간은 사자 한 마리조차 이길 수 없지만, 사자 만 마리와 인간 만 명이 있다면 인간이 분명히 이긴다. 이것은 인간이 공동체로서 대응하기 때문이다. 혼자 있으면 나약하지만, 공동체를 이루었을 때 엄청난 능력을 발휘할 수 있기 때문이다. 따라서 공동체적인 삶은 우리에게 매우 중요하다. 인간은 도시를 만들고, 국가를 만들어 다음 세대로 연결시켜 간다. 이것이 인간의 가장 위대한 부분이라고 할 수 있다. 인간은 이러한 공동체를 유지하는데 필요한 중요한 수단, 도구를 소유하게 되었다. 그것은 '언어'와 '문자'와 '숫자'이며, 이것을 통한 '개념을 공유'함으로써 공동체가 가능하게 되었다. 오늘날 우리가 하는 모든 생각과 표현, 그리고 학문과 종교까지도 예외 없이 이러한 도구를 사용하고 있는 것이다. 오늘날 최첨단 AI기술로 말미암아 생겨난 Chat GPT도 역시 지금까지 인간이 사용한 언어와 문자와 숫자를 조합하여 만들어진 것이며, 앞으로도 인간은 이 세 가지 도구를 사용하며 공동체를 연속시켜 나갈 것이다.

6. 왜 새로운 공동체를 향해 가야 하는가?

그렇다면 우리가 어떠한 공동체를 만들어 다음 세대에 이어갈 것인가? 이것은 인류에게 주어진 최대의 과제이다. 현재의 인류가 본인의 욕구와 욕망을 위해서만 산다면 다음 세대에게 공동체는 없을 것이다. 그렇다면 왜 새로운 공동체가 필요한 것인가?

최근 우리가 접하는 뉴스는 대부분은 전쟁과 테러, 살인, 범죄이다. 그러나 이러한 세 가지를 합한 것(살인)보다 더 많은 살인이 바로 '자살'이다. 자살도

살인의 일종이다. 타인이 아니라 스스로에 의한 죽임이다. 일본의 최근 20년 간의 데이터를 보면, 매년 약 2만 명에서 3만 5천 명이 자살을 한다. 한국도 예외는 아니다. 특히 10, 20, 30대의 가장 높은 사망 원인은 '자살'이다. 최근 자살율로 보면 한국이 세계 최고이다. 필자가 세계를 돌며 각국의 자살 문제에 대해 물어보았을 때, 어느 나라든 자살이 사회적으로 심각한 문제라고 입을 모아 말했다. 자살은 세계적으로 공통된 문제이다. 최근 WHO의 통계를 보면, 전세계에서 매년 80만 명 이상이 자살을 한다. 자살이 아니라 자살의 전 단계에 있는 사람들은 더 많을 것이며, 자살을 해야 할지 망설이는 사람, 자살을 할 정도로 심리적인 어려움을 겪는 사람을 모두 합치면 훨씬 많은 숫자가 될 것이다. 우리는 전쟁과 테러, 범죄에 대해서는 많은 관심을 갖지만, 자살에 대해서는 무관심하다. 자살의 문제는 정치나 교육만으로 해결할 수 없다. 자살은 공동체 전체의 책임이다. 하지만 자살이라는 문제를 그대로 방치한다면, 그 공동체는 더욱 고통스러운 공동체가 되어 언젠가는 나에게도 돌아오게 될 것이다.

그렇다면, 우리는 건강한 공동체를 만들기 위한 노력을 기울일 필요가 있다. 예컨대, 이 세상에 변하지 않는 것은 없다. 우리의 몸도 매일 엄청난 변화를 거듭한다. 우리의 몸에는 38조 개의 세포가 있으며, 매일 100억 개의 세포가 죽고 새로 생겨난다. 이 과정을 거치지 않는다면 우리는 생명을 잃게 된다. 그렇게 변화하는 이유는 간단하다. 생명을 유지하고, 건강한 몸을 지키기 위해서이다. 국가나 공동체도 건강하게 유지되기 위해서는 변화가 필요하다. 원래의 목표와 목적을 달성하기 위해 변화하는 것이다. 이처럼 변화하지 않는 생명체뿐만 아니라 유기체적인 조직체인 국가나 기업도 멸망하게 된다. 지금 남아있는 국가나 기업은 변화를 거듭하여 현재까지도 유지되고 있는 것이다. 하지만 변화하기 위해서는 어떠한 조건들이 필요하다. 즉 다양성을 인정하며 새로운 자극을 끊임없이 받아들이는 포용력이 필요하다. 근대국가의 형성과정에서, 일정한 영토 속에서 공통된 제도와 역사의식으로 뭉쳐 하나의 강력한 공동체가 된 것이다. 언어, 의식, 제도, 문화를 통일시켜 공동체를 형성했다. 그것이 현대 국가의 모습이다. 이렇게 형성된 국가는 '공통된 것'을 너무 강조하면 다양성을 부정하고 새로운 자극을 거부하여, 변화를 거부하기도 한다. 그러나, 변화하지 않는 국가나 공동체는 미래를 기대하기 어렵다.

7. 새로운 공동체를 향한 시점

공동체란 시간과 공간을 공유하는 사람들의 집단이다. 하지만 같은 수업을 듣는 친구와 시간과 공간을 공유하지만 친구가 아닐 수 있다. 그것은 서로가 '모른다'는 장벽이 있기 때문이다. 하지만 서로 알아간 뒤에 그 '모른다'는 장벽은 없어진다. 이처럼 앞으로의 시대는 우리가 어떠한 연결고리를 만들어 가느냐가 중요할 것이다. 이때, 우리가 서로 모르면 하나가 되기가 어렵다. 특히 편견과 선입관, 오해가 있다면 더 많은 장벽이 생기고 만다. 시간과 공간의 벽을 넘어 어떠한 연결고리로 서로 묶을까가 매우 중요하다. 21세기에는 새로운 가치관들이 많이 생긴다. 그 새로운 가치관들을 서로 묶어 새로운 연결고리를 찾을 수 있다.

예를 들어, 터키는 지리적으로 보면 국토의 97% 이상이 아시아에 걸쳐있다. 문화나 인구적으로 본다면 90% 이상이 아시아에 속해있다. 하지만 터키의 학생들에게 물어보면 재미있는 답변을 한다. '우리는 아시아도 유럽도 아니다'라고 한다. 그들은 정치적으로는 북대서양 조약기구 NATO에 속해있고, 스포츠에서는 유럽 지역의 경기에 참여하며, 아시아가 아닌 유럽 공동체로 가기를 원한다. 그들이 추구하는 것은 유럽이다.

이처럼 시간과 공간을 공유한다고 해서, 단순히 공간적으로 가깝다고 해서 하나의 공동체로 되는 것이 아니다. 하나의 공동체가 되기 위해서는 공통된 연결고리 즉 연결하는 에너지가 필요하다. 거기에는 공통된 가치, 목표, 비전, 이해관계를 필요로 한다.

과연 어떠한 공동체를 추구해 나가야 할 것인가에 대해서 힌트를 찾아보려고 한다. 세계 역사 속에는 시대마다 세계를 리드했던 초강대국들이 있다. 미국의 정치학자 에이미 추아(Amy Chua) 교수는 각 시대를 리드했던 초강대국이 된 조건들을 분석했다. 패권 국가들의 조건은 국토의 넓이나 인구나 자원보다도 다양성과 관용적이고 포용적인 문화의 공동체였다는 사실이다. 예를 들어, 페르시아, 로마, 몽골, 스페인, 네덜란드, 영국 그리고 미국이 동일한 조건을 가지고 있었다는 것이다. 오늘날의 초강대국이라고 할 수 있는 미국의 상위 500대 기업의 약 41%는 이민자들이 만든 기업이라는 것이다. 다양한 배경과 문화를 가진 그들을 받아들이고 포용하여 오늘날의 미국이 만들어진 것이다. 우리는 미래에 국토의 넓이를, 인구를 급격히 늘릴 수는 없지만, 미래의 공동체를 선택할 수는 있다. 앞으로 우리의 공동체가 다양성을 인정하고 받아들이는 포용적이며 열린 공동체로 나아갈 때 우리의 미래는 기대될 수 있을 것이다.

우리는 눈에 보이는 규모나 숫자만으로 판단을 하고 구분을 짓는 경향이 있다. 하지만 폭넓고 다양한 시각으로 볼 때 세계를 더 정확하게 이해할 수 있게 된다. 인터넷이 발달한 시대에 사는 우리들은 부분적인 정보만으로 전체를 이해한 듯한 착각에 빠지기 쉽다. 이러한 것들이 사회의 갈등과 대립의 원인이 되고 있다. 프랑스의 정치학자 알렉시스 토크빌(Alexis de Tocqueville)이 "만약 당신이 하나의 국가에 대해서 밖에 모르고 있다면 당신은 당신이 알고 있는 그 국가에 대해서 마저도 모르고 있는 것과 같다."라고 한 것처럼, 자기 나라뿐만 아니라 아시아와 세계 전체의 맥락 속에서 서로를 보려고 하는 시점을 가져야 한다. 또한 이러한 시점을 갖기 위해서는 훈련과 연습의 과정이 필요하다.

'시점'에 대해 깨달음을 주는 한 영상이 있다. 이 영상의 내용은 다음 세 가지로 표현할 수 있다. 첫째 장면은, 한 남자가 갑자기 여성을 향해 뛰어간다. 둘째 장면은, 여성을 지나쳐 한 남자를 덮친다. 마지막 장면은, 위에서 벽돌이 떨어지고, 그 남자는 밑에서 걸어가는 남자를 구해준다. 이 세 가지 시점은 거짓이 아닌 모두 사실이다. 그러나 이 영상을 가장 넓은 시야에서 연속적으로 보았을 때 이 남자가 벽돌이 떨어지기 전 그 밑에 있는 남자를 구하기 위해 돌진했다는 사실을 알 수 있다. 이와 같이 폭넓고 다양한 시점에서 볼 때, 바야흐로 우리는 진실을 마주할 수 있다. 이것은 서로가 자기중심에서만 타자를 보게 되면 그것이 사실 일지라도 끊임없는 대립과 갈등의 원인이 된다는 것을 알려준다. 아놀드 토인비(Arnold Toynbee)라는 역사학자는, "개인이든 국가이든 자기 중심성을 극복하지 않는 한 인류의 미래를 기대할 수는 없다."고 역설했다. 다양성과 포용력은 우리가 새로운 공동체로 나아가는데 핵심적인 요소인 것이다.

8. 맺는말 ‒ 새로운 공동체를 향하여 나아가는 것은 무엇을 의미하는가?

마지막으로 우리가 새로운 공동체를 향해 나아간다는 것은 어떤 의미를 가지고 있는지에 대해서 세 가지로 요약을 해보려고 한다.

첫째, 지역적인 개념에 구속되지 않는 열린 공동체로 나아감을 뜻한다. 인간이 가지고 있는 가능성을 확대함과 동시에 다양한 개성과 문화가 존중되는 다양성과 포용력이 있는 공동체를 향하여 변화하는 것이다. 이것은 낡은 장벽을 하나하나 허물며 졸업해 나가는 과정이기도 하다. 앞으로 이러한 한계를 극복하여 다툼이 없고 조화를 이룬 평화로운 세계 공동체를 향해 나아가야 할 것이다.

둘째, 단순한 국가 간의 제도적인 통합만을 의미하는 것이 아니라, 지금까지의 제도나 가치관에서 벗어나, 앞으로의 시대에 필요한 새로운 패러다임의 변화를 의미한다.

셋째, 국가를 부정하는 개념이 아니라 오히려 '국가의 본래의 역할'을 보다 완전하게 하기 위한 변화의 과정을 의미한다. 여기서 국가의 본래의 역할은, 국민의 생명과 재산을 보전하고, 국민이 보다 자유롭고, 보다 쾌적하며, 보다 평화롭고, 보다 행복하게 살도록 하기 위해서 존재하는 것이다. 따라서 '국가'의 본래 역할에 맞도록 끊임없이 변화하는 것을 의미한다.

이처럼 공동체의 본래의 목적을 달성하기 위해서 끊임없이 변화(졸업)해 나가야 할 것이다.

물론, 우리 사회에는 아직까지 다양한 많은 장벽들이 존재한다. 그러나 이것을 뛰어넘는 유일한 방법은 우리의 미래에 대해 함께 치열하게 고민하며 상상력을 발휘하는 것이다. 이때, 비로소 우리가 고민하고 생각한 미래에 보다 가깝게 다가갈 수 있을 것이다.

참고문헌

베네딕트 앤더슨, 서지원 역(2018), 『상상된 공동체』, 도서출판 길.

에이미 추아, 이순희 역(2008), 『제국의 미래』, 비아북.

이찬수(2017), 『아시아평화공동체』, 도서출판 모시는사람들.

佐藤洋治·鄭俊坤編著(2011), 『アジア共同体の創成に向かって』, 芦書房.

渡辺啓貴編著(2015), 『世界から見たアジア共同体』, 芦書房.

羽場久美子編著(2017), 『アジアの地域統合を考える－戦争をさけるために』, 明石書店.

진리의 탐구

-우리는 어디에서 왔는가? 누구인가? 어디로 가는가?-

사토 요지佐藤 洋治(유라시아 재단)

1. 유라시아 재단 소개

유라시아 재단의 설립 목적은 세계에서 일어나고 있는 많은 분쟁이 사라지고 조화로운 사회가 되도록 기여하는 것이다. 지금의 분쟁은 전쟁, 환경적 대립, 정치적 대립, 경제적 대립, 종교적 대립, 민족적 대립 등이 있는데, 유라시아 재단은 바로 이러한 분쟁을 줄이는데 일조하는 것을 목표로 한다. 유라시아 재단은 국가나 정치의 지원을 받지 않고, 재단의 독립적인 민간 활동을 통해 항상 중립적인 입장을 유지하는 것을 원칙으로 하고, 세계 각국의 대학이 참가하기 쉬운 개방형 플랫폼의 역할을 해왔다. 유라시아 재단은 2010년부터 2020년까지 아시아를 중심으로 플랫폼을 제공해왔고, 2020년부터 플랫폼을 유라시아로 확대해왔다.

유라시아 재단은 다음과 같은 세 가지 활동 원칙을 갖고 있다.

> 첫째, 민족과 국적을 묻지 않는다.
> 둘째, 사상과 종교에 구속되지 않는다.
> 셋째, 정치에 개입하지 않는다.

<유라시아 재단의 세 가지 활동 원칙>

이와 같은 활동 원칙을 가지고, 분쟁이 없는 조화로운 사회를 만들기 위하여 유라시아 재단에서는 세계 각 대학에 강좌 개설을 지원하여 학생들에게 세계의 역사, 문화, 종교, 정치, 경제 등의 이해와 상호 교류를 촉진하도록 하였다.

유라시아 재단은 현재까지 일본, 중국, 캄보디아, 인도네시아, 카자흐스탄과 같은 아시아 국가뿐만 아니라 영국, 스페인, 포르투갈과 같은 유럽국가, 미국, 캐나다와 같은 미주 국가에 있는 세계 49개 대학에 582개의 강좌를 개설하였다(2023년 12월 기준). 현재 북한의 한 대학에서도 강좌를 개설할 준비를 하고 있다. 현재 한국에는 102개의 강좌가 개설되어 있고, 15개의 강좌가 개설 준비 중이다. 현재까지 일본에 77개 강좌가 개설되고, 45개의 강좌가 개설될 예정인 사실과 비교해보면, 한국에서 더 강좌가 활발하게 개설되었고, 또 개설될 예정이다. 제일 강좌 개설이 많이 된 곳은 중국이다. 중국은 201개의 강좌가 개설되어 있다. 그리고 24개의 강좌가 개설 예정이다. 유라시아 재단의 지원은 전세계의 더 넓은 국가로 나아가고 있으며, 더 많은 대학에서 평화 공동체의 일원이 되기 위한 젊은 인재의 양성에 기여하고 있다.

2. 진리란 무엇인가?

현재 지구상에는 끊임없는 분쟁이 일어나고 있다. 러시아-우크라이나 전쟁이나 이스라엘-하마스 분쟁을 들 수 있다. 만약 미래 사회에서 지구상에 있는 모든 분쟁이 사라지는 날이 온다면, 그것은 지구상의 모든 사람들이 진리에 가까워졌을 때일 것이다.

그렇다면 진리란 무엇인가? 이것이 바로 우리 수업의 주제이며, 재단의 설립 목적과도 연관이 있다. 진리란, 영원하며 완전한 것이며, 올바른 도리이고 아무도 부정할 수 없는 보편타당한 법칙을 말한다. 어떤 명제가 다른 여러 명제와 모순되지 않고 일관성이 있어야 한다. 진리 앞에서는 민족, 종교, 정치, 경제에 따른 다툼과 충돌이 없다. 부정한 것은 아무것도 없다. 이러한 '진리'에 대한 탐구는 모든 학문과 종교의 궁극적인 목적이 된다. 이 '진리'를 알기 위해서는 우리가 알고 있는 '지식'을 동원해야 하는데, '지식'에는 한계가 있다. 그러나 상상력에는 한계가 없다. 우리가 진리에 접근하기 위해서는 상상력이 필요하며, 여기에는 구상력과 믿음이 포함된다. 예를들어, 종교와 양자역학은 진리에 접근하는 학문 분야라 할 수 있다.

진리에 대한 접근하기 위해서는 다음 네 가지 명제에 대한 탐구가 필요하다. 첫째, "자아(human ego)란 무엇인가?", 둘째, "사람(eternal absolute human)이란 무엇인가?", 셋째, "생명(eternal absolute life)이란 무엇인가?", 넷째, "실체(the ultimate substance)란 무엇인가?"의 네 가지 명제이다. 이 중 실체란 변화하기 쉬운 다양한 것들의 근저에 있는 지속적이며, 자기 동일적인 것을 말한다. 즉, 사물의 근저에 감춰진 진정한 모습이나 본질을 뜻한다. 예를들어, 프랑스의 철학자 데카르트는 그 자체로 존재하며, 다른 것을 필요로하지 않는 것이라 정의 내렸다.

만약 진리에 도달하면 인류는 어떻게 될까? 인체는 하드웨어의 역할을 하며(absolute human body = hardware), 자아는 소프트웨어(human ego = software), 사람은 소프트웨어(eternal absolute human = software)가 될 것이다. 즉, 미래에는 자아 소프트가 '사람' 소프트로 변환될 것이다.

2.1. 자아에 대하여

그렇다면 각각의 명제에 대해 살펴보기로 하겠다. 첫째, 자아에 대한 것이다. "자아란 무엇인가"에 대해 질문하기 이전에 먼저 생각해 볼 문제가 있다. 먼저, "자아는 어디에 존재하는가?"이다. 사람에 따라 이 질문에 머리, 눈, 입, 귀, 손, 다리, 몸 전체 등 다양한 의견을 내놓을 수 있다. 자아는 보이지 않기 때문에 어디에 있다고 확언하기 어렵다. 하지만, 분명한 것은 우리 안에 자아가 존재한다는 사실이다. 다음으로 생각해 볼 문제는 "우리 안에 존재하는 자아는 우리가 태어났을 때 우리 몸 안에 씨앗으로 존재했는가?"이다. 이것은 자아를 연구하는데 있어서 굉장히 중요한 질문이다. 이에 대해 답하기 위해 우리는 몇 가지 사례를 참고할 수 있다. 먼저, 프레드리히 2세(1194~1250)의 실험이 있다. 그는 신성 로마의 황제로 시칠리아의 국왕(1198)과 독일의 국왕(1212)도 겸하였다. 프리드리히 2세는 "아이에게 어떠한 언어도 가르치지 않는다면 과연 어떤 말을 제일 먼저 할 것인가?"가 궁금하여, 병사들 중 임신한 아내가 있는 병사들에게 아이가 태어나면 아이에게 어떠한 말도 가르치지 말고, 아이가 처음으로 내뱉은 말이 무엇이었는지 적어오라고 명령을 내렸다. 프리드리히 2세는 아이는 신이 주신 선물이기 때문에, 아이가 첫 번째로 하는 말이 곧 신의 말씀이라고 생각하였다. 그 결과, 아이들은 15세에서 16세 정도가 되자 다 죽어버렸다. 그때까지 살긴 살았지만 동물처럼 먹고, 자고, 움직이는 정도로만 생활하다 죽어버렸다. 만약 아이에게 '자아'의 씨앗이 있었다면 밖에 나갔을 때 동물의 울음소리를 듣거나 풍경을 보며 무엇인가 배웠을 텐데, 전혀 그러한 것이 없었던 것이다. 다음으로, 1920년 10월 인도 캘커타 부근의 미드나 폴 마을에서 늑대소녀가 발견된 이야기이다. 싱이라는 목사가 숲에서 늑대를 만났는데, 그 늑대 옆에 대여섯 살 정도로 보이는 소녀가 있었다. 그는 소녀를 데려와 카말라라는 이름을 붙이고 키워주었으며, 말과 문자를 교육시켰다. 그러나 그녀는 말도 못하고 글자도 외우지 못하고 9년 만에 죽고 말았다. 상술한 사례를 통해 우리는 인간이 태어났을 때부터 자아가 존재하는 것이 아니라는 사실을 알 수 있다. 하지만 지금 우리는 훌륭한 자아를 가지고 있다. 그렇다면 태어나서 언제, 어떻게, 어떠한 식으로 자아가 형성되는 것인가?

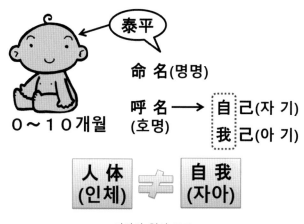

<자아의 형성 구조>

만약 '태평'이라는 이름을 가진 아기가 있다고 하자. 아기가 침대에 누워있다면 주변 사람들은 아이의 이름을 불러 줄 것이다. 아기는 지속적으로 '태평'이라는 단어를 듣고 자란다면, 후에 '태평'이라는 소리를 들으면 소리가 들리는 쪽을 향해 다가갈 것이다. 그때가 되면, '태평'이라는 단어는 '자기(自 己)'가 되어 뇌에 새겨진 것이다. '태평'이라는 단어는 아이의 몸속에도 새겨

질 것이다. '태평'이라는 자기는 자라나며 여러 옷을 입게 될 것이다. 여기서 옷은 입는 옷이 아니라 몸에 받아들이게 되는 것들을 말한다. 첫 번째 옷은 '남자아이'라는 옷이다. 그 다음, 초등학교, 중학교, 교등학교를 올라가며 여러 가지 옷을 입게 될 것이다. 사회인이 되면 사원, 대리, 과장, 부장 등의 옷을 입고, 결혼하고 부부가 되면 아버지, 어머니라는 옷을 입게 된다. 이처럼 태평이라는 '자기'가 성립되고, 그 후에 '아기'라는 옷을 많이 입게 될 것이다. 이때 자기와 아기를 합쳐 '자아(自我)'라고 한다.

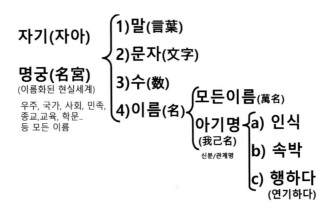

<자아 형성에 필요한 네 가지 도구>

자아가 성장하기 위해서는 음식을 통한 영양분 섭취도 필요하지만, 다음 네 가지가 필요하다. '말(言葉)', '문자(文字)', '수(数)', '이름(名)'이다. 먼저, 언어를 통해 우리는 자아를 형성할 수 있다. 학교에서 과제를 잘했다고 칭찬 받으면, 이를 통해 자아를 형성할 수 있다. 또한, 만약 언어가 없어지게 된다면 그가 소속한 집, 학교, 직장에서 소통을 하기가 어려워지고, 자아가 형성될 수 없을 것이다. 글자가 없어진다면 책이 없어지는 것과 마찬가지이다. 이는 모든 전 세계의 연구와 학문이 없어지는 것을 의미한다. 우리는 문자로 쓰인

책과 기사, 잡지 등 인쇄물을 보고 자아를 형성하는데, 글자가 없으면 이는 불가능할 것이다. 숫자가 사라진다면 돈이 사라질 것이다. 소리도 일정한 음파수가 있는데, 숫자가 사라지면 소리도 들을 수 없게 될 것이다. 영화나 그림을 볼 때에도 빛의 진동수가 없어져 볼 수가 없게 될 것이다. 이름이 없어지게 된다면 우리가 무엇을 설명할 때 굉장히 곤란하게 될 것이다. 여기에서 말하는 이름은 물건의 이름이라기보다 각자의 타이틀로, 이로써 자아가 형성될 수 있다. 그런데 이 타이틀은 세 가지 계단이 있다. 첫째는 '인식', 둘째는 '구속', 마지막은 '행하는 것'이다. 예를 들어, 한 부부가 있는데 서로가 어디 있는지 모른다거나 한 달 후쯤에야 '잘 지내?'라는 문자를 한다면 이들은 부부라고 할 수 없을 것이다. 부부라는 타이틀을 위해 구속하고 이에 필요한 것을 행하지 않으면 안 되는 것이다.

이외에도, '민족'에 대한 정체성은 자아 형성에 굉장히 중요하다. 가령, 교실에 앉아있는 학생들은 유학생을 제외하고는 '한국인'이라는 정체성을 가지고 있다. 여기서 우리는 우리가 태어났을 때 '한국인'이라는 DNA는 없었지만 우리는 지금 한국인이라는 것을 알고 있다. 이것은 우리가 태어난 후 현재까지 '한국인'이라는 말을 들어오며 자랐기 때문이다. 현재 세계의 인구는 80억 명이지만, 그 모두가 태어났을 때부터 본인의 정체성을 안 사람은 없을 것이다. 대부분은 초등학교 2~3학년 때부터 자신이 어떤 민족인지 배우고, 자신의 민족적 정체성을 갖게 된다. 즉, 우리는 교육을 통해 우리는 민족과 정체성을 확립해 나간다. 이 과정을 제대로 인식해야 나중에는 '민족'과 '국적'에 따른 분쟁이 없어질 것이다.

2.2. 인간에 대하여

다음으로 "인간이란 무엇인가?"에 대해 살펴보도록 하겠다. 기존에 인간이란 무엇인가에 대해서 학자들은 다음과 같이 말한 바 있다.

도네가와 스스무(利根川 進) 미국 MIT공대 교수	생명과학의 궁극적인 연구 목적은 '인간이란 무엇인가?'라는 의문에 대해 해명하는 것이다.
야마모토 붓코츠(山本 仏骨) 龍谷 대학 교수	모든 종교와 학문은 '인간이란 무엇인가'라는 질문에 있다. 그러나 아직 대답은 나오지 않았다.
야마모토 마코토(山本 信) 도쿄대학 교수	칸트 철학의 모든 질문은 '인간이란 무엇인가'라는 것에 귀착하는 물음이지만……
마츠이 다카후미(松井 孝典) 東京 대학 교수	자연과학이든 사회과학이든, 철학이든 문학이든, 그 질문은 최종적으로 '인간은 무엇인가?'라는 영원불변한 명제이다.
고바야시 히데오(小林 秀雄) 평론가	인간이란 무엇인가에 대해서 설명이 몇몇 있지만, 전혀 명확하지 않다.

학자들마다 '인간이란 무엇인가'에 대한 여러 가지 의견을 내놓고 있는데, 이는 대답하기 어려운 매우 어려운 주제이다. 필자가 오랜 시간의 연구 끝에 도달한 생각은 전 세계의 80억 명의 사람들은 인간이 아니라는 것이다. 대부분의 사람들은 "너는 인간이 아니야."라는 말을 들으면 분노를 느낄 것이다. 그리고 "그렇다면 내가 인간이 아니면 뭔데?"라는 질문을 할 것이다.

'인간'이라는 단어는 80억 명의 인류에 대한 총칭으로서 사람을 지칭하는 단어이고, 이것의 반의어는 80억 명 중 한 사람 본인만이 가지고 있는 '자아'이다. 세상은 80억분의 1의 자아가 모여있는 공간이다. 그래서 인류는 아직은 사람의 세계에 도달하지 못하였다.

사람 (인간) - 80억명의 총칭(総称)

⇕ 반대어

자기 (자아) - 80억분의 1 명

인체 ≠ 자기 (자아) ≠ 사람(인간)

<인체, 자기(자아), 사람(인간)의 개념>

인간의 세계란 무엇일까? 우리의 몸은 38조의 세포로 구성되어 있다. 38조의 세포들은 그 각각이 100%의 DNA로 이루어져 있다. 가령 머리카락 같은 경우에는 0.01% 경우로 머리카락 이라는 것을 연기하고 있다. 피부나 손톱도 각각 자신을 연기하고 있다. 38조나 되는 세포들은 각각의 역할 분담을 잘하여 몸을 이루고 있는 것이다. 이 세계도 마찬가지로, 80억의 인구가 본인의 자리에서 잘 해내어 세계를 유지하고 있는 것이다. 하지만 지금의 세상은 80억의 자아가 확립되었을 뿐이다.

지금 우리가 사는 3차원의 세상에서는 각각의 자아가 서로의 욕망을 가지고 분쟁이 일어나고 있다. 3차원의 세계에서 인류는 4차원, 5차원의 세계로 나아가고 있다. 5차원의 세계부터는 분쟁이 없고 조화로운 세계라고 할 수 있다. 이 세상에는 정치, 경제, 법률, 스포츠, 예술 같은 분야가 존재하는데, 이러한 것들을 깊이 파헤쳐 나간다면 모든 전문 분야의 연구는 가운데로 집중된 주제인 "자아, 인간, 생명, 실체가 무엇인가?"라는 문제에 국면하게 될 것이다.

2.3. 생명에 대하여

다음으로, 생명에 대해 살펴보겠다. 생명(生命)은 '생(生)'과 '명(命)'으로 구성된다. 그런데, 이 둘은 의미가 다르다. '생'은 동물과 식물 및 그 밖에 생물을 말한다. 이는 모두 눈에 보이는, 시각적으로 관찰할 수 있는 것이며, 필연적으로 죽게 되어있다. '명'은 눈에 보이는 생물을 살릴 수 있는 에너지의 일종으로, 시각적으로 관찰할 수 없다는 특징을 갖고 있다.

O	산소	65%	Na	나트륨	0.2%
C	탄소	18%	Cl	염소	0.2%
H	수소	10%	Mg	마그네슘	0.05%
N	질소	3%	Fe	철	0.008%
Ca	칼슘	1.5%	F	불소	0.007%
P	인	1%	Zn	아연	0.004%
S	황	0.3%	Si	실리콘	0.002%
K	칼륨	0.2%	Ti	티타늄	0.001%

<인체를 구성하는 주요 원자 16/117>

지구상에는 117개의 원자가 존재하지만 우리 몸을 구성하는 주요 원자는 16개이다. 이렇게 몸을 구성하는 원자의 요소는 동일한데, 죽은 것과 산 것의 차이는 무엇일까? 우주 공간에는 보이지는 않지만 엄청난 에너지가 존재하고 있다. 이 보이지 않는 에너지를 '생명의 에너지'라고 하자. 이 에너지와 연결되어 있는 생명체는 살아있는 것이고, 연결이 끊긴 생명체는 죽은 것이다.

이 에너지를 양자역학의 영역에서 살펴보자. 사람의 몸을 포함한 우주

만물이 '소립자'의 덩어리이며, 원자는 분해하면 '중성자', '양성자', '전자'로 구성되어 있다. 또한, 중성자와 양성자는 '쿼크'라는 작은 요소로 분해되는데 더 이상 분해할 수 없는 최소 단위를 '소립자'라고 하고, 이 소립자를 연구하는 것이 바로 양자역학이다. 소립자는 '입자'와 '파동'의 성질을 함께 가지고 있으며 그 위치는 확률적으로 결정할 수밖에 없다. 대표적인 것으로 닐스 보어(Niels Bohr)와 아인슈타인(Albert Einstein)의 논쟁을 들 수 있다. 그들은 밤에 함께 달을 보고 있었다. 아인슈타인은 "지금 보이는 달과 반대 방향으로 등을 돌리면 내 뒤쪽에 달이 존재할 것이다."라고 하였지만, 닐스 보어는 "지금 보는 달에서 등을 돌린다면 달은 없다."라고 하였다. 현재의 양자역학에서는 닐스보어의 주장에 손을 들어준다. 그렇다면 왜 보이지 않다면 존재하지 않는 것일까.

보여지는 것은 사람으로부터 영향을 받는다. 소립자는 '눈에 보이는 물질'이며 '눈에 보이지 않는 파동'이기도 하다. 소립자는 사람이 관찰하면 물질화하고, 관찰하고 있지 않을 때는 파동이다. 사람이야말로 만물에 영향을 주고 있는 창조주이며, 사람이 있기에 만물이 있다. 만물은 물질이라기보다는 '에너지'라고 하는 것이 맞다. 눈에 보이지 않는 빛, 소리, 색깔, 냄새 등을 포함한 세상의 모든 것은 에너지이며 인체도 에너지체(體)이다. 세상은 모두 환상이다. 세상의 정체는 '에너지와 에너지의 간섭(파장의 일종)'의 결과이다.

물질로서 지구상에 존재하는 것들은 시공간의 제약을 받는다. 하지만 소립자는 지구상에 존재하는 물질임과 동시에, 물질과 에너지파의 영역을 자유롭게 이동한다. 그래서 보이지 않는 파동은 시간과 공간의 제약을 받지 않는다. 시간과 공간의 제약을 받지 않는 소립자의 영역에서는 시간과 장소를 자유롭게 이동할 수 있다. 우리가 사는 세상과, 우주에는 보이지 않는 수많은 파동이 존재한다. 그 중, 지구에 있는 에너지가 지구라는 물질을 구성하고 있는 것이다.

2.4. 실체에 대하여

물리학자들은 "우주에 존재하는 원자들 중, 지구에서 발견되는 원자는 총 원자의 4%밖에 되지 않고, 나머지 96%는 보이지 않는 상태로 존재한다." 고 하였다. 이 방대한 에너지의 중심에 있는 것을 '실체(혹은 실태)'라고 한다. 이 보이지 않는 에너지에서 만들어지는 '물질'의 핵심으로 들어가게 되면 '실체'와 연결된다. 이 실체는 우주의 창조주라 할 수 있다. 종교를 가지고 있는 사람들은 이 실태를 '신(God)'이라 부르고, 종교를 가지고 있지 않은 사람은 이것을 '보이지 않는 무언가'라고 한다.

3. 어떻게 살 것인가?

이러한 '진리'에 대한 이해를 바탕으로, 앞으로 우리는 어떻게 살아야 하는가? 중요한 것은 앞으로 우리가 사는데 구체적인 목표를 갖는 것이다.

유라시아 재단의 목표는 5차원의 세계, 즉 분쟁이 없는 조화로운 세계를 만드는 것이다. 5차원의 세계를 만들기 위해서 현재 인류는 중요한 기술들을 만들어내고 있다. 현재 우리가 이용하고 있는 새로운 기술로는 인공지능(AI), 기본 소득(Basic Income), 블록체인(Blockchain), 양자 컴퓨터(Quanum Computer) 를 들 수 있다. 이외에도 미래에 만들어질 혁신적인 기술이 있다. 첫째, 양자 금융 시스템(QFS)은 위성과 연결하여 내 핸드폰으로 매달 내가 살아갈 만큼 의 돈이 들어오는 것이다. 둘째, 자유 에너지(Free Energy)는 앞서 말했던 '보이지 않는 에너지'에서 힘을 가져와 쓰는 것이다. 이 자유 에너지는 100년 전 니콜라 테슬라(Nikola Tesla)가 실험을 한 적이 있다. 그 당시 니콜라 테슬라는 거대 석유 자본의 외력 때문에 실험을 행하지는 못했지만 당시의 설계

도는 아직 잘 보관되어 있다. 만약 이 자유 에너지 기술이 등장한다면 더 이상 화석 에너지는 필요하지 않고 누구나 이 에너지를 사용할 수 있을 것이다. 셋째, 반중력 에너지(TR3B)는 미확인 비행물체 UFO와 같은 것이다. 마지막으로, 초음파 치료 캡슐(Ultrasound Therapy Pod)은 사람이 초음파 캡슐 안에 들어가 누워있으면 모든 질병이 치료되는 캡슐이다. 만약 우리 몸을 구성하는 소립자에 이상이 생기면 초음파를 통해 몸의 이상을 치료하는 것이다.

이러한 기술들이 존재하게 된다면 전 세계의 전쟁, 기아, 빈곤, 질병은 없어지게 될 것이다. 이렇게 갈등 없고 평화로운 사회를 만들기 위해서 유라시아 재단은 최선을 다하고 있다. 앞으로도 지속적으로 평화를 지향하는 공동체를 만들기 위해 학자 간의 교류를 촉진하는 역할을 할 것이며, 학자들을 통해 후속세대를 양성하는데 기여할 것이다.

구현아　용인대학교 용오름대학 교수
권혁래　용인대학교 용오름대학 교수
김광식　東京學藝大學 敎育學部 연구원
김향숙　日本大學 文理學部 겸임강사
박영진　용인대학교 용오름대학 교수
사토 요지(佐藤 洋治)　EURASIA FOUNDATION from asia 이사장
심소희　이화여자대학교 중어중문학과 교수
정준곤　EURASIA FOUNDATION from asia 수석연구원
최말순　臺灣 國立政治大學 臺灣文學研究所 교수
최원오　광주교육대학교 국어교육과 교수

문화융합시대의 아시아 1

새로운 공동체를 꿈꾸며

초판 1쇄 인쇄　2024년 4월 12일
초판 1쇄 발행　2024년 4월 19일

지은이 구현아, 권혁래, 김광식, 김향숙, 박영진, 사토 요지(佐藤 洋治),
　　　심소희, 정준곤, 최말순, 최원오
펴낸이 이대현
편집 이태곤 권분옥 임애정 강윤경
디자인 안혜진 최선주 이경진 | 마케팅 박태훈 한주영
펴낸곳 도서출판 역락 | 등록 1999년 4월 19일 제303-2002-000014호
주소 서울시 서초구 동광로46길 6-6 문창빌딩 2층(우06589)
전화 02-3409-2060(편집부), 2058(영업부) | 팩스 02-3409-2059
전자우편 youkrack@hanmail.net | 홈페이지 www.youkrackbooks.com

ISBN 979-11-6742-737-3 93300